毛天杰 著

引领·互助·内生

一所新建学校的教师发展探索

ZHEJIANG UNIVERSITY PRESS
浙江大学出版社
·杭州·

图书在版编目(CIP)数据

引领·互助·内生:一所新建学校的教师发展探索 /
毛天杰著. —杭州:浙江大学出版社,2022.6
ISBN 978-7-308-22637-0

Ⅰ. ①引… Ⅱ. ①毛… Ⅲ. ①师资培养-研究 Ⅳ.
①G451.2

中国版本图书馆 CIP 数据核字(2022)第 086651 号

引领·互助·内生:一所新建学校的教师发展探索
YINLING HUZHU NEISHENG YISUO XINJIAN XUEXIAO DE
JIAOSHI FAZHAN TANSUO

毛天杰 著

策划编辑	吴伟伟	
责任编辑	马一萍	
文字编辑	金　璐	
责任校对	陈逸行	
封面设计	周　灵	
出版发行	浙江大学出版社	
	(杭州市天目山路 148 号　邮政编码 310007)	
	(网址:http://www.zjupress.com)	
排　版	浙江时代出版服务有限公司	
印　刷	广东虎彩云印刷有限公司绍兴分公司	
开　本	710mm×1000mm　1/16	
印　张	17.25	
字　数	300 千	
版 印 次	2022 年 6 月第 1 版　2022 年 6 月第 1 次印刷	
书　号	ISBN 978-7-308-22637-0	
定　价	68.00 元	

序

对一个国家来说,"教师承担着传播知识、传播思想、传播真理的历史使命,肩负着塑造灵魂、塑造生命、塑造人的时代重任,是教育发展的第一资源,是国家富强、民族振兴、人民幸福的重要基石"①。对一所学校来说,教师决定着其办学水平与教育质量。

一个学校最重要的是什么? 从不同的角度看就会有不同的回答:办学思想、管理水平、教学质量、学校文化、师资力量、生源质量……无论答案是什么,最终都会指向教师,因为教师才是办学主体的力量。

人们常说,一个校长决定一所学校,那是指校长的教育理念、专业水平、管理能力、人格力量对于学校的影响,而校长也得依赖广大教师的教育行动,以体现其理念,表达其追求,落实其决策。因此,无论哪个校长,都会把师资队伍建设摆在其日常工作的首要位置,尤其对于一所新建学校来说,更是如此。

浙江师范大学附属慈溪实验学校(以下简称慈溪实验学校)是一所 2020年创建的九年一贯制学校。毛天杰作为慈溪实验学校首任校长,在学校硬件建设、招生工作基本完成,进入正常运转状态后,面对一支年轻的教师队伍,他开始思考教师的专业成长问题,着手师资建设的顶层设计。应该说,在建校之初就着手打造师资队伍,这既是在较短时期内稳定并提升教学质量的现实之策,更是着眼学校未来发展的长远之计,这是颇具战略眼光的。

---

① 中共中央,国务院. 关于全面深化新时代教师队伍建设改革的意见[EB/OL]. (2018-01-31)[2022-01-07]. http://www.gov.cn/zhengce/2018－01/31/content_5262659.htm.

《引领·互助·内生：一所新建学校的教师发展探索》是毛校长在这两年间所做的理论思考与实践举措的系统体现。统观全书，我觉得他对师资队伍建设的探寻与实践，有几点值得关注与借鉴。

第一，从外在引领到自我内生的逻辑路线。面对平均年龄 34 岁的年轻教师队伍，为了激发他们追求成长的动力，毛校长采取了多种措施：一是从外在引领青年教师的成长，如组织新入职教师和 30 岁以下青年教师参加校本研修，组织班主任参加班主任工作室活动，促成高校教师对中小学教师的指导；二是促进教师内生发展，从了解教师个体的优势、劣势和需求着手，帮助他们确立自我发展愿景；三是辅之以多元化、发展性评价办法和激励机制。这三个方面构成了从开始的外在引领到最终的自我内生的专业发展路线。

第二，精心搭建教师专业发展的依托平台。毛校长为提升青年教师的综合素养，成立了"旭升书院"；为培养教师的班级经营能力和班主任工作能力，设立了"弘通班主任工作室"；为促进教师共同发展和增强教师队伍凝聚力，构建了教师团建工作坊；为提高教师教学技能和教科研水平，设计了系列研讨主题。这些不仅为广大教师提供了不同侧重点的成长平台和路径，也是落实一个校长对于教师专业发展顶层设计的工作抓手。

第三，善于借用外部资源为教师发展服务。作为一所师范大学与地方政府合作开办的学校，如何借用师范大学及其牵动的丰富教师教育资源服务本校教师的发展，这不仅需要校长开放的理念，更需要有相当的协调能力。在毛校长的主导下，慈溪实验学校与浙江师范大学紧密合作，采取引入高校专家为常驻顾问、加入浙江师范大学附属学校联盟与地方教学共同体、聘请高校学术支持团队和中小学教学支持团队等一系列举措，构建起借外部之力服务本校教师发展的运作机制。

第四，努力构建教师专业发展的文化生态。教师专业发展有三种取向，一是实现"教会学生学习"的基本专业要求；二是实现"会教"和"善教"的专业要求；三是实现教师可持续内生成长。从毛校长所做的实践探索和理性思考来看，他在努力追求将教师团队打造成文化共同体，为学校营造能自我更新的文化生态。

第五，注重从管理实践到理论思考的提升。中小学校长多是一些实践经验丰富、管理能力突出的实干家，而在诸事缠身的忙碌中留出时间做深入的思考，将具体经验提炼为普遍知识、把操作办法升华成一般方法，确实有相当难度。毛校长能将学校的实践与教师专业发展理论结合起来，静心思索,形成较为系统的体系,实属不易。

教师的专业发展是一个长期的过程,我们不能奢望在短短的三五年内就将一支年轻的教师队伍打造成一支卓越的教师团队,但可以相信,如果学校能按照毛校长的思路,持之以恒,定会取得可喜的成效。

蔡志良

教育部"国培计划"专家、浙江师范大学教授

2022 年 1 月

目　　录

第一章 各抒己见：学校教师发展愿景

教师发展愿景是指教师为了实现专业自主发展，在专业实践过程中有意识、有目的地构建出来的对未来的愿望与景象，它是教师专业化过程中个体内在需要的一种反映，也是教师个体内在精神追求的外部表现形式。[①] 浙江师范大学附属慈溪实验学校（以下简称慈溪实验学校）作为一所九年一贯制的新学校，教师队伍正处于组建初期，教师培养模式也在探索与完善中，教师间尚未形成强大的凝聚力。同时，学校教师队伍年轻化、高学历化，给学校发展带来益处，但也有挑战。在此背景下，学校教师对自身专业发展各抒己见，有助于学校深入了解教师专业发展的愿景、优势和困难，掌握教师培训培养的工作重点，科学指导教师发展，进而更好地促进教师的专业发展。

第一节 一所新学校的教师概貌

慈溪实验学校作为一所高起点、富有活力的新学校，聚集了一大批学科骨干教师及优秀新教师。了解学校的基本情况、分析学校教师概貌是了解教师专业发展情况的必要前提。我们从教师的年龄结构、学历情况、现有教师专业发展平台及培养模式等方面分析教师情况，为教师专业发展愿景的构建、教师团建工作坊的建立等提供参照。

---

① 蔡水清,徐辉.关注西部农村教师专业发展愿景[J].人民教育,2008(17):24-26.

一、新学校的基本情况

慈溪实验学校位于慈溪市横河镇,是慈溪市教育局直属的九年一贯制公办学校,也是慈溪历史上第一所与国内高水平师范大学合作办学的附属学校。2019 年 12 月,浙江师范大学(以下简称浙师大)与慈溪市人民政府签订合作协议,双方共建慈溪实验学校。2020 年 9 月,学校开学。整洁优雅的校园环境充分体现人本因素,功能区划分科学合理,包括中小学部教学区、行政办公区、运动健身区、科技实验区、生活休闲区;学校拥有科学馆、艺术馆、图书馆、体育馆、阳光剧场、报告大厅、学生社团活动中心及塑胶田径场、篮球场、排球场、足球场等现代化设施。全校建有多个信息平台,实现了教育教学、办公管理智能化。

慈溪实验学校基于大学(U)—政府(G)—学校(S)(以下简称 U—G—S)的合作优势,秉承"弘通教育"理念,坚持全面育人,培养身心健通、才艺精通、思维灵通、志向远通的"弘通少年"。"弘通教育"是对宁波与慈溪"通"文化精神的教育转化。《易经·泰卦》曰:"天地交而万物通也,上下交而其志同也。"弘通教育包含两层含义:一是指向"大志向、大视野、大胸襟、大成就"的教育;二是弘扬"通"之精神的教育,以"综合融通、交互生成"为原则,强调教育体系、学习领域的整合融通,学校及其与家庭、社会的互联共通,注重学生与自然、文化、人及社会的互动共生。

二、教师概貌

学校现有 37 个教学班,在校学生 1362 人,教师 98 人。从教师年龄结构表(见表 1.1)来看,中老年组 3 人,所占比例仅为 3.06%;而中年组 44 人,青年组 51 人,中青年教师所占比例达 96.94%,学校教师平均年龄 34.02 岁,教师年龄结构趋于年轻化。

除教师年龄年轻化这一优势,学校教师拥有研究生学历的有 7 人,拥有本科学历的有 89 人,共占教师总人数的 97.96%,中专学历的仅为 2 人,所占比例为 2.04%。

表 1.1　教师年龄结构分布

组别	年龄区间	人数	占比/%
中老年组	50 岁及以上	3	3.06
中年组	36~49 岁	44	44.90
青年组	20~35 岁	51	52.04

教师队伍年轻化、高学历化对学校的可持续发展具有积极意义,但学校中高级职称拥有者人数较少。目前学校高级职称教师只有 5 人,仅占教师总人数的 5.10%。一级教师 38 人,二级教师 37 人,而未定级教师多达 18 人,所占比例为 18.37%。不难看出,学校的发展面临着巨大的考验。

三、教师专业发展平台与培养模式

基于新学校教师队伍年轻化、高学历化的现状,学校构建了生态化教师培养机制(见表 1.2),在用好学校优质资源的同时,借助浙江师范大学的专家团队,以及慈溪市教师进修学校和慈溪市教育局教研室等力量,做好教师的培养工作。

表 1.2　教师专业发展平台与培养模式

培养对象	培养平台	培养主要模式
新入职或五年内教师	旭升书院	导师制
班主任	弘通班主任工作室	学习共同体
中青年教师	"青共体"	导师制(慈溪市教研室)
骨干教师	特级教师工作站	浙师大特级教师工作站
名教师、高级教师	"名带徒"	"反哺式"修养提升

(一)旭升书院——助力新入职教师

年轻教师作为学校发展的主力军,热情高,有生机,有活力,而且思想痼疾少,容易接受新思想,可塑性很强。但年轻教师缺少教学实践经验,工作初期也没有足够的时间认真反思、归纳所学的教育理论。因此,在教学管理以及教师个人教学业务等方面,较难出成绩,容易遭遇家长或学生的不信任,这给新教师带来巨大的心理落差,容易倦怠,甚至对教师职业产生抵触心理。

为促进慈溪实验学校教师专业发展,特别是为促进年轻教师尽快成长,进而形成教科研的氛围,提升教师专业素养,提高学校整体教育质量,辐射并带动同类学校教师专业发展,学校成立旭升书院,致力于培养年轻教师。明确宗旨、完善组织架构,是书院高效运作的前提条件。经过学校教师、慈溪市教研室、浙江师范大学专家团队反复商讨,确定"旭升书院"的宗旨为"一切为了教师专业发展,特别是青年教师专业素养的提升",进而围绕书院的目标和专业发展指标,根据学校和教师的实际,形成了旭升书院纲要。

书院院长由慈溪实验学校校长担任,负责书院章程、制度制定与学校资源调配；另设书院主任，由校领导担任，负责书院的日常管理和制度执行；浙师大常驻顾问负责书院学术主题、活动设计、活动组织与考核。同时，在书院学员中选出班长、班委，配合书院管理，组织各项活动，承担联系与反映学员需求的任务。

书院招新面向校内 30 岁以下青年教师，采用个人申请、自愿参加、学校审核的方式。每学期书院会接受一次教师的加入或退出申请，这样的方式既开放、滚动又相对稳定。

书院配备专门场所和必需的设备，有专门的文献资料、内部交流网页，这些都由专门的学员管理。

学校对书院建设与运行进行考核，包括书院活动、资源库建设、书院成果、教师成长等。学校根据考核情况，评选书院先进学员，并按照学校相关规章对其进行奖励。

围绕教师专业发展和教科研，设立系列主题活动。活动内容包括教育课题申报与开展、论文撰写与发表、教学反思、学校弘通课程建设、学科特色教学、弘通课堂、学生管理与班主任工作、教学测量与评价、学科竞赛组织等等。活动方式主要采用专题讲座、读书研讨、心得交流、成果共享、外出学习等。

（二）弘通班主任工作室——提升班主任素养

作为九年一贯制新建学校，学生年龄跨度大，管理难度也大。在这种情况下，必须提高班主任的管理水平。根据上级有关文件精神和学校自身发展要求，学校成立了弘通班主任工作室。突出以德育为核心，着力提升工作室成员素质，促进工作室成员专业化发展。通过工作室这一平台，发挥其示范、辐射作用，打造学校弘通班主任品牌，最终实现教师的整体发展、学生的全面发展。

工作室以求实的精神、务实的态度展开相关活动，解决班主任在班级管理中存在的问题，提升工作室成员的理论水平、科研能力以及班级管理能力。目前主要围绕省级课题"跨学科·项目式：九年一贯制学校德育一体化设计与实施"，以行动研究为主要手段，个人自主研习与团队合作研修相结合，现实活动与网络研习相结合开展研究工作。弘通班主任工作室负责人及全体成员根据学校教师专业发展需要，制定翔实的工作室工作计划，做到一月一研、一周一学，同时吸收专家学者的专业指导意见，借鉴其他工作室的运作经验，通过工作室全体成员的共同努力，全面提升班主任的素养。

此外,为进一步调动班主任工作的积极性,提高班主任的教育管理水平,促进师风、班风、校风建设,努力培育一支具有现代教育观念、适应学校教育发展需要的班主任队伍,学校制定弘通班主任奖励实施方案,从师德师风、履行职责、业务素养、工作绩效等方面对班主任工作进行评价。每学年按照"评定要求"评定一次,时间为第二学期末。各成员根据评分细则先自评,然后由评定领导小组进行综合考评,学校行政小组审核通过后,全校公示三天。弘通班主任考核奖每学年发放一次,按考核积分评出弘通班主任若干、通情班主任若干、通达班主任若干,所占比例分别为 20%、30%、50%。奖励款项按照学校评定结果一次性拨付。

(三)"青共体"——扶持中青年教师

由表 1.1 可知,教师年龄结构趋于年轻化。中青年教师作为学校教师队伍的重要力量,调动中青年教师的发展积极性,提高中青年教师的教学能力,有助于学校整体教师队伍和教学质量的提升。为此,学校在慈溪市教研室的组织下,积极共建青年教师专业发展共同体(简称青共体)的培养平台。

青共体涉及学科广泛,包括语文、数学、英语、科学、道德与法治、综合实践活动和劳动等。青共体在慈溪市教研室的引导下,每学期按照计划有序开展活动。青年教师通过展示优秀课例、说课等活动,展现风采。各教研员在此基础上进行指导,提升青年教师的教学理念,提高他们在新教材呈现、教学实施等方面的能力,真正让教研为课堂服务,从而让学生受益。

(四)特级教师工作站——促进骨干教师成长

为充分发挥浙江师范大学教育集团(以下简称浙师大教育集团)名师对学校教育教学的指导、服务、示范与辐射作用,为学校教师搭建成长平台,加强学习型教师队伍建设,全面提升学校教师素质和专业化水平,提高学校教育质量,我们成立了慈溪实验学校特级教师工作站。

为了推进特级教师工作站活动的顺利开展,学校成立特级教师工作站领导小组,校长为组长,分管教学副校长和常驻顾问为副组长,学校教务、德育、教科室各部门领导为成员,负责特级教师工作站的管理和日常运行方案设计与实施。特级教师负责各学科活动的开展,除了浙师大教育集团的特级教师团队,我们还在全省范围内聘请了五位特级教师来具体实施相关活动,特级教师团队覆盖了学校的大多数学科。

特级教师工作站主要培养骨干教师的学科教学能力,教学研究能力,学科、课程、教学的认知能力,辐射与传承能力,进而全面提升骨干教师的综合能力。特级教师工作站采用多种多样的运行方式,力求体现学科特色,照顾到教师的实际需求和学校发展的需求,除了常见的备课、磨课、听课、评课外,还有专题讲座、学术沙龙、工作坊、结对与辐射等。

特级教师工作站实行考核制度。导师由浙师大教育集团负责考核和聘任,学员由慈溪实验学校负责考核。考核每学期进行一次,并实行滚动淘汰制,一次考核不合格者,进行谈话诊断,连续两次考核不合格者,退出工作站。考核结果作为学校考核教师、评优评奖和职称评定的重要指标。

(五)"名带徒"——培育名教师、高级教师

为促进名教师、高级教师的培养,充分发挥名教师、高级教师的引领与辐射作用,打造一支"拼搏不息,努力不止"的教师队伍,我们成立了"名带徒"教师专业发展平台。

名带徒教师专业发展平台中的"名师",主要指学校在教育界有较大影响力和较高知名度的智慧型教师及拥有高级职称的教师。此外,为充分发挥U—G—S优势,合理利用校内外的资源,名带徒中的名师也包括浙师大专家、校外名师或特级教师。名带徒教师专业发展平台中的徒弟指本校有意愿追求进步的青年教师、骨干教师等。名带徒教师专业发展平台采用"反哺式"修养提升的培养模式,名教师和高级教师通过向徒弟传授自身的教学理念和教学经验,反哺学校教师队伍发展的同时,也促进名教师和高级教师自身修养的发展与进步。

名带徒活动主要围绕教学工作以及教师个人素养提升而开展。教学工作包括教学理念、教学设计、课堂教学等,教师个人素养提升包括教学反思、教学案例、论文撰写等。此外,学校还建立评估考核与激励机制。名带徒工作由校长负责,由教导处实施常规管理,各学科组配合开展活动。教导处建立名带徒档案,以记录师徒成长历程,并将其作为晋职、评优的参考依据。根据名带徒实施方案和协议要求,名带徒工作也将进行目标考核。

第二节　发声:问题、优势和愿景

自 2020 年 9 月办学以来,慈溪实验学校在摸索中前进,教师们在学校建构的生态化教师培养机制下茁壮成长。同时,在教师专业发展的过程中,年轻化、高学历的教师队伍发展面临着考验与挑战。为了解学校教师专业发展的现状和专业成长需求,唯有让教师发出自己的"声音",才能实现学校的"弘通教育"办学理念,进一步促进教师群体专业发展,提升教学质量。由此,我们特对学校教师专业发展的问题、优势与愿景展开调查。

一、调查问卷设计与发放

(一)问卷设计

本次调查采用自编的"浙江师范大学附属慈溪实验学校教师专业发展调查问卷"。问卷由两部分构成:第一部分是个人信息调查,包括性别、教龄、学历、所在年段、任教学科等基本信息。第二部分为正式问卷,主要由单选题、多选题和开放题组成,单选题分为五个等级,从高到低分别是"完全符合,比较符合,基本符合,不太符合,完全不符合"。正式问卷主要从教师专业发展困难、教师专业发展困惑、教师专业发展优势和教师专业发展愿景四个维度设计问题。每一维度后设置一道开放题,方便教师补充自己对每一维度相关问题的真实想法,进而更广泛地获取信息。问卷共设有 49 道单选题、2 道多选题和 4 道开放题。

(二)问卷发放

本次调查采用问卷星发放问卷,问卷调查的时间是 2021 年 11 月 30 日至 2021 年 12 月 18 日,问卷发放对象为慈溪实验学校所有教师。共发放问卷 98 份,回收问卷 93 份,借助 SPSSAU 的无效样本处理功能剔除无效问卷,共得到有效问卷 83 份,问卷回收率为 84.7%。

二、结果与分析

(一)教师专业发展问题

教师专业发展问题主要从教师专业发展困难和教师专业发展困惑两个角度进行考察。教师专业发展困难是客观层面影响教师专业发展的因素,包括学校教师专业发展氛围、现有教师专业发展平台情况(培养模式、适切性、运行管理、活动形式、活动内容、活动频次、活动效果)、教师专业发展的内外部动机、参与教师专业发展活动的时间四个方面;教师专业发展困惑则是主观层面影响教师专业发展的因素,包括教师教学能力(教材解读、教学设计、教学管理、教学质量、教学机智)、教师沟通合作(家校沟通、同事间协作、与领导沟通)、教师教育研究(运用研究方法、论文写作)、教师专业发展规划四个方面。

1. 教师专业发展困难

(1)学校教师专业发展氛围情况

根据图1.1,当教师对"学校的教师专业发展氛围不足"一题进行判断时,超过三分之二的教师对学校教师专业发展氛围表示满意。这说明学校教师专业发展氛围浓厚,教师在学校大力支持教师专业发展的氛围下,充分感受到教师专业学习的重要性,激发了进行教师专业发展的热情。

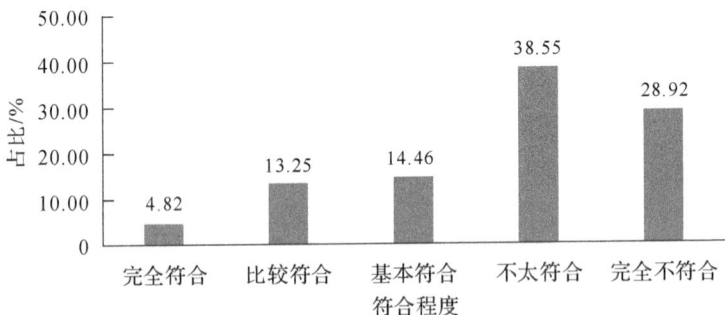

图 1.1 教师专业发展氛围

(2)现有教师专业发展平台情况

分析表1.3,可以看出教师们对学校教师专业发展平台的培养模式、适切性、运行管理、活动形式、活动内容、活动效果多持肯定态度,持异议的教师较少。这说明现有的教师专业发展平台较为完善,能为各阶段教师提供适切且丰富的活动,助力教师专业发展,教师对此的满意度较高。但是,对于现有教师专业发展平台的活动频次,有46.99%的教师认为活动频次过于频繁,影响日常教学。这表明现有的教师专业发展平台的活动频次需要根据教师们的日常教学量做出调整。

表 1.3　现有教师专业发展平台情况

单位:%

现有教师专业发展平台情况	完全符合	比较符合	基本符合	不太符合	完全不符合
学校没有完备的教师专业发展平台与培养模式	6.02	8.43	9.64	44.58	31.33
学校没有提供适合自身的教师专业发展平台	3.61	4.82	9.64	49.40	32.53
现有的教师专业发展平台存在运行、管理问题	4.82	6.02	12.05	51.81	25.30
现有的教师专业发展平台活动形式单一	3.61	6.02	14.46	45.78	30.12
现有的教师专业发展平台活动内容与教学脱离	3.61	8.43	13.25	46.99	27.71
现有的教师专业发展平台活动频次过高,影响教师日常教学	7.23	16.87	22.89	34.94	18.07
现有的教师专业发展平台开展效果不佳	2.41	9.46	19.28	43.37	25.30

（3）教师专业发展的内外部动机情况

由表 1.4 可知,有 38.55% 的教师表示缺乏加入教师专业发展平台的外部激励,有 33.73% 的教师表示缺乏加入教师专业发展平台的内部动机。这说明在教师专业发展过程中,仍有较大一部分教师对专业发展的重要性认识不足,缺乏外部激励与内部动机。在开放题中,有四名教师坦言"我校教师的自我发展需求不是很大,缺乏内部动力,如何激发老师们的积极性是值得思考的问题"。

表 1.4　教师专业发展的内外部动机情况

单位:%

教师专业发展的内外部动机情况	完全符合	比较符合	基本符合	不太符合	完全不符合
您缺乏加入教师专业发展平台的外部激励	1.20	16.87	20.48	34.94	26.51
您缺乏加入教师专业发展平台的内部动机	1.20	13.25	19.28	39.76	26.51

（4）参与教师专业发展活动的时间情况

由表 1.5 可知,在时间因素中,教学事务繁多是影响教师参与教师专业发展活动的一个重要因素,有 54.21% 的教师对此表示赞同。有 27.71% 的教师表示自身行政事务繁忙,从问卷中得知,这些教师多为中层领导或校长。极少部分教师表示自身的私人事务繁多,没有时间参加教师专业发展相关活动。由此可见,如何协调教师的教学与专业发展活动之间的矛盾是一个迫在眉睫的问题。

表 1.5 参与教师专业发展活动的时间情况

单位:%

教师参加专业发展活动受限情况	完全符合	比较符合	基本符合	不太符合	完全不符合
您的教学事务繁多,没有时间参加教师专业发展相关活动	8.43	15.66	30.12	34.94	10.84
您的行政事务繁多,没有时间参加教师专业发展相关活动	4.82	12.05	10.84	36.14	36.14
您的私人事务繁多,没有时间参加教师专业发展相关活动	1.20	3.61	10.84	40.96	43.37

2.教师专业发展困惑

(1)教师教学能力情况

根据表 1.6 数据,大部分教师在教材解读、教学设计、课堂管理方面都没有太大问题。但有 45.78% 的教师对提高课堂教学质量存在困惑,从问卷中得知,这些教师中既有经验丰富的老教师,也有经验不足的新手教师。由此可见,在"双减"背景下,如何有效地提高课堂教学质量是一个值得探讨的重要话题。有 42.17% 的教师表示自己对丰富课堂教学机智存在困惑,从问卷中得知,这些教师多为工作经验不足的年轻教师。由于教学实践不足,他们还不能灵活自如地处理课堂教学,如何丰富自身的教学机智对他们来说仍非常困惑。

表 1.6 教师教学能力情况

单位:%

教师教学存在困惑情况	完全符合	比较符合	基本符合	不太符合	完全不符合
您对深入解读教材存在困惑	3.61	10.84	20.48	48.19	16.87
您对提高教学设计能力存在困惑	2.41	12.05	25.30	44.58	15.66
您对提升课堂管理能力存在困惑	3.61	15.66	19.28	43.37	18.07
您对提高课堂教学质量存在困惑	2.41	15.66	27.71	39.76	14.46
您对丰富教学机智存在困惑	2.41	15.66	24.10	38.55	19.28

(2)教师沟通合作情况

根据表1.7可知,将近四分之三的教师在同事互助协作和领导交流方面都表示没有困惑,但在家校沟通方面,有38.55%的教师表示对此存在困惑。这些教师中教龄0~5年的新教师有20.48%,教龄6~10年的教师有4.82%,教龄11~20年的老教师有8.43%。可见,家校沟通对新手教师而言,是一个比较棘手的问题。

表 1.7　教师沟通合作情况

单位:%

教师沟通存在困惑情况	完全符合	比较符合	基本符合	不太符合	完全不符合
您对促进家校沟通存在困惑	3.61	13.25	21.69	40.96	20.48
您对加强同事间的互助协作存在困惑	1.20	8.43	15.66	53.01	21.69
您对改善与领导间的关系存在困惑	2.41	10.84	14.46	53.01	19.28

(3)教师教育研究情况

由表1.8可知,将近三分之二的教师对使用常见的教学研究方法表示没有困惑。这说明本校大部分教师能掌握基本的教育研究方法,具备一定的教育研究能力。但在教育教学论文写作方面,有62.65%的教师认为对此存在困惑,其中有10.84%的教师表示对教育教学论文非常困惑。根据表1.9的数据,可以进一步得知,有26位教龄0~5年的新手教师对教育教学论文写作较为困惑,也有少部分教龄11~20年的老教师表示对教育教学论文写作存在困惑。即使是硕士学位的教师,也纷纷表示难以写出优秀的教育教学论文。从职称上看,有15位未评职称的教师对教育论文写作感到困惑,有20位二级教师对教育论文写作感到困惑,有14位一级教师和3位高级教师也对教育教学论文的写作感到困惑。由此可见,不论教龄、学历与职称,教师对教育教学论文的写作普遍存在困惑。

表 1.8　教师教育研究情况

单位:%

教师教育研究存在困惑情况	完全符合	比较符合	基本符合	不太符合	完全不符合
您对使用常见的教育研究方法存在困惑	1.20	13.25	21.69	42.17	21.69
您对教育教学论文写作存在困惑	10.84	21.69	30.12	25.30	12.05

表 1.9　不同教龄、学历、职称教师对教育论文写作存在困惑的情况

单位：人

类别	选项	完全符合	比较符合	基本符合	不太符合	完全不符合
教龄	0～5 年	7	11	8	2	1
	6～10 年	0	0	6	2	1
	11～20 年	1	4	7	14	4
	20 年以上	1	3	4	3	4
学历	本科	8	15	23	21	7
	硕士	1	3	2	0	1
职称	未评	4	4	7	0	0
	三级	0	0	0	0	1
	二级	3	8	9	5	1
	一级	1	5	8	11	7
	高级	1	1	1	5	1

（4）教师专业发展规划情况

由图 1.2 可知，当问及"您对自身教师专业发展生涯规划存在困惑"时，15.66％的教师对自身专业发展有明确的规划与认知，38.55％的教师对自身专业发展有较为明确的认识。从问卷中可知，这些教师多为教学经验丰富、具有一级及以上职称的老教师或是教研组长、学校领导。但仍有45.79％的教师对自身的教师专业发展规划表示困惑，这些教师大多为初入职的新手教师，也有少部分老教师对此感到困惑。部分教师在开放题中具体阐述了自己的专业发展规划的困惑，如："我应该具体朝哪个方向发展""中考压力体系下，教师成长模式是研究型，还是训练型"等。

（5）教师专业发展的其他困难与困惑

我们对开放题"您认为教师专业发展还面临哪些困难""您对教师专业发展还存在哪些困惑"的答案整理分析后发现，教育科研论文写作仍是教师面临的最大问题。我们将教师面临的其他困难与困惑按比重罗列在表 1.10中。分析数据，我们可以进一步了解到，有80.72％的教师表示在教学、教务和专业学习间难以平衡。其中，39.76％的教师认为教学工作量大，19.28％的教师表示教学与专业发展难以兼顾，8.43％的教师认为教学外的事务多，7.23％的教师表示工作与生活难以平衡，6.02％的教师表示自身精力不足。

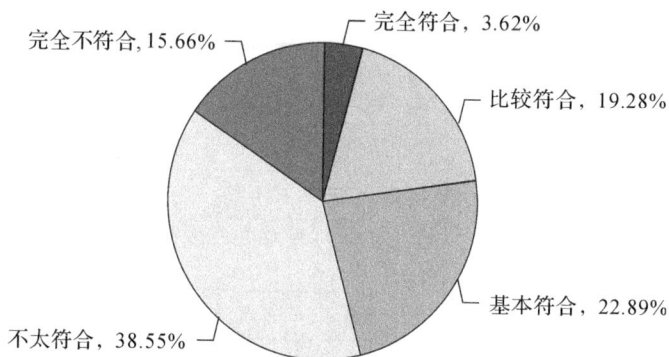

图 1.2　教师专业发展规划情况

如何在保障教学质量、做好教学工作的前提下,让教师潜心钻研专业学习,这是一个亟须解决的问题。同时,将近三分之一的教师认为在专业成长的过程中缺乏专业引领。其中,20.48％教师认为缺乏专家的精准指导,有教师在开放题中指出"专家对我校小学部的精准指导远远不够",8.43％的教师认为学校对年轻教师的教学指导不足,还有四位教师认为示范课的学习机会不多、集体研讨不够、指导方式单一、指导系统性不强。个别教师提出专家指导存在可操作性差、大小学科的重视程度不均衡、教师发展的评价体系存在缺陷、职称评定要求高、教师专业发展活动受限等困难与困惑。

表 1.10　教师专业发展的其他困难与困惑

教师专业发展的其他困难与困惑	选项	占比/%
教学、教务、专业学习难以平衡	教学工作量大	39.76
	教学与专业学习难以兼顾	19.28
	教学外的事务影响	8.43
	工作与生活难以平衡	7.23
	精力不足	6.02
缺乏专业引领	专家的精准指导不足	20.48
	对年轻教师教学指导不足	8.43
	示范课学习机会不多	2.41
	集体研讨不够	1.20
	指导方式单一、指导系统性不强	1.20

续　表

教师专业发展的其他困难与困惑	选项	占比/%
专家指导可操作性较差	与实践脱离、不切实际的指导	4.82
	教授讲解的东西太深奥	2.41
主副科的重视程度不均衡	对某些课程重视不够	4.82
	综合类学科教师专业发展探索不足	2.41
教师发展的评价体系存在缺陷	评价体系单一、主观化	4.82
职称评定要求高	职称评定名额不足、能力有限	4.82
教师专业发展活动受限	竞赛机会较少、难以参加更高层次的活动	4.82

本校教师专业发展的困难,综合起来有以下几点:现有教师专业发展平台的活动过于频繁,与教师们的日常教学有冲突;教师对专业发展的重要性认识不足,缺乏外部激励与内部动机;教师的教学事务繁多,与专业发展难以协调;新手教师对家校沟通感到困惑,缺乏针对性指导;教师对教育教学论文写作普遍存在困惑,缺乏专家的有效指导;教师对专业发展缺乏规划,对自身的发展方向认识不清;教师在教学、教务和专业学习间难以平衡;教师在专业成长过程中缺乏专业引领,精准指导不足;专家指导的可操作性较差;教师发展的评价体系存在缺陷;职称评定要求高;教师专业发展活动受限;等等。

(二)教师专业发展优势

对教师专业发展优势的调查,主要是从学校层面和教师个人层面展开。学校层面的教师专业发展优势包括:教师专业发展平台、教师培养模式、教师发展考核制度、教师专业发展氛围、活动场所和学习交流设备、有效的活动、高校专家和名师资源、活动经费保障等方面。教师个人层面的优势包括:教师专业发展规划、职业认同感、教育信念、教育研究能力、专业学习意识和热情、专业知识和技能、互助协作能力等方面。

1.学校层面的专业发展优势

由图1.3可知,总体而言,大多数教师认为学校在八个方面具有较强的优势。其中,97.59%的教师认为本校有完善的教师专业发展平台,98.80%的教师认为本校有合适的活动场所和必需的学习交流设备,98.80%的教师认为本校有强大的高校专家和名师资源支持。这说明完善的教师专业发展平台、合适的活动场所和交流设备、强大的高校专家和名师资源是学校的突出优势。此外,7.23％的教师认为现有教师专业发展模式不够成熟,9.64％的教师认为各教师专业发展平台考核机制不够完备。由此可见,目前的教师专业发展模式还需要进一步升级优化,以满足不同教师的切实需求,各教师专业发展平台的考核机制也需加以改进,以全面合理地评价教师的专业发展。

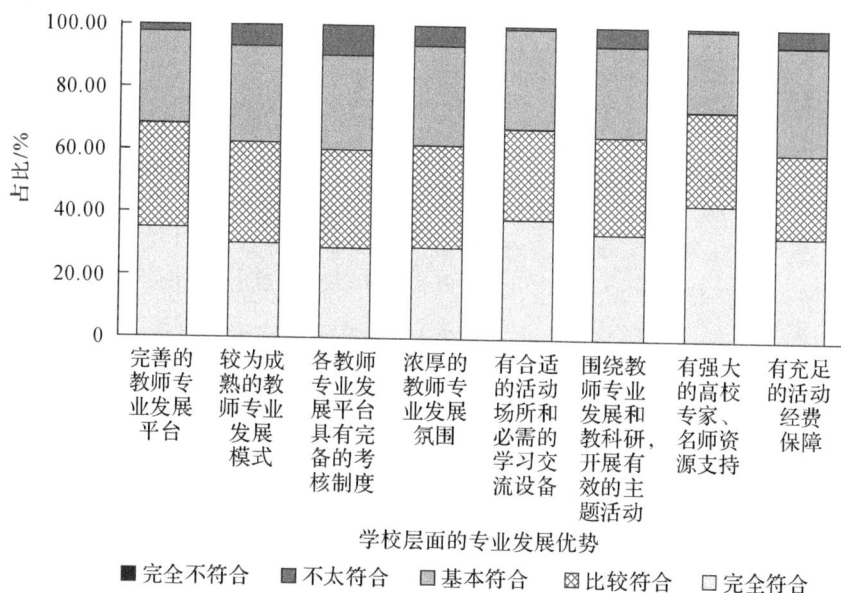

图 1.3　学校教师专业发展优势

2.教师个人层面的专业发展优势

图 1.4 表明,总体而言,学校教师的专业基础扎实、互助协作能力强、具有较高的教育认同感、高度的教育信念和专业学习热情,教师综合素质高。其中,全体教师对"自身具有良好的互助协作能力"表示肯定。这说明学校教师善于沟通协作,教师凝聚力强,这也是推动学校发展的重要力量。71.09％的教师对"有坚定的教育信念"表示肯定,71.08％的教师对"有专业学习的意识与热情"表示肯定。特别指出的是,对"有专业学习的意识与热情"表示十分肯定的教师占 37.35％,这表明本校教师的教育信念坚定、专业学习热情高,有助于学校开展相关教师发展活动。

3.教师专业发展的其他优势

根据表 1.11,在问卷填空题中问及"您认为您或学校还具有哪些专业发

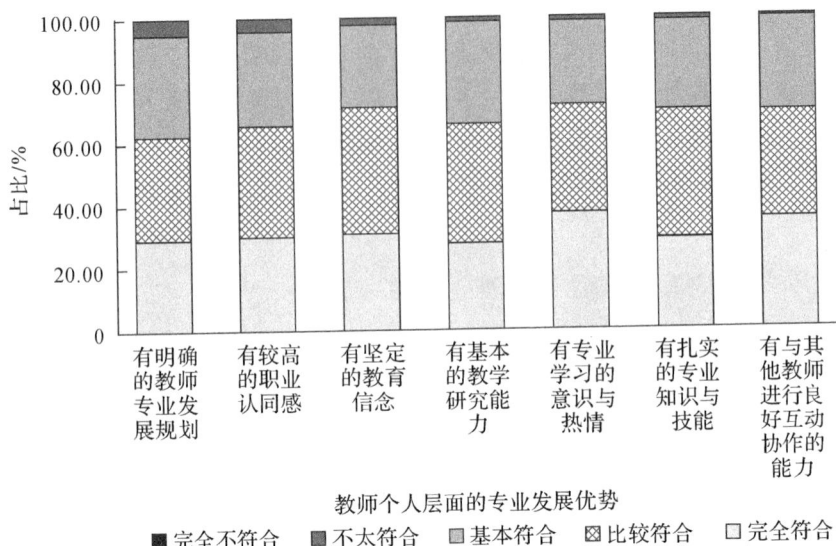

图 1.4　教师个人专业发展优势

展的其他优势"时,超过半数的教师一致认为高校支持、专家支持、发展平台好、资源丰富是学校发展的突出优势。这主要是因为慈溪实验学校与浙师大合作办学,具有特级教师、专家、教授等得天独厚的优质教育资源、强大的师资力量。16.07%的教师认为自身具有极高的学习热情;14.29%的教师认为教师队伍年轻,充满激情和活力。这主要得益于这是一所崭新的学校,教师队伍年轻化,教师们充满专业学习的热情。认为教学经验丰富的教师占 12.50%,这些教师主要为有一定从教经历的老教师。

表 1.11　教师专业发展的其他优势

教师专业发展的其他优势	占比/%
高校支持、专家支持、发展平台好、资源丰富	57.14
极高的学习热情	16.07
教师队伍年轻,充满激情和活力	14.29
教学经验丰富	12.50

　　总之,不论从学校层面,还是从个人层面而言,学校教师专业发展优势颇多,最为突出的优势主要有以下几点:建构了较为完善的教师专业发展平台;合适的活动场所和交流设备支持;依托浙师大高校平台,不仅有专家引

领,还有优质的名师资源;教师具有良好的互助协作能力,团体凝聚力强;教育信念坚定;教师队伍年轻化,新兴力量多,思维活跃,具有极高的专业学习热情。

(三)教师专业发展愿景

教师专业发展愿景主要从教师专业发展需要、教师专业发展学习方式、教师专业发展考核方式和教师专业发展规划四个维度来考察。

1.教师专业发展需要的期望

如图 1.5 所示,期望提升教学技能的教师所占比重最大,占 27.71%,这主要因为学校年轻教师多,他们缺乏教学实践经验,所以亟须教学技能方面的针对性指导。此外,22.89%的教师期望精进专业知识,25.30%的教师希望提升科研能力,16.87%的教师期望提高教学管理能力,少部分教师期望提高深化教育理论。

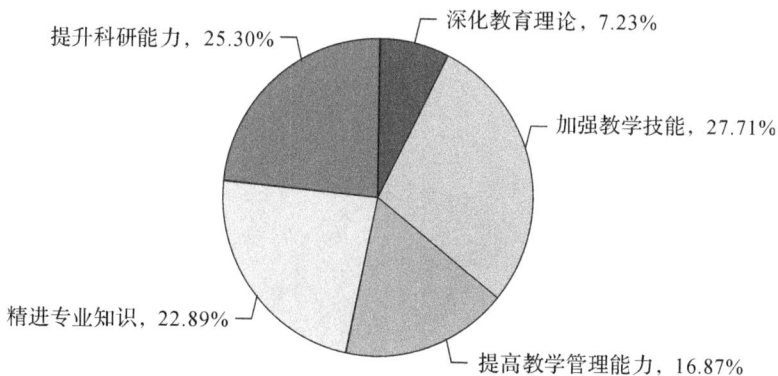

图 1.5 教师专业发展需要的期望

2.教师专业发展学习方式的期望

根据图 1.6,对教师专业发展的学习方式进行调查后发现,教师最喜欢集中培训的方式,占 22.89%;其次是名师工作站,占 18.07%;专家讲课和主题研讨所占的比重一致,都是 14.46%;有 13.25%的教师期望通过学科组例会活动获得专业成长;教师选择赛课评课和教科研立项学习方式的人数较少,分别占 6.02%和 4.82%。从促进专业成长学习方式的选择上看,大部分教师更喜欢专家名师等理论指导与教学实践并行的方式,如集中培训和名师工作站,专家讲课和主题研讨的方式也比较受欢迎。

其他,6.03%

赛课评课,6.02%

专家讲课,14.46%

名师工作站,18.07%

集中培训,22.89%

学科组例会活动,13.25%

教科研立项,4.82%

主题研讨,14.46%

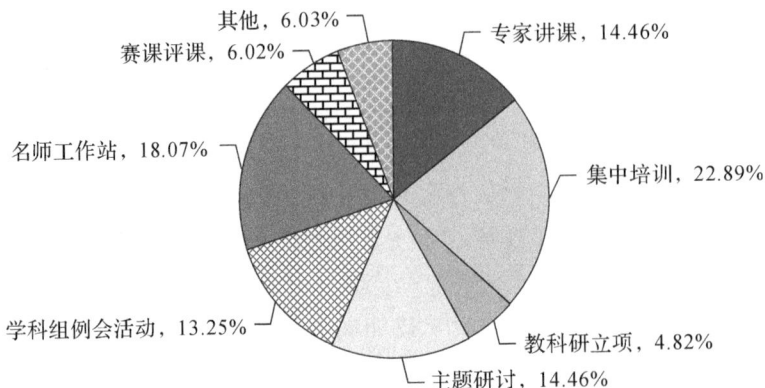

图 1.6　教师专业发展学习方式的期望

3. 教师专业发展考核方式的期望

从图 1.7 中可以看出,在教师专业发展的考核方式上,教师们最喜欢运用教学成果展示的方式来评价自身的专业发展过程,该方式占 38.55%;其次是采用教师专业发展档案的方式,该方式占 28.92%;少部分教师选择教师专业成长汇报的方式。

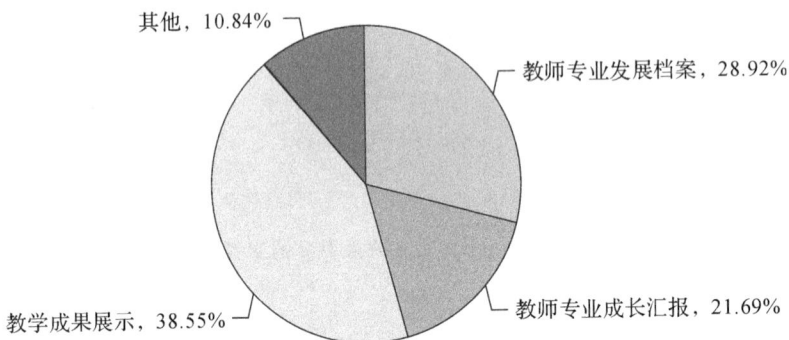

其他,10.84%

教师专业发展档案,28.92%

教学成果展示,38.55%

教师专业成长汇报,21.69%

图 1.7　教师专业发展考核方式的期望

4. 教师专业发展规划制定的时间长度

如图 1.8 所示,当问及"您做过多长时间段的教师专业发展规划"时,78.31%的教师制定过 1～5 年的教师专业发展规划,9.64%的教师制定过 5～10 年的教师专业发展规划,2.41%的教师甚至制定过 10 年以上的教师专业发展规划,还有 9.64%的教师表示从来没有制定过教师专业发展规划。这说明大部分教师对自身专业发展都有较明确的规划,甚至有个别教师对自身的专业发展有更为长远的规划。

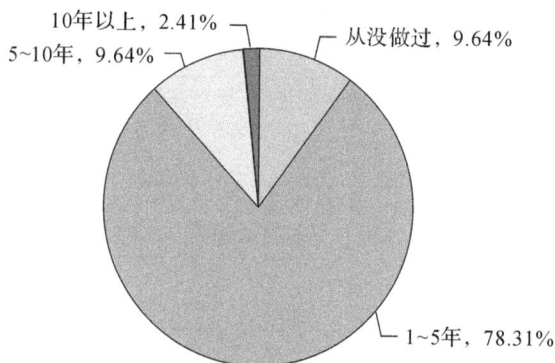

图 1.8 教师专业发展规划制定的时间长度情况

5.教师专业发展的其他期望

从表 1.12 我们可以看出,期望在教育科研能力上有所突破的教师所占比重最大,有 24.56%,这说明大部分教师重视教育科研能力的发展,期望在教学中开展研究,以教育研究促进教学发展。有 21.05% 的教师期望提高教学质量与教学效率,在"双减"背景下,如何实现减轻学生负担,提高教学质量是一线教师们一直探索的问题。有 19.30% 的教师期望评上更高的职称,17.53% 的教师期望提升学科专业素养与专业技能。期望优质课、公开课等获奖的教师也较多,占 14.04%。少数教师期望提高教育教学管理能力和班级管理能力、形成自身的教学风格与教学特色。个别教师期望学校的教师专业发展顶层设计与个人的发展规划相结合。

表 1.12 教师专业发展的其他期望

教师专业发展的其他期望	例子	占比/%
在教育科研能力上有所突破	如:五年内撰写 1~2 篇高质量论文并发表;论文获奖;完成中期研究课题,取得一定成效	24.56
提高教学质量与教学效率	如:响应"双减"政策,轻负高质,提高教学成绩;精心备课,认真上好每一堂课;带好班级成绩	21.05
评上更高的职称	如:争取 3~5 年评正高;希望能向更高的职称努力;先评上一级职称,再往资深教师方向发展	19.30
提升学科专业素养与专业技能	如:成为专业性强的语文教师;争取加强自己的业务能力;落实基本功	17.53
优质课、公开课等获奖	如:3 年内优质课获奖;1 年两次市级公开课;获得教坛新秀优质课等奖项;赛课获奖	14.04

续　表

教师专业发展的其他期望	例子	占比/%
提高教育教学管理能力和班级管理能力	如:做好班主任工作,管理好学生;用爱、用真心去对待每一位学生;多与学生沟通,了解他们的思想动态	8.77
形成自身的教学风格与教学特色	如:适应教学,形成自己的教学风格;站稳讲台,在教学上有自己的教学特色	8.77
顶层设计与个人的发展规划相结合		1.76

综上所述,在教师专业发展需要上,大部分教师最希望加强教学技能;在教师专业发展学习方式上,集中培训的方式最受欢迎;在教师专业发展考核方式上,教师们最喜欢以教学成果展示的方式进行考核;在教师专业发展规划上,大部分教师有明确的1~5年专业发展规划。此外,大部分教师期望提升教育科研能力、提高教学质量与教学效率、评上更高的职称。

三、结论和建议

经调查发现,慈溪实验学校具有较为完善的教师专业发展机制,能充分发挥浙师大高校平台和优质名师资源的优势,新兴力量多,具有高度的团体凝聚力。然而,在教师专业发展的过程中,教师遇到了很多困难与困惑,同时教师们也表达了自己的专业发展愿景。分析调查问卷后发现,教师需要以下几方面的支持:一是内容需求方面,包括教育科研论文指导、教学方法和技能、学科的知识与前沿理论、家校沟通方法、教学管理能力等。二是教师专业发展动力方面,大部分教师认为应该为教师发展提供时间保障、完善教师专业发展的评价体系、给予足够的教师专业发展内外部激励。三是从制度情境看,目前已有的教师专业发展机制对教师专业发展产生积极影响,但未与教师个人的专业发展规划相结合。那么,在新学校发展的过程中,我们该如何有效地促进教师的专业发展?

（一）开展精准的教师培训,满足不同教师专业发展的内容需求

从调查中可知,62.65%的教师对教育教学论文的写作存在困惑,45.78%的教师对提高课堂教学质量存在困惑,其中有21.05%的教师十分期待提高教学质量与教学效率,38.55%的教师对家校沟通存在困惑,部分教师还期望提升学科专业素养与专业技能、提高班级管理能力等。为解决不同教师的不同困惑,学校需要深化教师学习研究,系统、深入地研究教师在学习实践中产生困惑的真正原因,进而为教师开展针对性、系统性的教师

培训，精准改进教师的不足之处。同时，教师培训的方式可以多样化，可以在现有的教师专业发展平台中针对教师的困惑对学习内容进行改进与优化；教育管理部门和学校有目的地组织教师进行观摩和学习"双减"背景下的高效课堂，特别是向成果卓越的省份和地区讨教经验；还可以组织教师针对某个困惑进行校内和学校间、地区间的研讨和交流，积极创设良好生态的学习共同体。这不仅能加强师师之间的交流，还可以发挥慈溪实验学校、浙师大专家团队、其他学校的优质资源，帮助教师精准提升。

（二）优化专业发展设计方案和评价体系，激发教师内部学习动力

通过问卷调查可知，"双减"背景下，教师的工学矛盾比较突出，80.72％的教师表示在教学、教务和专业学习间难以平衡；部分教师认为教师专业发展的评价体系单一化、主观化；还有 49.35％的教师缺乏加入教师专业发展平台的外部激励，33.73％的教师缺乏加入教师专业发展平台的内部动机。因此，教师需要在学习时间保障、教师专业发展评价体系、教师专业发展内外部动机方面获得专业支持。关于此问题，有以下两点建议：一是学校在教师专业学习设计中，应考虑教师专业发展的实际问题，不断优化学习方案。如先对教师的需要和难以解决的问题进行深入研究，再对教师专业发展平台或某项具体的学习活动，从目标、内容、方法、产出、评估和资源等方面进行科学而严谨的设计，尽量减少教师集中培训学习的时间，提高教师专业学习的实效，激发教师专业学习的内部动机。二是建构合理的教师学习的评价体系，通过教学成果展示、教师专业发展档案等多种评价方式，让教师作为学习者真正看到学习的过程轨迹和最终成果。

（三）学校引领，制定系统的教师专业发展规划

教师的专业发展规划是指教师自己对教师专业发展的各个方面和各个阶段的设想和规划。[①] 从调查中我们可以发现，90.36％的教师制定过教师专业发展规划，甚至有 2.41％的教师制定过 10 年以上的教师专业发展规划，即便如此，仍有 45.78％的教师对自身专业发展规划表示困惑，有的教师发出疑问："我应该具体朝哪个方向发展""中考压力体系下，教师成长模式是研究型，还是训练型"等。而且有明确规划的教师并不一定都能按部就班地实现自己规划的目标。如何让教师的个人专业发展规划有方向、可实施、

---

① 宁虹.教师教育：教师专业意识品质的养成——教师发展学校的理论建设[J].教育研究，2009（7）：74-80.

能达成,这需要学校顶层引领设计,系统制定教师专业发展规划,将学校发展与教师个人专业发展相结合。学校引领教师制定专业发展规划可以考虑以下三点:一是在保证教师的专业规划与当前的教育发展方向相契合的前提下,再进行个性化设计,并细化具体目标、丰富发展内容、确定发展路径、选择发展策略;二是将教师的专业发展规划融入学校的课程建设、课题研究、课改项目等研究中,在实践操练中得以实施;三是完善和谐互助的教师专业发展平台,营造校内专业发展氛围,将规划的具体内容落实在日常教学工作与科研活动中。系统的教师专业发展规划体现了教师发展的主体性,有助于唤醒教师的专业发展意识,促进教师个体自主发展,实现教师队伍阶梯成长。

教师专业成长的快速发展并不是单靠教师、学校或者某个专家的意见就可以轻而易举实现的。教师专业发展是学校发展中的一个重要环节,与其他环节彼此关联,相互制约,因此唯有各环节相互配合,教师与学校共同努力才能产生良好的效果。

第三节　教师团建汇聚凝聚力

教师凝聚力是教育群体在共同教育目标的引领下,在教育行动过程中形成的群体内聚力以及由此形成的群体综合实力。教师凝聚力对学校工作具有重大的推动作用,它能有效地推动学校发展、教师专业发展、课程改革和学生发展。而教师团建工作坊正是汇聚教师凝聚力的重要方式。自建校以来,学校积极推进教师团建工作坊的建设,并取得初步成效。

一、教师凝聚力对学校工作的重要性

(一)教师凝聚力对学校发展的推动作用

教师凝聚力是一个学校的向心力,是学校把个体结合在一起的情感力量,是学校生命力持续保持斗志的条件,是推动学校健康发展的灵魂。学校的发展与教师的凝聚力相辅相成,学校教师的凝聚力能促进学校的发展与进步,学校的发展又推动教师凝聚力增长。反之,学校教师缺乏凝聚力,学校就会止步不前。教师凝聚力对学校发展的推动作用主要表现在以下两方面:一方面,教师凝聚力建设有利于稳定学校的教师队伍。随着我国市场经济的迅速发展,不同行业之间的收入差距悬殊,教师的工作压力大,工资收

入普遍不高,使教师的价值取向发生变化,诱发了重功利轻道德、重实惠轻意义的倾向。同时,现行的职称评定存在论资排辈、评定名额分配不均、以论文定水平等弊端,挫伤了教师的工作积极性,容易引发教师的不满情绪。另一方面,教师凝聚力建设有利于提高学校的办学水平。教师凝聚力强,全体教职工与管理者关系和谐、沟通顺畅,工作热情高涨,积极性大,配合度高。这种团结奋进的氛围势必推动学校各方面工作的顺利开展,促进学校教学目标的实现,提高学校的办学水平。反之,教师凝聚力弱,全体教职工与管理者间关系紧张,人心涣散,工作积极性不足,则不利于学校目标的实现,阻碍办学水平的提高。总之,教师凝聚力是学校思想政治工作和学校管理成效的重要体现,是稳定学校教师队伍、学校成功办学、促进学校健康发展的重要因素。

(二)教师凝聚力对教师专业发展的推动作用

教师间的高凝聚力有利于教学目标的达成,提升教师的个人成就感和满意度,提高教师之间专业互动的频率及交流质量;低凝聚力则会增加实现目标的难度,增加教师队伍解散的可能性,减少教师间交流,导致个人主义。教师凝聚力对教师专业发展的推动作用可以用勒温(Lewin)的群体动力理论加以解释。群体动力学认为人的行为是会受外部环境的作用而产生的。在群体动力理论下,群体与成员之间被看作是群体的动力。如在学校建构的良好生态化教师培养机制下,每位教师都能找到适合自己的教师专业发展平台,在各平台中积极合作交流,形成团结向上的教师专业发展氛围。同时,在群体影响下,每个教师均受到了熏陶和积极影响,尤其是对能力相对较弱的教师予以感染、影响,使群体作用得到更好发挥,实现了教师群体的共赢发展。因此,教师间的高凝聚力能形成良好的团体氛围,在群体动力的推动下,又能影响学校的每一位教师,有效推动教师群体的专业发展。

(三)教师凝聚力对课程改革的推动作用

教育改革的核心在于课程改革,课程改革的核心在于课堂改革,课堂改革的核心在于教师的专业发展。可见,教师的专业发展是课程改革顺利推行的重要配套措施,[①]而教师凝聚力正是推动教师专业发展的重要因素。因此,教师凝聚力对课程改革具有引领作用。教师具有高凝聚力,教师群体才能得以发展,教师专业发展又推动课堂改革,课堂改革进一步促进课程改革

---

① 钟启泉.新课程师资培训精要[M].北京:北京大学出版社,2002.

和教育改革。教师凝聚力对课程改革的引领性主要体现在对课程方向和对课程改革环境的引领。课程改革方向的正确性和永恒性与教师凝聚力的引领性是同向的，也就是说，强大的教师凝聚力能引领教育向正确的方向前进；反之，如果课程改革方向出现错误，则会破坏教师的凝聚力，甚至导致教育世界的分崩离析。教师凝聚力对课程改革环境的引领性表现在社会对教育的关注度、支持度和追随性。教师凝聚力愈强大，社会就会愈关注教育、重视教育，社会对教育的支持就会愈大，教育就更能成为社会发展的动力。总之，在课程改革中，教师作为教学活动的承担者、实施者、推动者，是课程改革顺利进行的关键。教师凝聚力促进教师勇于面对课程改革的困难，推动课程改革进程。

（四）教师凝聚力对学生发展的推动作用

当今教育面临着前所未有的挑战，一个学校为社会培养合格的、德智体全面发展的和有理想、有本领、有担当的社会主义人才，教师承担着重大的责任。同时，对学生发展而言，教师比其他任何教育资源都要重要，不仅因为学生是教师教学实践的服务对象，更因为教育的最终目的是提升学生的学业成就，更好地帮助其成长。为推动学生的发展，教师需要在教育改革的浪潮中不断充实自己，永远保持积极进取的心态，团结合作，形成教师凝聚力。具备高度教师凝聚力的团体，才能发挥教师团体合作的力量，更全面、系统地了解学生的发展需求，以自身良好的专业素养影响并推动学生的发展；反之，教师凝聚力弱的团体，不能形成教师间合作学习的氛围，自身专业素养发展缓慢，对学生发展的影响相对较小。总之，教师凝聚力是推动学生发展的重要力量。

二、教师团建工作坊计划

（一）总体目标

学校教师工作坊贯彻落实《中共中央 国务院关于全面深化新时代教师队伍建设改革的意见》的精神，围绕立德树人根本任务，实现慈溪实验学校"弘通教育"办学理念，充分发挥 U—G—S 合作优势，进一步促进学校教师群体专业发展，为优秀教师实现自我价值提供机遇，提升教学质量，活跃教学研究氛围，形成慈溪实验学校教师专业特色发展的机制。

（二）阶段目标

通过 3～5 年的实践，逐步建立学校层面相对完善的教师工作坊研修机制,形成相对稳定的教师发展共同体。各阶段目标如下。

第一阶段:以特级教师工作站为基础,进一步优化管理机制。以课例资源库建设、课堂实录、年度学术报告等活动为主要形式,促进教师专业发展。以骨干教师或优势学科为基础组建1~2个教师工作坊开展研修。研修活动要聚焦学科课程,立足教学实际,合理控制规模,注重制度建设。

第二阶段:扩大学校特级教师工作站涵盖的学科范围,提升特级教师工作站对青年教师的指导能力,对新入职的青年教师的指导做到全覆盖。稳步推进教师工作坊建设,形成并逐步完善教师工作坊资源平台建设及定期交流机制。

第三阶段:坚持以课程建设为中心,在保持学科教师工作坊规模的同时,逐步扩大专题教师工作坊建设,如班级管理工作坊、教师阅读工作坊、德育教育工作坊等。注重工作坊文化建设,培育一批有特色、有影响的教师工作坊,总结梳理典型经验。

(三)基本策略

1.名师引领,优化团队

坚持以特级教师为引导,以学科课程为纽带,以工作坊为载体,形成以特级教师为核心的高层次骨干教师团队和专家型教师研究群体。实行"1+X"人员组成模式(1名特级教师＋学科骨干＋一线教师＋当年新入职教师),进一步优化特级教师工作坊运行机制。

2.严把"六关",加强管理

一是遴选关。精准选好坊主,让有情怀、有能力、有行动的德艺双馨之师成为首选。二是督导关。上传下达,督导教师及时完成工作坊学校任务。三是延伸关。通过专题微讲座、教学分享等多种活动,深化学习成效。四是分享关。通过微信公众号、美篇、简书等途径分享教学困惑、学习收获。五是激励关。为优秀坊主和坊员提供更多培训学习机会和有效晋升平台。六是交流关。注重坊主、坊员间的交流、沟通,及时发现问题并有效解决。

3.双线并行,协同推进

一是线上建设研修专题,即坊主根据学员需求,在教师工作坊线上平台设定切合实际的学习内容,使之真正兼顾到每一个工作坊坊员的个性需求。二是各坊根据学科特点开展特色线下交流活动,如小学语文工作坊的"天天阅读"、初中数学工作坊的"思维导图"训练活动等,线上线下共同推进教师工作坊的建设。

4.根据实际，有所侧重

工作坊将根据学校教师实际情况，采取集中与分散相结合，以分散为主；主持人指导与自我实践相结合，以自我实践为主；本地观摩与外地学习相结合，以本地观摩为主；专家传授与相互研讨相结合，以相互研讨为主的工作方法。

（四）基本任务

1.注重教学理念，争创学习型团队

每学年在教师工作坊的安排下，各成员积极深入课堂，进行教育教学研究，并在实际的教学情景中感受新课程的教学理念，在研究中感悟精妙的教育教学技巧，在实战中体会灵活的教育教学方法，在细节设计中品尝教学、育人、艺术的真谛，从而形成个人独有的教育教学特色与风格。此外，坊主定期组织学员学习教育教学理论书籍及学科教学、班主任工作期刊，并撰写读书心得，进行内部交流。

2.聚焦课堂教学，提升教学质量

教育成败的关键，在于能否将先进的教育理念转化为具体有效的教学行为。因此，工作坊聚焦课堂教学，引导学员学习名家的课堂，研究自己的课堂，展示自己的课堂，逐步形成独具特色的课堂教学风格。因此，学校要求每学期每个学员至少展示一节教学公开课，并在坊主组织下对学员的公开课进行研讨。通过学员间的交流、碰撞、升华，提升教育教学水平，从而提高学校整体教育教学质量。

3.关注课题研究，促进专业发展

工作坊根据学校实际情况，把课题研究和日常教研活动紧密结合起来，多形式、多渠道开展课题研究。以课题研究为引导，把教育和教研论文的写作紧密结合起来，深入思考、勤于反思，积极主动地撰写教学反思、个人成长录、教学案例、师徒共研文案、随笔、教学论文等，提高反思能力和写作能力，促进自身的专业成长。

4.开展常规活动，扩大工作影响

工作坊坚持每月1～2次的业务学习例会制度，研究工作和学习，交流经验和体会，从而实现共同发展。每次例会都有一个中心话题，并轮流由某个成员主持、主讲，工作坊其他成员参与讨论，互相启发，各抒己见，并在恰当的时机对来自工作坊以外的教师开放，使工作坊真正成为学校教师研究教育教学、切磋教艺、成长发展的"家园"。

（五）工作保障

1.师资支持

学校将充分运用与浙师大合作办学的优势，主动邀请高校学科专家参与教师工作坊建设，不断提高教师工作坊的师资支撑力度。

2.物质支持

学校将尽可能提供教师工作坊的活动设施和场地，满足工作坊的基本需要，并设立一定的项目资金作为基础保障。

3.技术支持

学校将配备信息技术指导教师，协助各教师工作坊的线上平台建设，充分利用现代信息技术开展在线互动交流和推广。

4.培训骨干

学校将积极组织教师工作坊主持人及团队成员的外出培训学习，确保工作坊团队成员在三年期间完成一轮次的高端培训，为教师工作坊培养更多骨干教师。

三、教师团建

（一）旭升书院

旭升书院的成立为 30 岁以下的年轻教师搭建了专业、全面的学习平台。在专家的引导支持以及书院成员们的共同努力下，书院全力汲取最新教学科研成果，快速提升教师教育教学水平。在书院院长陈秉初教授的引领下，旭升书院每月邀请一位专家开展一次讲座、论坛或进行读书分享。自旭升书院成立以来，年轻教师们在这里共同阅读，分享读书感悟，并将读书感悟与教学实践相互融合，伴着书香一路前行，成为学生成长的领路人；青年教师们也聆听了浙师大林新事教授关于教师专业成长的内涵与外延的讲座，对教师的专业发展有了更深的认识；同时，教师们也被语文特级教师朱昌元执教 40 年以来认真、勤奋、专一的"花农"精神所感动，并对学科教研的选题寻找、实施方式、论文撰写、常见问题有了初步了解；在陈秉初教授"科研选题与论文撰写"的讲座中，教师们对教育研究从选题、申报与立项、开题论证，到研究过程、成果总结，再到结题或鉴定、成果申报的完整过程有了进一步的认识。此外，年轻教师们借助旭升书院这一平台，做好日常教学中的点滴工作，并集思广益，积极进行教学反思。同时，教师们不仅可以向同学科的优秀教师学习，还可以进行跨学科学习，以全新的视角看待教学，取各学科之长，全面提升自身综合素养与能力。在旭升书院的活动推动下，各年

轻教师积极学习,努力成长,业务水平稳步提高。旭升书院的部分活动如表
1.13 所示。

表 1.13　旭升书院活动

活动时间	报道标题	主要内容
2020-10-20	旭日初升,教师队伍建设添新翼——旭升书院正式成立	学校正式成立旭升书院,为 30 岁以下的年轻教师搭建专业、全面的成长基地,全力汲取最新教学科研成果,快速提升教师教育教学水平。慈溪市教育局教研室主任郭拯、慈溪实验学校校长毛天杰参加书院成立仪式并发表讲话
2020-12-28 2021-01-04	读书,遇见更好的自己——旭升书院青年教师读书分享会	旭升书院的青年教师们分享读书感悟,带领大家开启一次新年的心灵之旅
2021-08-24	浙江师范大学林新事教授讲座"能力·操守·绩效——漫谈教师成长内涵与外延"	浙师大林新事教授在学校大报告厅为教师们开展主题为"能力·操守·绩效——漫谈教师成长内涵与外延"的讲座
2021-08-25	专家领航助推教师专业成长	语文特级教师朱昌元做了"从问题到建议——中小学教师教育研究行动指南"的精彩分享
2021-08-26	浙江师范大学附属慈溪实验学校常驻顾问陈秉初教授讲座"科研选题与论文撰写"	慈溪实验学校常驻顾问陈秉初教授做了主题为"科研选题与论文撰写"的精彩讲座

(二)弘通班主任工作室

慈溪实验学校弘通班主任工作室,于 2021 年秋季学期初正式成立。工作室负责人罗乐波老师,提出了以行动研究为主要手段,个人自主研习与团队合作研修相结合;线下活动和网络研习相结合的"双结合"研修形式。借助工作室这一平台,发挥其示范、辐射作用,打造学校弘通班主任品牌,最终实现教师的整体发展、学生的全面发展。工作室自成立以来,除完成上级及学校有关部门的常规工作,罗乐波老师及全体成员又根据教师发展需要,制定了翔实的工作计划,做到一月一研、一周一学。

弘通班主任工作室成立以来,积极开展相关活动,充分调动工作室成员的学习积极性,发挥工作室活动对班主任工作的指导作用。如:学期初,工作室罗乐波老师承担了学校一年级新生家长课堂活动,做了精彩讲座"我的孩子读小学了",对一年级新生的行为习惯培养、自理能力、安全教育、卫生

习惯等方面做了详细的讲解,得到一年级新生家长的一致好评,也为一年级班主任的工作指明了方向。在一月一研活动中,一年级班主任也纷纷就新生行为习惯的培养问题,分享自己的小妙招。如 104 班的语文教师兼班主任认为小学班主任需要一颗"大心脏"。孩子们需要关心爱护时,班主任就是一位慈母,给予他们体贴和温暖;有了缺点,班主任又是一位严师,严肃地指出他们的不足,并帮助其改正。每天除了对学生的学习负责,还要关心他们的身体、纪律、卫生、安全及心理健康等情况,没有一颗"大心脏"是难以胜任的。又如 101 班的语文教师兼班主任认为,低年级段是培养行为习惯的关键时期。在行为规范养成的关键时期,表扬的效果更为显著。班主任不仅要表扬学生,更要具体表扬,还要让表扬看得见,让孩子看见自己的进步。

弘通班主任工作室还坚持"一周一学一分享"活动,工作室成员通过阅读《班主任专业基本功》《班主任基本功实务》等相关书籍,将自己的所感所想记录下来,分享心得,共同努力,一起成长,做个有情怀、有故事的班主任。如 102 班的语文教师兼班主任对《班主任专业基本功》的第一章深有感悟,在阅读过程中她联想到了自己两年班主任工作生活中的点点滴滴。在同事的勤恳背影下,她意识到班主任并不是"人人能为"的角色,而是一个需要专业技能的岗位,需要不断地学习与成长。又如 105 班的语文教师兼班主任认为,做一名教师、一名班主任,要拥有良好的师德师风,用丰富的知识来武装自己;要发挥教师的表率作用,建立和谐班集体;要以表扬为主,鼓励相助,理解宽容学生。

小学班主任工作内容是复杂的,任务是繁重的,但工作室成员相信"感人心者,莫先乎情"。工作中,只要努力做到于细微处见真情,真诚地关心孩子,热心地帮助孩子,必定能收获孩子更多的爱!在弘通班主任工作室的引领下,班主任们逐渐提升专业水平和职业素养,成为夜空中最亮的星,闪闪发光,引领孩子做最好的自己。

(三)青共体活动

在慈溪市教研室的牵头下,慈溪实验学校积极组织并开展青共体活动。中青年教师以活动为载体,以团队为依托,在开课交流过程中碰撞出思维的火花,并不断促进中青年教师专业素养的快速提升。如暑期的慈溪市小学语文青年教师共同体第二次线下活动中,青年教师在说课、朗读和朗诵等环节表现出色,取得了良好的成绩。在慈溪市小学科学中心片区第二次青年教师共同体研讨活动中,青年教师岑双爽开设了一堂精彩纷呈的科学课,课前岑老师通过"猜猜时间"的小游戏迅速激发了学生的学习兴趣,继而引发孩子们对"摆真的能计时吗"这一问题的思考。课堂中,学生动手参与单摆的制作、设计研究方案、探究实践、采集数据,探究之后的思维火花才更灿烂,最终通过数据对比分析发现摆具有等时性,并且可以应用在生活中。在慈溪市义务段综合实践活动和劳动青年教师专业发展共同体第一次活动中,青年教师和学生共同动手实践,演绎了一堂别开生面的综合实践课"纸板凳的制作"。学生学会废物循环利用,通过制图、切割、粘贴的方法,用榫卯结构相互插接硬纸板,做成创意纸板凳。在青共体的一系列活动中,青年教师的教学能力、综合素质都得到了长足的提升。青共体开展的部分活动如表 1.14 所示。

表 1.14　青共体活动

活动时间	报道标题	主要内容
2021-06-03	成长路上,携手同行——慈溪市小学语文青年教师共同体第二次线下活动	为了夯实全体学员的基本功,提高说课和朗读能力,在前期小组评比和推荐的基础上,慈溪市小学语文青年教师共同体第二次线下活动开展十分钟说课比赛和三分钟朗读、五分钟诵读展示活动
2021-10-28	新生力量,团队共领——慈溪市小学科学中心片区第二次青年教师共同体研讨活动	慈溪市小学科学中心片区第二次青年教师共同体研讨活动在慈溪实验学校举行,来自城区三个学校的青年教师用一堂堂生动有趣的课,带领我们共同体验科学探究的乐趣
2021-11-18	共学共研助成长,共思共行促提升——慈溪市义务段综合实践活动和劳动青共体活动	为提高义务段综合实践活动教师教育教学能力,加强青年教师培养与培训,促进优秀青年教师提升专业素养和教学研究能力,同时充分发挥骨干教师的教育优势和示范引领作用,慈溪市义务段综合实践活动和劳动青年教师专业发展共同体成立仪式在慈溪实验学校隆重举行

(四)特级教师工作站

慈溪实验学校特级教师工作站于 2021 年 3 月 17 日成立,学校聘请了多位特级教师作为工作站导师。不到一年,各学科的特级教师工作站积极开展 10 余次高质量的教研活动。在活动过程中,各科教师积极主动地开课,特级教师与慈溪实验学校教师积极参与听课评课,认真记录与点评。课后,特级教师们结合课堂教学,具体解析开课教师的优点、亮点与不足,并分享自身宝贵的教学经验,促进了教师们的教学反思,给慈溪实验学校教师今后的教学发展带来了很多启示。通过特级教师工作站的系列活动,浙师大的优质资源、先进教育理念和教育科研成果逐步输入学校,有效辐射到学校的每一位教师,并与学校发展相融合,推动学校稳步发展。同时,特级教师工作站通过教育课题的研究,实现了教学实践与科研双轮驱动,同步前进。截至2021年11月,特级教师工作站开展的活动如表1.15所示。

表1.15 特级教师工作站活动

活动时间	报道标题	主要内容
2021-03-17	名师引领,筑梦起航——浙江师范大学附属慈溪实验学校特级教师工作站成立了	慈溪实验学校特级教师工作站正式成立,并通过《浙江师范大学附属慈溪实验学校特级教师工作站工作方案(草案)》
2021-06-02	专家引领提升素养——浙江师范大学附属慈溪实验学校特级教师工作站科学教研活动	浙师大教授陈秉初、初中科学特级教师张银惠与慈溪实验学校的科学老师们相约在科学课堂里,共同探讨科学教学,以提升学校科学教师的综合素养
2021-06-09	浙江师范大学附属慈溪实验学校特级教师工作站数学教研活动	初中数学特级教师楼肇庆与小学数学特级教师邵汉民再次莅临指导,以提升慈溪实验学校数学教师的综合素养,打造高效课堂
2021-06-21	专家引领——关注联系,合理融合	慈溪实验学校在数学特级教师邵汉民的带领下组建了一支"二下数学期末复习团队",尝试一条不一样的复习之路
2021-09-09	精研课堂促成长——浙江师范大学附属慈溪实验学校英语教研活动	初中英语特级教师刘晓莅临慈溪实验学校,进行课堂教学指导。三位青年教师开课,接受指导
2021-09-17	教学展示探方法,研讨讲座得真知	初中语文特级教师朱昌元、初中数学特级教师楼肇庆及省特级教师陈报南、特级教师邵汉民、特级教师钱金明等莅临指导
2021-10-29	精研课堂促成长——浙江师范大学附属慈溪实验学校初中科学教研活动	张银惠特级教师就"基于STEM理念的微实验开发与设计"这一题目,在线上与学校科学教师进行交流
2021-11-01	名师指引优化课堂——开展"双减"背景下的初中数学教研活动	为提高"双减"背景下的课堂效率和优化作业设计,数学特级教师楼肇庆再次莅临慈溪实验学校,对学校初中数学组进行了听课与指导,课后还开展了优化作业的相关讲座

续　表

活动时间	报道标题	主要内容
2021-11-03	专家指引助成长——找准项目，实现个人专业和学校发展	为促进全校教师专业发展，加快教师队伍建设，浙师大教授、浙江省特级教师钱金明老师莅临慈溪实验学校，开展了"专家指引助成长——找准项目，实现个人专业和学校发展"的专题讲座，并对学校科学组进行了听课与指导
2021-11-04	精研课堂促成长——浙江师范大学附属慈溪实验学校初中英语教研活动	初中英语特级教师刘晓莅临慈溪实验学校，对唐婷雅和姚姗两位青年教师的课堂教学进行指导

（五）名带徒的落实

名带徒是促进名师和高级教师专业成长，加快青年教师、骨干教师专业成长的重要途径。在学校名带徒教师专业发展平台的积极推动下，教师在名师、高级教师的引领下不断成长，逐渐胜任教学工作。名带徒教师专业发展平台中名师和徒弟严格履行相应的职责，名师做好"三带"，即带师魂（敬业爱岗、无私奉献）、带师能（教育教学与教育科研的基本技能）和带师德（教书育人、为人师表）。徒弟做好"三学"，即学思想（学习教育教学理论、树立先进的教育理念）、学本领（熟练掌握教育教学和科研的基本功）和学为人（遵纪守法、诚实正直）。

自 2020 年办学以来，名带徒工作逐步开展，有序落实。如慈溪实验学校借助浙师大专家、特级教师、名师的力量，开展一系列特级教师工作站活动，通过徒弟上课，专家点评与指导的方式，学校各科教师的教学能力得以提升，教学理念得以更新与发展，学校的教学质量也在专家、名师的指导过程中逐步提升。

第二章　描绘蓝图:学校教师发展规划

第一节　教师个人职业发展规划

教师个人职业发展规划,是指教师把个人发展与学校发展相结合,对决定个人职业生涯的个人因素、组织因素和社会因素等进行分析,从而制定有关个人在事业发展上的战略设想与计划安排。

慈溪实验学校是浙江师范大学与慈溪市政府合作创办的九年一贯制学校,U—G—S办学模式为学校教师专业化发展提供了很好的契机和条件。浙江师范大学是一所以教师教育为主要特征的省属重点高校,既有教师教育和学科教学的专家队伍,也有中小学特级教师为主体的教学实践队伍,能够为慈溪实验学校教师专业化和青年教师专业成长提供强有力的支撑。慈溪市政府出台的有关合作办学的各项政策,能够为学校开展青年教师专项培养提供各种有利条件和制度保障。

教师是个人职业发展的主体,应具备自主发展意识,做好专业发展基础自我分析,同时结合教育改革的方向,找到自身发展方向和自我发展目标,即对专业发展的环境、个人的专业需求、个体发展水平等进行全面分析,在此基础上进行专业发展的设计、规划,做好教师个人职业发展规划。

一、做好专业发展基础自我分析

教师职业发展规划要对教师的能力、兴趣、需要等个性因素进行全面分析,充分认识自己的优势与劣势。作为一所新学校,新入职教师占到20%,教师平均年龄34.02岁,且大部分教师毕业于师范专业,有良好的学科教学基本技能,具有学历高、年轻化、发展潜力大的特点。但这部分教师,在教学经验、教育视野、班级管理、教学研究等方面,存在不足。另一部分教师来自原南门小学或其他乡镇学校等,这些教师教学经验丰富,在各自学科上都有一定成绩。但他们学历不占优势,有部分教师也有一定程度的职业倦怠。

基于此,每一位教师需要全面诊断,客观分析自己的劣势,列出存在的问题,以及问题的解决方式(自行解决或需组织帮助)等;同时找到自己最擅长或最感兴趣的专业发展方向,确定自己的研究领域。通过学校大数据调研,教师对个人的优势和劣势描述主要有以下几方面(见表2.1)。

表 2.1　教师专业发展的优势与劣势

项目	三年内新教师	中青年骨干教师	其余教师
主要优势	专业对口,理论基础有所积累,能为科研和教学工作开展提供一定支持	加入名师工作室等市级研究团体,有更多学习机会	具备本学科的基本知识,了解一些先进的课改理念、方法,有较丰富的教育经验
主要劣势	缺少教育教学经验,不能在课堂上灵活变通,很多东西都依旧停留在理论方面	没有形成个人教学风格,易被动研究	职业倦怠明显,创新意识不够,容易被条条框框束缚,教学手段上缺乏新意

一是教师个人的优势、劣势均和教师个体的专业学习、以往教学工作经验、所处教科研环境等息息相关,教师虽不能在短时间内改变现状,但明确优劣势,通过后期努力能有所改变。

二是不论哪一个阶段的教师,都应明确教师专业发展必须是教师自我驱动的结果。即使有一定的教科研环境,仍应发挥主动、积极的精神,带着自己的实际需要,或自身亟待改变的问题,进入学习和研究之中。

二、制定具体的自我发展目标

(一)学校层面:做好梯队建设目标

学校要关心每一个教师的发展,根据教师现状,分成若干培养目标,进而形成结构合理的教师梯队。

1.第一梯队:合格教师

本梯队的培养目标是,热爱教育事业,具有强烈的事业心和责任感,具有高尚的职业道德修养,教书育人,为人师表;具有扎实的教学基本功,能胜任教学工作,熟练运用教育教学手段及现代化信息技术;具有扎实的专业知识和较深厚的教育理论修养,具备一定的教科研能力。

2.第二梯队:学科骨干教师

这一梯队的教师,需要由"接受型"转变为"开拓型",主动变"要我发展"为"我要发展",主动迎接新科技的挑战,主动开拓发展领域;由"单一型"转变为"复合型",从只教一门学科转到教多种课程;由"经验型"转变为"科研型",改变传统的教法,掌握科研方法,对先进的教育策略有研究、选择、运用的能力;由"同类型"转变为"特色型",改变统一的教学风格,面对不同的学生,形成独特的教学特色。

3.第三梯队:名特优教师

本梯队的教师,要形成学科特色,有一定的科研成果,能评上县级及以上学科带头人,在县、市内有一定的知名度;形成学科特色,有一定的科研成果,能加入"三名工作室",为名师评选做准备;积极承担校本研修、教研组建设、教师培养等工作,尝试组建团队,开展教科研工作。

(二)教师层面:做好自我发展目标

根据学校梯队规划目标,找准自己所属的梯队,并根据自己的发展旨趣,明确发展的方向和路径,确定自己走学术路径还是行政管理路径,抑或是综合路径等。目标包括长期目标、三年目标和学年目标,其中短期目标要求具体,三年目标及三年以上的长期目标,要求分阶段制定。

如表2.2、表2.3所示,个人专业发展学期规划,要求教师在专业发展基础自我分析的基础上,从师德、教学、科研、专业培训等方面综合思考,确定自我发展目标和需要得到的帮助。

表 2.2　个人专业发展学期规划(2021 学年第一学期)

姓名		职称		班主任年限	
最后学历		教龄		任教学科	
专业发展基础自我分析	优势				
	劣势				
2021 年自我规划	发展目标				
	具体措施				
	研究项目				
需要得到帮助的方面					

表 2.3　个人专业发展三年规划（2021—2023 学年）

姓名		性别		出生年月	
从教年月		职称		评定时间	
最高业务荣誉（获得时间）				最高课题论文（获得时间）	
总目标	2021 学年				
	2022 学年				
	2023 学年				
业务荣誉提高目标与措施					
教学实践研究目标与措施					
课题研究目标与措施					
其他发展目标与措施					

个人专业发展三年规划，要求分学年制定每一学年的总目标，同时细化业务荣誉、教学实践研究、课题研究和其他发展目标，要求根据自己的特长和兴趣，制定适切、具体、可测的发展目标。

总之，通过培养，使各梯队培养对象在教育理念、教学理论、课堂教学能力、教育科研能力、教育教学业绩等方面分别达到更高层次的目标要求，使其成为具有现代教育观念、合理的知识结构和一定的教育教学、科研能力的人，在本校范围内乃至全市具有指导、带头作用。

三、选择专业发展规划策略

制定个人专业发展目标并不困难，但要达到这一目标存在一定难度，需要每一位教师根据目标，选择合适、可行且有效的策略，确保目标达成。该策略必须基于对教师专业发展理论的深入认识，对教师专业发展标准和专业发展环境的准确把握，对自己专业发展状况的深刻反思，必须遵循教师专业发展规划制定的一些策略要求，必须保证规划过程的动态性，在实践中可以进行反思和调整。

（一）理论学习

教师的专业发展理论是教师制定专业发展规划的重要基础和依据。教师专业发展理论认为,良好的专业发展实践应该基于个体发展的需求,同时保持个体需求与社会、学校和学生的需求相平衡;根据目标指向学生的学习需要,将自己的个人目标与学生需求联系起来;借助专业发展标准来制定和实现专业发展目标,体现学校愿景,反映国家对教师的要求;与日常教学活动紧密结合,将反思镶嵌于工作之中,作为个人学习和成长的一个重要部分,使专业发展具有持续性。

良好的专业发展的理论为教师设计及规划自己的专业发展活动提供了可靠的参照,可以确保专业发展规划的合理、有效。以新教师个人三年发展规划为例,规划如下。

1. 第一学年:模仿关注、自我适应

此阶段教师的目标是以模仿为主,上一堂规范的课。这就需要教师认真学习各类教育教学、班级管理等方面的书籍,以及学习教参、优秀案例、教学实录等,在学习中规范教学。

2. 第二学年:自我分析,寻找突破

本阶段的教师在阅读各类教育教学书籍的同时,开始学习专业类教学教育杂志上的课例等,借鉴具体案例,开展教育教学研究。

3. 第三阶段:平衡发展,提高层次

每天在专业学习上保证一定时间,通过名家课例分析、专业教育教学论文阅读等,对照自身,寻求提高,从最初的模仿走向成熟。

（二）校本研修

立足校本研修活动,围绕学校校本研修及学科组校本研修"学习—备课—上课—交流—反思—提炼—科研"的流程,坚持以新的教育理念来指导自身的教学实践,不断改变教学方法和学习方式,建立自我反思、同伴互助、年段合作、教研组研讨和专家引领的学习交流系统,努力提高教师的专业知识、教学技能和科研能力。

一是结合自身实际发展目标,树立终身学习、全程学习观念,做一个学习型、研究型教师,每学期阅读一本以上教育教学专著,以及1～2本教育教学报纸杂志。

二是实行年段组集体备课制,在集体备课过程中打磨课堂,开展课例研究,切实提高教师教学能力。

三是定期(隔周一次)召开教研组研讨会、读书交流会等教研活动,开展教育思想、教学方法分享等活动,在交流中不断更新教育理念,学他人之所长。

四是通过反思、案例等撰写,加强教研组成员之间的专业切磋,共同分享经验,互相学习,共同成长。

（三）多维打造

作为慈溪第一所与国内知名高校合作办学的附属学校,慈溪实验学校借助浙师大雄厚的办学力量及深厚的教研力量,对学校的学科组开展"智援"(见表2.4)。

表 2.4　2021 年下半年浙江师范大学团队的"智援"安排

月份	指导内容	形式	人员
9	提升课堂教学能力 "双减"下增效研讨 学校需要指导方面研讨	听课、 评课座谈	钱金明、邵汉民等
10	教师培育方案(新教师、骨干教师分层)		钱金明
	个人专业发展规划点评及寻找自己的发展项目	讲座与点评	钱金明
11	提升课堂教学能力 "双减"下增效研讨(学情分析与作业精选)	听课、评课	钱金明、邵汉民、汤瑾
	我们的责任与专业发展(教师)	讨论	钱金明
12	论文(案例),课题方案点评 提升课堂教学能力(学情分析与作业精选) 学校课程建设方案初稿		钱金明、邵汉民、汤瑾等

如表 2.4 所示,学校结合浙江师范大学团队的"智援",主要从以下四个方面打造名优骨干教师。

一是聘请校内外专家、骨干成立学校"名师培养支持中心",形成学习研究共同体。

二是通过专家讲座、模拟评比指导、线上线下优秀教师论坛、名师开放课堂、名优教师志愿服务等方式,提升教师专业能力,发挥自身辐射作用,为学校品质发展贡献力量。

三是采用"做中学"方式进行培养,建立名优骨干教师成长档案,对骨干教师进行目标、跟踪管理。

四是通过学校网站、公众号和校刊等平台进行"骨干教师风采"宣传,以扩大其影响。

四、合理调整专业发展规划

专业发展规划的制定是以教师对自己专业发展状况的深入反思为基础的,且专业发展规划的制定过程本身就是一个反思的过程。但反思绝不能终止于专业发展规划的形成,落实专业发展规划的过程同样需要教师的反思。换言之,无论是规划前还是落实规划,或者从事专业发展活动之后,在整个专业发展过程中,对自身实践的反思都是十分重要的。

这种反思包括对专业发展活动的评价、对目标的调整、对策略的调整和补充。教师需要思考:目标是否反映了自己的需求,学生和学校的需求?是否反映了学校的目标和改善计划?是否反映了个人实践和个人兴趣?如何记录并评价自己的努力?是否反映了专业发展标准的要求?规划是否反映了真正的学习,而不只是时间和努力?目标是否清晰?规划是否涉及学生学习的进步?规划中是否包含了合作活动?由于教师专业发展规划不可能是一成不变的,因此实施专业发展规划过程中的反思也是专业发展规划中不可或缺的一部分。

(一)专业发展规划反思与反思型专业发展规划

教师自觉地对自己专业发展规划进行自我审视、评价、反馈、调节和分析,这是一种通过提高教师自我觉察水平,促进并提升教师专业素质的重要手段和途径,具有实践性、针对性、反省性、时效性和过程性。其根本目的在于让教师指导、监控自己的教学行为,改进教学方法,提高教学质量,促进专业发展,使自己逐渐成长为专家型教师。因此,学校要求每一位教师结合自己的教学实践,不断反思自己的专业发展规划,通过反思发现并调整自己的规划,做反思型专业发展规划。

(二)专业发展规划反思策略

一是借用现代教学技术手段,即通过微格教室录课等,进行课堂教学比对,包括自我比对、他人比对、名家比对等,更加直接、深入地分析自己的教学行为,不仅能改进教学,更能了解自己的目标路径是否适恰。

二是结合课堂教学课例反思。要求教师在教学实践后连同自己的体会、感受,撰写不少于50%总课时的课堂教学反思,实现自我评价和自我监控。这也是教师进行教学研究的第一手资料,在此基础上进行评判性反思、分析和评价,以此更新教育观念,改进教学工作,促进专业成长。

三是观摩他人课堂教学、观点交流,分析他人成功和失败原因,反观自己的教学行为,在典型案例剖析中,弥补自我反思的思维定式缺陷,开阔新的思路。

当前教育正处于变革的时代,一成不变的专业发展规划不能适应时代的要求。教师应当积极地回应教育的变革,对自己的需求、学生的需求及学校的需求保持高度敏感,对自己的专业发展规划进行深刻反思,灵活地应用规划,并及时进行调整,从而动态地规划设计自己的专业发展。

第二节　教研组教师发展规划

教研组是学校学科教学的基层组织,加强教研组建设对全面提高学校教学质量和教师专业发展起着至关重要的作用。以科学发展观为指导,提高学校教研工作的有效性,实现学校教研工作管理系列化、规范化、制度化;加大教研骨干的培养力度,引领青年教师专业素养不断成长,提高教研组教师的教育科研能力,全方位提高学校教研组教师教育发展水平和教育质量。

一、教研组统一发展愿景

（一）总目标

一是常规教研工作做到规范、有特色。加强教育教学理论与方法的研究,多方面多层次地开展教科研活动,为教研组教师发展搭建平台,从而推动教育教学工作,提升教育教学质量。

二是加强课题管理,高度重视课题的申报、立项和研究工作。争取做到课题研究校本化、人人有课题研究,力争完成一批前瞻性、针对性、实效性较强的研究课题并上报研究成果。

三是通过科学研究,提高学校教研队伍的综合素质和整体水平,逐步形成一支教研水平高、理论素养好的教科研队伍,培养一批教育科研骨干教师、优秀青年教师,实现教育教学科学化。

四是教研组教师积极开发探索校本课程、编撰习题、录制精品课,让教师形成个人的教学特色,并拥有学习成果。

（二）具体目标

1.各教研组积极开展教研活动,促进教学模式改革

不断深入素质教育和课程改革,不仅需要每一位教师树立科学的教育理念,还需要每一位教师把先进的教育理念转化为教学的具体行为;不但需要每一位教师对传统的教学方式进行变革,还需要每一位教师主动强化学科德育的意识,自觉教书育人。教研组通过"请进来、走出去"等方式,帮助教师内化教学风格,形成学科特色鲜明的教学模式。

2.各教研组努力搭建科研平台,促进学校内涵发展

学校的内涵发展离不开教育科研与校本教研。教育科研通过提高教师科研素养、促进教师专业发展、提高教育教学质量、促进学生的发展、提高学校办学水平,最终促进学校的发展;以校为本的研究是教育科研工作取得实效性的基础,更是科研兴校的核心,也是提高教师教育科研能力的重要路径。

3.促进教师的专业发展

教研组是教师成长的摇篮,是教师发展的土壤,是教师在教学模式改革背景下提升课程领导力的有效依托。学校要加大资金、人才的投入,借助各种各样的平台来提升教师的教学水平。例如可以开展成果评比、教学论文评比,为教师提供各级各类讲座等活动。除以上途径之外,还可以为教师提供学习的各种途径,如给教师提供优秀的教学书刊、网络相关资讯等,提高教师的教学能力。通过各种各样的教学竞赛、青年教师赛课等活动来提升教师教学业务的发展,通过示范课来加强教师之间的学习,开展优秀教师讲座来影响其他的教师。在各学科教学比赛中,教师不仅拥有了一个展示自己的平台,并且在这种竞赛活动中感受到教研活动的意义,更加乐于参与到教研工作中去。总之,通过教研活动来提升教师自身的专业素质,提高教学质量,促进教师团队发展以及学校发展,其意义重大。

（三）教研活动促教师团队发展

教研活动促团队发展,团队发展依托教研活动。教研活动是提升教研组品质的重要手段,以慈溪实验学校数学教研组为例。

1.校级教研活动常规化

每学期每位教师执教一节校级公开课,在年段打磨的基础上,每个年段推出一节精品课,教研组一般在第8周和第12周分低段和高段进行全校研课。2020年10月组织开展了"双减"背景下小学数学作业设计活动,相关讲

座让老师对"双减"背景下的作业设计有了更新的认识和理解。

为了提升青年教师的教学能力，教研组组织 30 周岁以内的青年教师赛课，人人执教组内公开课，总数达到 40 节，人均 2～3 节。赛课是为了促使青年教师成为一个有思想的教师。基本的流程为：第一步，自主备课、试教；第二步，师傅进行点拨、指导、思维交流和碰撞，确定方案；第三步，上校内展示课；第四步，撰写上课反思。这种赛课可以帮助青年教师迅速成长。

2. 市级及以上教研活动常态化

为了提升组内教师的教学能力，校内的教研活动还不能满足教师们的成长需求，于是"请进来、走出去"成为一种常态，学校数学教研组积极承办市级及以上教研活动。

2020 年 12 月 16 日，学校承办浙江省教育厅"百人千场"小学数学赴慈溪市送教活动，王老师执教的"小数的初步认识"深受与会教师和专家的好评；同时，俞老师的精彩点评和讲座也让整个教研组老师受益匪浅。2021 年5 月 26 日，学校承办慈溪市 2021 年小学数学六年级学业水平测试复习会议。黄老师执教的"'式与方程'的整理与复习"引发全市毕业班数学教师的热烈研讨，教研气氛浓郁。慈溪市小学数学教坛新秀评比活动和宁波市小学数学学科教学评审及观摩活动也相继在学校开展，这是对数学教研组最好的认可和褒奖。

教研组团队建设博采众长，发挥了教师的集体智慧，带动了各层次教师的专业迅速成长。因为有团体的帮助，老师们纷纷申报各级课题、积极撰写论文。

二、学科教学知识与学科特色发展

学科教学知识作为教师教学的知识基础，在教师知识中居于统领性的核心地位。教师作为一种专门以培养人为目标的特殊职业，知识在其成长与发展过程中占据重要地位，它是教师从事教育教学工作的必要条件并且体现了教师自身的专业素养。教师专业发展总是以教师知识的习得与拓展为前提基础，而在整个教师"专业知识群"之中，学科教学知识往往又起着决定性的统领作用。学科教学知识一般包括四个部分：一是教师关于一门学科教学目的的统领性观念——关于学科性质的知识、关于学生学习哪些重要内容的知识或观念；二是关于学生对某一课题理解和误解的知识；三是关于课程和教材的知识，主要指关于教材和其他可用于特定主题教学的各种教学媒体和材料的知识，还包括了学科内特定主题如何在横向（在某一年级和学科内)和纵向(从幼儿园到高三年级的课程)上组织的知识;四是特定主题教学策略和表征的知识。在这个理论研究的基础上,学校高度重视教师学科教学知识的培养,逐渐形成了自己的学科特色。

(一)重视新教师培养,成立"旭升书院"

"旭升"顾名思义是指初升的太阳,旭升书院为30周岁以下的年轻教师搭建专业、全面的成长平台。在书院院长毛校长和顾问陈教授的引领下,每月邀请一位专家开展一次讲座、论坛或进行读书分享,通过与名师的近距离交流,教师们再一次感受到了对教育的热爱和责任。如数学组青年教师们经过旭升书院一年的培养,取得了很大的进步,部分青年教师积极参与市级公开课,并在教师基本功竞赛中获奖。

(二)专家引领,成立数学特级教师工作站

2021年3月,学校特级教师工作站成立,引领数学团队的导师是浙江省特级教师邵汉民,他的加入使整个数学团队有了明确的研究方向。首先,老师们一起研究教材,把二年级下学期的单元内容分为四个板块进行融合、打通,独立备课,第一次展示;课后,邵特对每节课提出修改意见,设计了更有层次的课堂教学内容。一周后,几位老师再次进行课堂演绎;第二次试教后,上课教师撰写上课心得、初步形成小论文(有特级引领、有课堂研磨,这样的论文真实、深入)。有了二年级这个"点"的试行,单元整合复习课就进行了"面"的铺开,学校成立了三个活动小组,选取了一年级上学期、二年级上学期、四年级上学期的单元进行整合研究。

(三)师徒结对,打造教师培训基地

校内:成立"师徒结对",师徒双方需签订师徒结对协议,切实履行责任。

校外:积极和教研员联系,参加各级各类市级公开课,无形中"绑定"师徒,迅速提升教学和教研能力。

与高校合作:积极打造实习生培训基地。每学期浙师大会派遣实习生来挂职实习,学校的骨干教师将分别和浙师大的实习生签订师徒协议,指导他们教学工作。通过优秀教师的辐射、引领,积极打造教师后备力量培训基地。

(四)个性化晚托,多形式作业

基于"双减"政策,教师积极探索多种类、多形式的作业分层模式,如一年级周一到周三布置分层口头作业、周四无作业,让孩子们根据自己的情况自由学习,利用周末时间完成实践作业。

三、教研组教师培养规划

(一)构建生态化教师培养机制

学校根据自身特色建立生态化教师培养机制,分为以下四个层次(见表2.5)。

表2.5　生态化教师培养机制

培养对象	培养平台	培养主要模式
新入职或五年内教师	旭升书院	导师制
中青年教师	"青共体"	学习共同体
骨干教师	特级教师工作站	教师进修学校、教研室、特级教师工作站等平台
名教师、高级教师	"名带徒"	"反哺式"修养提升

青年教师是学校教师队伍的一个重要组成部分,是学校事业发展的希望,是学校可持续发展的后备力量。青年教师的思想道德素质和业务素质的提高,关系到学校的生存和发展。青年教师的培养,是学校教师队伍建设的一项紧迫任务,带领青年教师快速成长,为学校发展注入新鲜血液,使学校发展产生新的动力,是我们的责任和义务。学校成立"旭升书院",为青年教师提供一个校内长期的学习与研究平台(见图2.1)。旭升书院结合学校实际条件,发挥浙师大教师教育优势,借助各类教育专家与资源,积极响应教师发展的多元化需求,促进教师互助学习、提升能力和个性化发展。

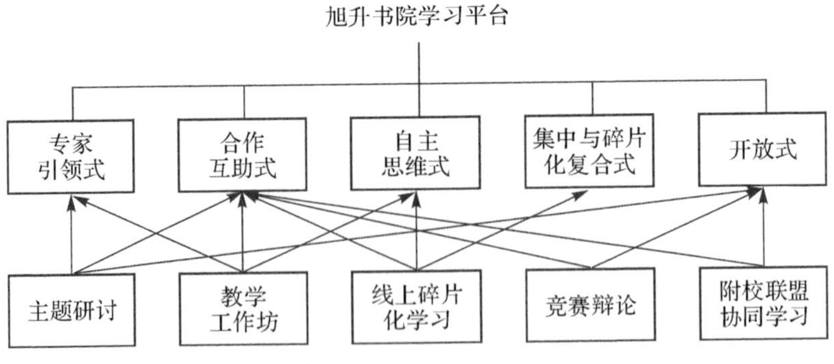

图2.1　旭升书院学习平台

（二）学科教研组长管理制度

学校确定学科教研组长,并采用双管理制,即行政领导＋学科教研组长（见图 2.2）;学科教研组长在行政领导指导下,负责本组的学科教学和教研工作。

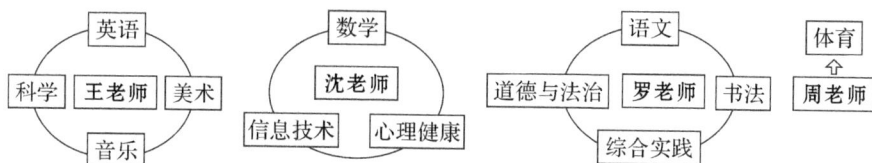

图 2.2 教研组长双管理制

开学一周内,由教研组长主持制定学科教研计划。包括指导思想、教研重点、教改课题和各项活动的内容及形式等,要定人员、定地点、定时间,坚持按计划开展教研活动,并做详细记录。到期末,教研组长写出教研活动总结;计划、总结在规定的时间内分别报送教务处。

各教研组隔周安排不少于二课时的教研活动。每次活动都要有充分的准备,主题明确,计划周密,有主持人,记录详细,总结及时,每位教师都有专用的教研活动笔记(见表 2.6)。

表 2.6 教研组活动要求

活动类型	对象	活动时间	时长	备注
常规学科教研组活动	学科教师	隔周一次	不少于二课时	教研组长互相协调,避免出现"同一天"教研现象
市级教研活动	根据文件精神			外出教师进行资源共享,将活动实录或听课反思等,在教研组活动上做不少于 20 分钟的分享
校本研修活动	全体教师	根据校本研修方案		完成校本培训记录本填写
课题组活动	课题组成员	根据课题组活动计划		主持人做好签到、会议记录等填写

教研活动要有严明的纪律和要求,组长应做好考勤,教师不得随便请假,确保全员参加,严禁无故迟到早退。教务处要深入教研组参加教研活动。

全体教师在教研活动中都要积极参与、踊跃发言、认真记录,及时写出小结,使教研活动落到实处。

教研组长要经常深入课堂听课，特别是对新入职教师和年轻教师，每学期听课不少于15节。

四、课题研究

引导教师以教育科研解决学校教育教学的实际问题，最终创造生动和谐的办学局面，促进学生健康成长。从校本科研出发，在个体研究的基础上形成科研团队，营造校本专业学术交流氛围，培养一支具有一定理论功底的、合作共赢精神的开拓型教研骨干队伍。以承担的重点课题为抓手，探索新课程背景下的学科发展趋势，并鼓励每位教师围绕重点课题，开展基于学科教学的问题研究。构建学校科研工作网络、完善以核心课题为抓手的科研体系、实现有效激励的系统化管理和相应的制度，将管理与科研有机结合，避免低水平重复，提升学校整体水平。

（一）加强教育科研培训，提升教师教学科研能力

根据"以教育教研促进教师专业发展"的思路，本着"研教、研训、研修"相结合的原则，采用"请进来、走出去"的方式，激发教师积极主动地投入科研培训。

一是制订方案。首先要对教师的科研现状进行调查，了解教师的培训需求，设计相应的培训方案。

二是分层培训。针对教师的研究水平差异，开展有针对性的培训，对不同层次的教师提出不同要求，力求使每位教师都能在原有基础上获得提高。

三是合作共享。教科室定期组织校内学术沙龙，请教师畅谈学习体会和科研心得，交流思想，反思碰撞，统一认识，共同提高。

四是成果汇编。教科室定期编写工作简讯，让教师了解学校科研工作的现状和进展；编辑课题研究个案，为教师科研提供支持性帮助；编撰科研论文集，展示教师科研成果。

（二）开展各级各类课题研究，促进学生主动和谐发展

一是做实校级课题研究。"老师"和"教学质量提升"是学校课题研究的主要内容。教导处和教科室将对课题进行分解，帮助教师结合自己的学科特点与教育教学实际，开展基于学科教学的问题研究，通过对总课题下小问题的解决来达成课题研究的总目标，推动课题研究的进程。

二是积极申报省、市级课题研究。做好各级课题的申报、研究、结题、推广工作，尤其是与学校教育教学改革密切相关的重点课题。强化课题研究的过程管理，重视课题研究的总结、鉴定和成果推广工作，积极引导教师借

鉴各类优秀成果,积极引导研究成果的教学转化,加快学校优质化发展。

（三）构建教研激励机制,营造浓厚科研学术氛围

为培育浓厚的学术氛围,学校进一步完善科研管理制度,建立激励机制,出台一系列奖励措施,鼓励教师积极参与教育科研。

一是修改完善《科研管理条例》。根据学校的财力,对列为校级及以上的课题,发放一定额度的科研经费,加大对科研的投入。

二是加强课题管理力度。建立校级及以上课题的中期检查与成果鉴定制度。开展科研成果评奖,设立"教育科研奖励基金",对学校教育教学改革产生重大影响的研究成果给予重点奖励。

三是定期组织学术活动。每月开办一次学术讲座,每学期召开一次学术研讨会,努力营造学术探究的气氛。

（四）构筑交流研究平台,提升学校科研水平

构筑学校科研展示平台、科研交流平台、教育研究平台等科研互动平台,营造科研氛围,引导教师积极投身教育教学研究。

一是科研展示平台。构筑新课程背景下促进师生共同发展的科研展示平台,使其成为了解学生动态和学校发展的窗口,成为展示教师科研成果、学生学习成果的重要平台。

二是科研交流平台。以科研讲座、教学论坛、专题研讨会等活动为内容,构筑科研交流平台,在交流、学习、评比中实现共同提高。

三是教育研究平台。以各级各类课题研究、教研项目研究、学科资源库建设、专题研究等为载体,构筑科研平台,引导教师加强教育教学研究,在实践中反思,在反思中提高。

在以上机制制度保障下,学校课题研究成果丰硕,目前正在完成或立项的市级及以上课题有五项:①浙江省重点课题"跨学科·项目式:九年一贯制学校德育一体化设计与实施研究"正式启动,组织道德法治老师完成道德法治学科的德育一体化活动方案设计;②完成宁波市双减专项课题"聚焦问题,结合实践,探寻途径——'双减'背景下的课后作业设计探究"申报工作;③完成慈溪市双减专项课题"'双减'背景下学段项目化作业设计的校本研修"申报工作;④完成宁波市"双减专项"认定性课题"'双减'视域下的'三新'作业设计与管理"申报及结题工作,该课题被推选列入浙江省"双减专项"认定性课题;⑤完成慈溪市红色教育"依托地域性资源的红色教育实施策略研究"专项课题申报工作。

第三节　学校教师发展规划

一所学校的教师没有发展,学生就没有发展。人们常说,校长是学校的灵魂,教师是质量的关键。要想使学生得到好的发展,首先要使教师有好的发展,因为校长不可能面对每位学生,每天直接面对学生的是教师,所以促进教师的专业发展是校长的第一使命。

一、师资队伍现状的理性思考

慈溪实验学校,目前有教师 98 名,学校新教师多,教师平均年龄为34.02 岁,中高级岗位的人数缺少,学校现有慈溪市学科带头人以上名优教师 7 人,无宁波市名师。从发展的眼光看,学校教师年龄结构的不合理及高层次后备人才的缺少是学校持续、稳定发展的隐忧。

刚进学校的教师会被新的生活所吸引、所感染,充满好奇和激动,但是也充满了疑虑;有了一段教龄以后,对教育教学的工作已经基本熟悉,获得了基本的认可,可是在各种矛盾和议论之中,对到底怎样才是一名好教师仍然会问题重重;而老教师对教育教学的一切已经非常娴熟,但周而复始的工作又会使其慢慢滋生职业倦怠。校长的重要任务就是帮助不同的教师因人、因时、因地制宜地制定相应的发展规划,精准采取促进教师专业发展的有力措施。

根据教师需要和不同时期所关注的问题,教师的成长可划分为关注生存、关注情境和关注学生三个阶段。

第一个阶段是关注生存阶段,教师非常关注自己的生存适应性,最担心的问题是:"学生喜欢我吗""同事们如何看我""领导是否觉得我干得不错"等等。第二个阶段是关注情境阶段,教师感到自己完全能够生存时,便把关注的焦点投向学生学业的发展,在此阶段教师关心的是如何教好每一堂课。第三个阶段是关注学生阶段,这个阶段的基本特征是,备课、课中、课后反思时都能随时考虑到学生的成长需要;同时,能否自觉关注学生也是衡量一个教师是否成长成熟的重要标志之一。

针对不同阶段的教师,发展的任务和重点不同。对于新教师,校长需要对他们的专业发展提供切实具体的指导(模仿—积淀—超越),多听课、多模仿、多反思、多写心得;对于第二阶段的教师,要注重先进教育理念的引导,确立新的发展目标(多看杂志,多动笔);对于老教师的发展重点则是鼓励他们创新课程设计,创新教学模式,形成个人风格(总结提炼)。有人把这个过程归纳为培训、培养、培育,不同阶段的目标是规范、模范和示范。

人的潜能是无限的,良性竞争则能激发教师的潜能。所以,学校在管理方面要营造适度竞争和压力的环境,给予一定的任务,强化积分考核,通过晒目标、晒举措、晒成果等方法,促进教师专业发展。

二、发展目标

根据教师发展进阶和教师教育的特点,营造适度的竞争和压力,组建不同的学习共同体,从不同层次教师的内在需要,分层培育,强化评价考核,运用行之有效的研修方式,充分发挥教师的学习主动性,实现学习、研究、工作的一体化,使他们在同伴互助与专业引领中,在模拟学习与研究行动中不断获取实践智慧,得到专业发展。根据学校的办学理念与发展规划,学校提出了教师发展的具体目标:培养博识、精研、尊道、敦慈、合作的"弘通"教师。

博识:志于博学。兴趣广泛,博览群书,学识渊博,既能教好学科,又能开发和教好拓展性课程。

精研:爱岗敬业、关爱学生,恪尽职守、严谨治学,精通专业、规范教学,勇于创新、敢于超越。

尊道:尊重教育的本质,遵守教育的规律,探寻教学实施的途径,心怀梦想,脚踏实地,与时俱进。

敦慈:以"爱"为核心,热爱自己的事业,有一份乐于付出的执着;用慈爱的胸怀对待学生及身边的同事;用宽容的态度悦纳别人的过失或错误。

合作:相互协调配合,分享信息,各尽所能,相互帮助,教学相长,共同发展。

三、具体措施

(一)建不同共同体——以人为本,满足需求,动态变化

事实证明,不同的教师,在教学基本功、教学技能、教学个性、专业发展需求等方面存在着较大差异。即使是同一位老师,在不同的成长时期,教学技能、教学风格、发展需求也会存在着很大区别。因此,找准每一位教师的专业起点,对教师群体合理分层、组建不同的学习共同体是实施分层校本研修的前提和关键。我们采用问卷和访谈的形式,对学校的全体教师进行调查和分析。在调查分析的基础上,把发展需求接近的教师组成学习共同体。当然,团队的组建要根据教师专业水平及成长需求的不断变化而随时调整,是动态变化的。虽然分层的办法非常灵活多样,需要根据学校的实际进行,

但是从校本的角度看，我们仍然牢牢把握了这样的主线来实施分层。

1.按教龄分为新教师、青年教师、中老年教师

（1）新教师

指教龄在1～3年，刚刚走上讲台的教师。第一学年见习期教师要求尽快进入教师角色，基本适应教育教学岗位；第二学年要求能熟知课程标准和课程理念，能较熟练运用基本的教学方法；第三学年要求能初步学会教学研究的方法，并能较熟练运用现代信息技术实施教育教学。

（2）青年教师

指教龄在5～20年的教师。将日常教学工作与教学研究、教师专业成长融为一体，形成在研究状态下工作的职业生活方式，使学习、研究、实践、反思、合作、共享、创新等，成为教师主动追求的目标和行为方式。

（3）中老年教师

指工作20年以上的教师。他们有着丰富的教学经验，一方面鼓励他们挖掘、总结自己优秀、宝贵的经验，作为学校的资源，为青年教师及新教师起示范、榜样作用；另一方面引导他们不断更新教育理念，不断创新，不断提高。通过研修，引导中老年教师牢固树立"终身学习"的理念，使之具有较高水平的教育教学改革意识，较强的教育教学能力，良好的合作、指导、示范和辐射能力。

2.按教学技能分为新手型教师、经验型教师、骨干型教师、名优型教师

（1）新手型教师

指具有的知识大多来源于书本知识，对这些陈述性知识的把握是抽象的，缺乏具体实例的支撑。教学技能水平相对比较低的教师，通过研修，基本掌握教育教学规律，形成较强的课堂教学驾驭能力和班级管理水平，在各校同类教师中名列前茅。

（2）经验型教师

指教学经验相对丰富，教学技能运用较熟练，但仍无法超越教材的教师。通过研修，在先进教育教学理念的指引下，在教研与反思的过程中，专业素养不断获得提升，争取成为校级名优教师。

（3）骨干型教师

指已初步形成自己的教学风格，对教材处理有自己独到的见解，但由于教学理论上的深度欠缺，出现了教师专业成长过程中的"高原期"的教师。通过研修，使教师在专业知识与学术水平、教育教学能力与教育科研能力等方面有较大幅度的提高，提高他们实施素质教育的能力和水平，发挥他们在

实施素质教育中的骨干带头和示范辐射作用,使其尽快成长为学科带头人或骨干力量。争取成为市级以上名优教师,并且尽力提高名优教师的档次。

(4)名优型教师

指不仅能对自身的教育经验、教学策略进行反思,而且教学风格鲜明,具有教学个性的教师。通过研修,让他们不断总结和推广教育教学经验,争取获得更高层次的职称与称号,成为专家型教师。

3.按研修团队分为课题组、教研组、年级组

(1)课题组

研修活动立足教学教育实际,从日常问题出发,提炼出研究课题。团队的研修应突出实效性、科学性与前瞻性。在专家引领与同伴互助下,课题组成员都能掌握研究的方法与手段,了解一般研究的流程,并在实际工作中有意识地针对关心的问题展开研究,养成良好的研究意识与能力。

(2)教研组

研修活动以全面贯彻教育方针、大面积提高教育质量为宗旨。组织本组教师学习教育理论,开展教学研究,进行教改实验,发现、总结、推广先进经验,提高教师素质,为教育转轨引路"导航"。从总体上讲,要立足本学科、面向教材、面向教改、面向学生,突出针对性和时代性。

(3)年级组

研修活动以德育教育、班主任工作的落实为抓手,开展相关理论与实践研究,注重对学生的心理健康辅导。

通过制定分层标准,确定研修重点,使每一位教师都能寻找到自己的合适位置,认识到自己的专业现状,明确团队和个人今后的工作和发展方向,同时也自然而然地组建了不同的研修团队,为分层校本研修活动的开展奠定了基础。

(二)分层培育策略——团队合作,全方影响,务求实效

理想状态下的分层研修活动,应该是学校多层次的研修团队得到构建,全体教师主动参与因人而异的团队研修活动。研修活动突出"以校为本""教师即研究者""提高修养"的理念,研修团队凝聚力强,教师乐于开展"自己教学中的问题"研究,自我反思、团队合作意识强,并能充分调动与整合学校的一切教育资源,开展研修活动。面对这样的愿景,我们进行积极的尝试,期望接近或达到理想的效果。我们为不同层次的教师和团队确定了不同的研修重点,明确了不同的研修策略,有针对性地开展教师需要的研修活动。

1.不同教龄教师的研修策略

教师专业发展要取得较好的效果,首先要尊重教师发展的现状,要善于从不同职业发展阶段的教师专业内在发展需求出发,制定有针对性的研修策略。

(1)新教师研修

带教制。对于教龄在1~3年的新教师,针对他们具备的知识大多来源于书本,对知识的把握相对抽象,缺乏具体实例支撑,教学技能水平相对较低的特点,学校为他们做好师徒结对工作,侧重模仿、积淀,从班级管理、学科教学两方面进行全方位的指导。学科教学方面,重点从新教师对"新课标""教学常规"的研读、教案的撰写、作业的批改、试卷的编制、听课、开课等方面做了明确的规定,尤其是多听课,要求教师多从听课中模仿。期末,徒弟要认真撰写拜师学习体会,师傅给予评定,评定结果列入新教师业务成长档案。要求导师在徒弟每听完一节示范课后,必须对其进行针对性分析,重点分析示范教师在课堂教学中的教学技能运用情况,然后模仿上课,让徒弟的教学技能在观摩、反思与实践中获得提升。同时,学校教导处每年举行新教师教学竞赛活动,为他们提供展示交流的平台,以另一种形式要求新教师们迅速掌握新的教学理念、教学技能、教学方法,尽快向合格教师发展。

(2)青年教师研修

帮教制。对于工作在5~20年的青年教师,针对这些教师教学经验相对丰富,教学技能运用比较熟练,但却无法超越教材的实际情况,学校全面实施帮教制,主要是发挥教研组、备课组群体力量,在组内对青年骨干教师加以培养、指导,引导他们多看杂志,多动笔。做到"五个一起":一起分析教材,一起把握教材难点、重点,一起设计教案,一起听课评课,在教育教学的业务能力上带领他们一起磨课与磨文章。同时不断引导他们反思自己的课堂教学策略,写出自己的教学体会,深入剖析各种策略的实施要求,在教育理念的指引下,让他们在教研与反思的过程中获得提升,同时经常性地组织开展校内说课比赛、校外教学交流课堂教学展示活动,让他们在一次次的磨课、交流、反思中提高自己的课堂教学和科研水平与能力。

(3)中老年教师研修

导学制。对于老年教师,针对他们教育教学经验丰富,但对教学新理念、新事物吸收相对较慢的实际,充分发挥他们的长处,积极鼓励他们创新课程设计,创新教学模式,总结提炼个人教学风格,同时引导他们为学校教学改革发展献计献策,自觉向青年教师传授教育教学经验,在教学理念和教学行为的转变上要求尽量跟上青年教师的步伐,做到不掉队。学校经常性地开展中老年教师的座谈会,开展教学"常青树"评比活动。用中老年教师孜孜不倦的敬业精神,来引导青年教师健康成长。

2.不同教学技能教师的研修策略

按照不同教学技能水平,我们把教师群体分成:新手型教师、经验型教师、骨干教师、名优教师。对于不同层次教师团队的建设,我们分别落实一名行政领导负责,按照学校《管理办法》和校本研修年度方案的要求,定期开展研修活动。

新手型、经验型教师的研修活动与不同教龄层次教师的研修活动相融合,分别采用带教制和帮教制的策略。同时要求他们每年从师德、教学、科研、培训等方面制定个人专业发展规划,包括个人长处短处或上年目标达成度分析,当年的目标与项目、达成目标的措施以及需要学校的帮助等。发展目标要适切、具体、有可测性,措施要有针对性。对于新手型教师,个人规划中的教学则重于听课的数量,科研则重于教学心得的撰写量。学校检查他们每年的完成情况,促使他们尽快向骨干、名优型教师发展。

骨干教师研修:导师带教。对于骨干型教师,要求他们打造品牌,并以"公平选优,以才取人"的原则选拔其中的佼佼者,实行导师带教制。在他们每年的个人专业发展规划中增加研究项目一项,要求根据自己的特长、兴趣,寻找日常教育教学中的问题,选择自己能研究、有价值的问题作为一个阶段的研究项目。充分利用浙师大优质教育资源,指定教授专家、特级教师和学校师德优良、教学业务过硬、教科研能力较强的名教师,全方位地对青年骨干教师悉心指导培养,培训地点设在课堂,磨课、磨文章两者有机结合。大力营造良好的校园文化,通过建立特级教师工作站、学校科研中心组,充分发挥骨干教师的积极作用,使骨干教师得到空前的锻炼和提高,促使他们尽快向名优教师成长。

名优教师研修:反思提升。对于已经具有鲜明教学风格和教学个性的名优教师,除了要求他们对个性化教育经验进行总结、提高外,还要对教育、教学活动的普遍规律进行理性反思,学校依托浙师大专业资源,为教师创设条件,搭建送教平台,鼓励和帮助他们提炼教育教学经验,出个人专辑、专著,进行经验推广,不断提高他们的知名度,促使他们向特级教师、正高级教师发展。

3.不同团队的研修策略

对于不同组织形式的教研组、课题组和年级组活动,我们重在关注过程、突出整合,把主题式教研活动和"小课题"探讨式教科研活动有机地结合起来,开展学科培训和课题研究双主线主题学习活动。这样的学习活动,理论学习、实践反思、专业引领和形成性评价贯穿始终,夯实了活动的过程,促进了研修效果的进一步提高。同时学习努力搭建信息平台,实现资源共享,开辟校园网信息交流平台,将教师个人的学习心得、案例设计和教改信息及时传递给每一位教师,建立学校信息共享体,实现教育资源共享。各年级组定期开展班主任工作、德育导师工作的交流研讨,不断提升教师对班级和学生的管理能力。

(三)分层评价策略——自我评价,团队评价,学校评价,态度评价

在分层校本研修中,评价是保证研修成效的重要手段。我们期待的这种评价不再是以考试分数作为评价教师专业水平的唯一标准,而是综合化的。它包括评价教师的学习态度、情感、意志、团队协作精神,教师自主学习的意向、热情、兴趣等。评价最关注的是教师的整体发展、和谐发展和可持续发展,以及每个研修团队的研究氛围。为此,我们尝试推行教师专业成长档案袋工作,以积分制(对参加活动及师德、教学、科研和专业培训所获得的荣誉、奖项赋予一定的分值),记录每一位教师的成长足迹,同时,每年的第一学期结束时,由教师本人对个人专业发展规划对照目标及半年的努力情况进行自评,写出自评报告,交给学校教师发展领导小组。学校每年还开展特色教师(反思型、笃学型、巧手型、慧眼型、爱心型教师)的评选,用自评、他评、团队评和学校评价的方式,让他们体会到本身成长的乐趣,坚定本身成长的信念。我们开展优秀研修团队的评选,来提高研修团队的凝聚力,营造良好的校本研修文化,通过评优奖励,激发教师的学习热情,保持积极向上的学习态度。

四、达成标志

一是制定学校各层次教师专业发展培训计划,培训启动。

二是制定教师评价体系和学科带头人(星级教师)的评选方案。

三是各学科都有学科骨干教师、市级骨干教师和市级优秀班主任,三年内培育教坛新秀、教学能手或名师3~5名。

四是85%的教师能找准自己的研究项目,并围绕项目开展学习、实践、反思和研究。

五是三年内有5~8位教师的课堂教学等教学成果在各级各类比赛中获奖,有60%的教师的教学论文在各级刊物中获奖或发表。

六是有 50％ 的教师参与课题研究,10％ 的教师所主持的研究课题能在慈溪市及以上立项,并有研究成果获奖。

七是学校教学质量处在全市同类学校前列。

五、保障机制

（一）成立组织

成立学校教师发展领导小组,负责教师专业发展工作。由校党支部书记任组长,成员由校长、分管副校长、教科室、教导处、办公室主要负责人组成,下设办公室,办公室设在教科室。领导小组要切实加强对学校教师队伍建设的统筹领导,及时协调解决有关问题,努力达成既定的师资队伍建设目标。

（二）制度保障

改进教师的考核评价制度,坚持并完善全员聘用合同制、岗位责任制,完善教师发展的评价指标体系,对教师的师德素养、德育工作、教学能力、教科研成果、培训情况及合作互助品质等进行全面考核,逐步形成评价与奖惩、评价与任用相结合的发展性评价体系,用评价来促进教师水平的整体提高。

（三）健全激励机制

将教师的专业发展情况与考绩、晋升、评优、评先等挂钩,以此促进工作的深入开展。设立奖励制度,加大以团队为单位的"文明组室""优秀教研组""优秀备课组"等集体评比奖励力度,以此促进教师团队的共同成长。

（四）完善教师专业发展档案

教师成长记录档案是教师自我激励的一种手段,是教师自我管理的一种方法,它是教师感受成长、体验成功的重要途径。要建立健全教师学习评价、考核、奖惩制度,将教师专业成长的足迹及时记录在教师专业成长档案中,教师自身要不断丰富个人年度发展记录,个性发展。

（五）经费保障

争取各项资金支持,加大资金投入,学校有专项成长教育基金保障教师培训、科研、课程改革及基础建设等各项工作的顺利开展。

第三章　筑巢引凤:驻校式专家引领

　　教师专业发展除了自身内在需求分析、自身教学实践与反思、专题研究外,专家引领是一个关键因素。它能够帮助教师少走弯路,借鉴经验,促进教师快速且高效地发展。所谓"名师出高徒""站在巨人肩膀上"的发展,就像每一个孩子需要老师的指点、需要成人经验的传授,每一个教师的成长、每一个名优教师的出现,其背后都离不开专家与名师的引领和支援。

　　专家引领的方式,常见的为外出拜师、各种专业培训、脱产学习、校内师徒结对、各级教研活动等等。为了更好更快地促进教师的专业发展,我们借助合作办学的契机,发挥高师院校教师教育的人才与资源优势,筑巢引凤,创建校驻校团队,采用选派合作办学常驻顾问、设立特级教师工作站、组建附属学校联盟与地方学校共同体的形式,以校本培训为主体,在很好地促进教师专业发展的同时,解决工学矛盾和经费与资源等问题。

第一节　合作办学常驻顾问

一、常驻顾问的角色定位

　　目前,高等院校与地方政府合作办学(U—G—S)已经比较普遍,很多高校都有一所或多所附属学校,高师院校的附属学校则更多,达几十所甚至上百所。但是,纵观 U—G—S 的合作模式,浅层合作较为普遍,或只给学校挂牌授名,或定期或不定期派遣高校教师到附属学校进行指导,或将附属学校作为教育研究的基地与教育实习基地,服务于高校的教育学术研究。浙江师范大学近 10 年来,一直在探索深度合作办学的模式,既保留附属学校办学的自主性,又在办学理念、学校顶层设计、校园文化、办学资源、课程设置、学科教学与实践、儿童心理健康、学校管理等方面进行全方位多层次的合作,给附属学校派驻合作办学的常驻顾问,就是深度合作中众多举措之一。

常驻顾问,就是为深度开展合作办学,高校选派教育专家或学科教学专家,常年入驻附属学校,工作与生活都在附属学校,参与附属学校的管理与办学过程,成为学校办学的研究者、实践者、建议者。

常驻顾问是学校办学的参谋,并不是高校派到附属学校的最高决策者。学校的最高决策者是学校理事会,日常决策者是校长或分管校长,常驻顾问则是为学校的决策提供咨询服务,其服从学校的决策和管理。

常驻顾问是附属学校与高校、地方政府就合作办学相关事项的联系者,起到沟通与桥梁作用。也就是说,对于附属学校而言,合作办学的顾问并不只有常驻顾问一人,他只是高校合作办学教育专家团队的一位派出人员。常驻顾问要将附属学校在合作办学过程的需求、实际情况、发展规划等及时反馈给高校的教育专家团队,以取得团队的智力支撑;还要将高校对合作办学要求、学校发展远景规划、国内外学校教育发展方向等新理念、新方法传达到附属学校,并参与落实。

常驻顾问制度是 U—G—S 深度合作模式的重要标志与举措。它保证了附属学校发展方向、办学实情、近远期发展的把握;保证了附属学校能够得到高校全方位、多层次、快速高效的支持;保证了合作办学的成效和学校教育质量。

二、常驻顾问的选派

常驻顾问的选派由合作办学理事会负责,高校提供候选人员。学校的常驻顾问由浙师大附属学校理事会、浙师大教育集团、慈溪实验学校三方协商后确定。

选派的常驻顾问必须具有深厚的教育情怀和高尚的教师品德,能够及时而正确地把握我国基础教育改革与发展的方向,了解国际基础教育的动态,熟悉我国基础教育的实际情况和现实问题;具有较高的教育与教学研究能力、较高的课堂教学指导能力、良好的沟通能力、和谐的人际关系处理能力,身体健康,精力饱满,是在省内乃至全国基础教育界有较高知名度和影响力的教育专家或学科教学专家。

常驻顾问的派遣以签订慈溪实验学校、浙师大教育集团、常驻顾问三方协议的方式完成。协议中明确了三方各自的责权利,落实正式的聘任工作,保证常驻顾问作用的正常发挥,为今后高校与附属学校的深度合作提供保障。

三、常驻顾问的职责与作用

常驻顾问确立、选派、签订协议的过程中,经过多方论证和协商,确定了常驻顾问的职责和作用。三方协议作为规范常驻顾问工作,考核其工作业绩的依据。常驻顾问的职责与作用,根据实际工作情况和面对现实问题的变化,每两年进行一次调整,保证其延续性和适应性。

常驻顾问的主要职责是从学校办学任务出发,就学校的宏观发展规划、顶层设计、学校课程设置、教师专业发展、教育与教学研究、课堂教学、校外横向联系等方面做出具体的规定。

第一,以专家顾问身份,配合浙师大合作办学专家团队,帮助设计学校事业发展规划,完成学校发展的顶层设计,提供校园文化建设的布局设计和操作建议。引领学校提升办学理念,探索建立现代学校制度,参与制定学校章程,规范学校治理行为,提升学校治理水平。

这一项职责针对学校办学的中长期发展方向,关系到学校的定位和未来。纵观我国基础教育的各类学校,往往缺少的就是一个能够真正引领学校正确发展方向的规划设计。长期以来,学校多基于以往的办学经验和现实的任务与问题,或者根据学校领导的变更,制定或变更学校发展规划。这种方式容易出现短期效应,对国际视野下的基础教育的长远发展难以把握。常驻顾问则能发挥合作办学的优势,利用高校的先进教育理念,对国家中长期教育发展纲要的理解把握,能够为学校规划出高质量的发展方案,完成完整、系统、符合学理的顶层设计,形成现代学校制度和章程,提升学校治理水平。常驻顾问既是学校教育专家,又是高校合作办学专家团队的代表,能够很好地履行这一项职责。

第二,指导学校开展学校课程体系建设,形成基于学校办学理念和目标的课程体系,构建出符合学校发展需求的课程方案。

学校课程体系是根据学校的办学理念和办学目标来确定的,每一门学校课程都要服务于具体的培养目标;或者说,每一个培养目标都需要有一门或多门课程的支撑才能得以实现。遵守这种课程与目标之间的关系是基本的学校办学规则,需要将学校办学目标和培养目标进行分解和说明,形成多层次的目标结构,才能找到学校课程与目标指标之间的内在关系。这种目标分解和课程关系的分析,对基础教育的管理者或一线教师来说,有比较大的困难,而对常驻顾问而言,可以发挥其课程与教学论专家的优势与特长。

第三,指导学科教学设计、课堂教学实践、校本的各项研修活动,健全研修制度,加强学科建设,深化教学研究,提升教师教学水平及教育科研能力,做好新教师的培养及浙师大实习基地的建设,形成标志性的教育与教学研究成果。

高校课程与教学论的专家教授,长期研究基础教育的课堂教学和学校各种活动,如学科教学研究、课题申报、论文撰写、成果申报等。可以说,这就是他们的特长或专长。作为常驻顾问而言,发挥这一特长或专长,是理所应当、轻车熟路、责无旁贷的;对于学校和一线教师而言,正是最为需要指导和引领的地方。

第四,指导学校教师专业发展的总体规划,配合落实教师专业发展的具体任务和安排,促进师德师风建设,激励教师努力提升专业水平,使学校教师队伍能够快速成长,逐渐形成学科教学的教师团队和梯队。设计与安排教师培训与研修计划,联系高校合作办学专家团队按需为教师专业水平提升进行指导和培训活动。

教师队伍的快速成长,学科教学团队和梯队的形成,关系到学校的可持续发展,是学校教育质量的根本保证。常驻顾问作为高校教育专家,有丰富的教师教育经验,对于指导学校教师专业发展的总体规划,配合落实教师专业发展的具体任务和安排,促进师德师风建设,开展教师队伍建设工作也是十分合适和能够胜任的。作为常驻顾问,更加了解学校实际情况和教师的真实需求,对具体的方案和实施的可能性把握更加确切,可以很好地解决教师专业发展和日常教学任务之间的"工学矛盾",指导起来效果更佳,这也是合作办学的优势所在。

第五,指导开展义务教育改革试验,推进品牌学校建设,打造特色学校。指导学校开展教学课程改革、课程建设,形成学校特色课程体系;积极参与和推进学校教育改革的落实,使学校的教育改革成为推动学校发展,展现合作办学成效的内在推动力。

教育改革是学校的基本任务,也是学校发展的内在动力。常驻顾问对国家的教育改革政策和方针的理解与把握,对政策的深层次解读,对政策在学校的具体落实,都能够发挥其深厚的学术理论功底和对基础教育改革不同层面的指导经验的优势。

第六,做好学校与高校教育集团的沟通与对接,及时按照学校需求开展专家指导及学术讲座等工作,协调顾问团队来校进行办学业务指导。

发挥高校教育专家团队的集体优势,对学校各个方面工作进行全方位指导,是深度合作模式的一个重要亮点。常驻顾问了解学校的需求和情况,参与学校工作规划的制定,能够很好地沟通和反馈各种业务指导需求,合理安排专家团队来校指导,协调好各方面的工作安排。

四、工作考核与管理

常驻顾问的工作考核与管理,由所在学校与高校教育集团双方负责。每学年由常驻顾问针对自己的工作情况、业绩与存在的问题进行总结和分析,提交自评报告,交由学校考核小组和高校教育集团,根据实际情况做出考核意见。考核意见作为下一年度是否继续聘任的依据,也是常驻顾问工作改进的重要参考。

常驻顾问的考核细则分日常工作、指导专业发展、辐射引领、学校文化建设四个方面,每个方面赋予不同的权重。其中日常工作包括工作量、听课评课、学校顶层设计、工作满意度测评;指导专业发展包括指导教师、指导教学、指导教科研;辐射引领包括课程开发、专题讲座、外校指导等三级指标,每一个三级指标都进行具体的行为表现和工作绩效的描述,具有较强的可操作性;学校文化建设包括办学理念打造、一训三风、校园文化建设等。评价分为自我测评、学校测评和高校教育集团测评三级评价。

考核与评价的终极目标是促进常驻顾问的工作,促进高校与学校的深度合作,而不是针对具体人员的鉴定。因此,考核评价过程的开展需要充分的沟通、申述和人性化的理解。

五、初见成效与展望

实践证明,常驻顾问的派驻是深度合作办学的体现,也极大地促进了学校的发展,促进了学校与高校之间的沟通与联系。一年多的实践过程中,常驻顾问的作用显而易见。学校一年来取得的各项成果、合作办学的探索都与常驻顾问有密不可分的关系。我们选择两个具体的案例来说明常驻顾问的作用和取得的成效。

【案例 3.1】弘通教育课程体系的构建

一、案例背景

2020 年 9 月学校迎来第一届学生,九年一贯制全新的学校,面临的最为迫切的问题就是确定学校的办学目标和培养目标,凝练学校的文化特色,提出学校的"一训三凤",并在此基础上,形成学校的课程体系。

开学之前,在浙师大教育集团专家们的指导下,经过多轮研讨论证,确立了"弘通教育"的办学理念,以"志弘天下、学通古今"的"弘通少年"为培养目标,完成了学校定位和长远发展目标的确立。开学后,开展实现学校办学目标、支撑学校培养目标的课程体系构建——"弘通课程"。

学校课程体系构建是一项专业性极强,又十分细致和具体的工作,对于学校管理人员和一线教师而言,更是一项陌生和艰巨的任务。从培养目标到学校课程,需要将培养目标进行解释,对解释后的指标进行逐级分解,并分析课程与目标的关系、课程与课程的关系,这样才能够构建一个完整的、服务于培养目标的课程体系,才能保证该课程体系的质量。尽管课程体系构建有教育集团全程指导,但还是需要一位能够随时参与其中的专家进行指导和引领,常驻顾问的作用就凸显出来了。由于常驻顾问直接参与学校前期的设计与规划,长期在学校工作,所以就可以从细节、学理上随时随地指导与参与弘通教育课程体系的构建。

经过两个月的努力工作,初步形成了能够体现学校办学理念、支撑学校培养目标的弘通课程体系。它包括构建远通课程、健通课程、灵通课程、精通课程四个课程领域,打造基础类必修课程、主题类活动课程、兴趣类课程和健康类课程四类精品课程。各类课程从低到高分为三个层次,阶梯式推进,分年级按能力分层落实。三个层次的课程综合拓展三个领域的课程内容,相互联系、互为拓展,形成既注重全面素质,又注重个性发展和创新能力培养的课程体系。

"远通课程"主要指向"主题类课程",即将学校活动主题化、系列化,超越教材、课堂和学校的局限,促进学生与自然、社会、生活的密切联系,以学生经验、学校实际、社会需要和问题为核心,以主题的形式对课程资源进行整合,包括节日文化课程、仪式课程等,体现学校"十二个主题月、八大节日"等课程文化。

"健通课程"主要指向"健康类课程",是公共必修课,是学校课程体系的重要组成部分。健康包括学生身体健康与心理健康。身体健康主要是通过身体练习,提高学生对身体和健康的认识,掌握有关身体健康的知识和科学健身方法,提高自我保健意识,促进身体健康。心理健康主要通过心理辅导与心理游戏,提高学生的抗挫折能力和情绪调节能力,培养学生坚强的意志品质,形成积极向上、乐观开朗的生活态度。

"灵通课程"主要指向"基础类课程",以国家必修课程为基础,学科核心知识为中心,通过教师对必修内容进行校本化开发,组织教学,完成基础培养。"灵通课程"强调基本概念的理解和掌握、学科思想的教学,重视基本技能的训练,以构建必修课程核心知识结构,夯实学科基础,激发学习兴趣,为促进学生发挥学习潜能、实现层次递进和自主发展奠定基础。

"精通课程"主要指向"艺术类课程",主要是满足学生个性发展的课程。它强调学生对实际活动过程的亲历和体验,以此有效培养学生解决问题的能力、综合实践能力、探究精神和创新意识,为学生提供个性发展所需的知识。

随着"双减"教育政策的出台,得益于常驻顾问随时随地的指导,学校在上述课程体系基础上进行了充实和调整,促进了教育政策的落地实施,保证减负不减质,努力做到减负提质。其中面向一到九年级的"跨学科—项目式学校拓展课程"就是利用"晚托"时间实施的课程之一。该课程设计了"植物角""生态园"等项目,开学典礼上,学校将多种植物种子分发给各个班级,让学生负责种植和养护。在"晚托"时间,如果是科学老师,就可以结合这项任务,指导学生学习相关植物种子结构、植物栽培、植物形态等知识;如果是语文老师,就可以利用生长中的幼苗,要求低年级段的学生用简单的词汇或成语来描述,中段年级学生写简单的记录、日记,初中段学生则写个人感悟等;数学老师可以指导学生对植物的测量,叶片生长角度的测量,相关计算;等等。这样一来,就很好地通过学校拓展性课程的实施,以项目的形式,实现其与不同学段学生的学科知识教学的融合。学生兴趣高,效果好。做中学、合作学习、面向全体学生、跨学科学习等现代教育理念得到实现,学生知识得到迁移,学习能力大幅度提升。学生作业减少了,学生学业水平反而得到了提升。

二、案例分析

学校课程体系的构建是学校顶层设计的重要组成部分,关系到学校的办学质量和办学特色。学校是刚成立的新学校,开展学校顶层设计和学校文化定位是一项首要的工作任务。在浙师大教育集团专家团队的指导下,根据宁波和慈溪的地方文化特色,确立了"弘通教育"的办学理念,完成了学校定位和长远发展目标的确立。而学校课程体系是对学校办学目标的支撑,需要与办学目标高度相关,需要在完成义务教育总体要求的基础上,体现出学校的办学特色,开设相应的特色课程。

从学校办学目标到学校的课程体系构建,在课程与教学论中有其严格的规范和内在的逻辑性,如果是学校自己单独完成这样一项工作,困难比较大,质量也难以保证。学校的常驻顾问是浙师大课程与教学论的教授,是两个学科教育硕士点的负责人,具有扎实的课程论的理论基础。该专家作为浙江省基础教育改革连续三届的教学指导委员会成员,参与了浙江省基础教育改革的全过程,特别是在 2012 年浙江省开始进行的深化高中课程改革的过程中,多所高中学校需要完成学校的顶层设计方案和课程体系构建,包括必修课和选修课(后来演变为必修课的校本化、校本的必修课程与选修课程等)建设。作为浙江省基础教育研究中心的学术核心成员,该专家承担了当时浙江省教育厅选定的 25 所样本学校的顶层设计与学校课程体系构建的指导任务,还是 13 所中间层次学校关于这项工作的指导组组长。因此,该专家在基础教育课程改革的学校课程体系构建实践中,积累了丰富的经验,对学校课程体系构建指导作用非常大。

学校的课程体系是严谨的,富有内在逻辑的,长期以来基础教育执行的是国家统一的课程体系,学校缺少校本设置课程体系的理论支撑与实践经验。学校课程体系构建是建校后的一项新工作,常驻顾问对学校工作的重要价值和作用,也坚定了学校合作办学的信心。在学校的课程体系构建的各种讨论活动中,常驻顾问从学校顶层设计方案的各个内容的相关性着手,进行详细的解释和介绍,反复强调学校情况分析、办学目标和培养目标、学校课程体系、课程方案编制、课程实施、课程资源开放利用、课程评价、课程保障等方面的内在逻辑关系,特别是强调要实现学校课程对学校办学目标和培养目标的支撑,就必须对办学目标和培养目标的指标进行细化和解释,要明确一门课程对若干个具体指标的支持度,一个指标受到多门课程的支持。由于慈溪实验学校是九年一贯制学校,在学校课程体系的构建中,还强调不同学段的学科课程之间相互融通。在这样的思想指导下,很大程度上避免了学校课程设置的随意性,增强了学校课程体系的科学性,使学校课程在任何情况下都能够紧紧围绕着学校办学理念的达成、培养目标的实现服务。

【案例 3.2】一次教师论文评比

一、案例背景

　　常驻顾问可以利用晚上时间,在"旭升书院"的层面,为学校教师的教科研进行针对性培训,也可以对具体的科研任务进行个性化的指导。经过一年多的实践,学校在教科研方面取得了很多成绩。学校参加市优秀论文评比的准备过程和获得的成绩，就是体现常驻顾问指导价值的典型例子之一。

2021年上半年，一年一度的教师论文评比活动开始，教研室分给学校的指标是送交15篇论文。分管领导及时对教师布置了任务，要求愿意参加论文评比的老师抓紧撰写与整理论文。第一次，教师们上交了54篇论文，常驻顾问被邀请逐一检查这些论文，并排序。这也是我们以前报送论文时常见的程序。结果发现，这次上交的论文质量不高，很多论文内容"大而空"，缺少明确的研究问题，没有具体的实践过程，也没有翔实的研究结果和明确的结论。不同论文表现出的问题各不相同，总体上反映出教师对论文的定义、结构要求、格式规范都或多或少地存在着认识模糊的问题。针对这种情况，学校立即请常驻顾问给全体教师进行一次论文选题与撰写的专题讲座，并对每一篇论文的具体问题进行了批注说明。50多篇论文，用了整整三天时间完成，再发给老师修改和充实。第二次收到的论文有38篇。经过修改后的论文，质量已经有明显提升，但还是存在着个性化的问题，有认识不到位的问题，有语言表达不够确切的问题，有选题太大而无法实践的问题，还有结果检测分析、结论与结果关系不明等问题。常驻顾问又一一进行了批注，再要求教师进行修改。第三次修改后，再选出18篇论文进行面对面的交流商讨，指出具体的问题和修改意见。经过这样的三轮修改，送评的15篇论文全部获奖，其中有七篇获得了一等奖。

二、案例分析

这次论文评比的过程，充分反映出常驻顾问的作用与优势。因为是常驻的，就能够及时和灵活地对教师进行指导，能够实现对每一位教师进行针对性的指导，能够通过面对面交流商讨，理解教师真实的想法，帮助他们提炼出核心的论点。这次论文评比活动，不仅帮助学校和教师获得了好成绩，更重要的是教师的论文撰写能力得到了提升，为今后教育与教学研究、成果的发表奠定了基础。

论文是同行之间开展交流、公开研究成果的一种主要方式，有其专门的定义、要求、格式，论文各部分有很强的内在逻辑关系。基础教育的大多数教师对于怎样写论文，如何写好论文，普遍存在着模糊的认识，常与工作报告、经验总结、工作方案混为一谈，选择的题目往往很大，论文内容空洞。常见的是目的意义写得很多、很长，接着就是说"应该怎样""要注意什么"等等，没有对自己的研究过程进行介绍，没有研究实践的结果，没有论点的系统阐述。教师写论文往往是为了完成教科研任务,或者是为了职称评定、参加论文比赛,他们没有认识到教学研究和论文对学科教学的作用,这些也是教师的本职工作之一。因此,有关教学研究论文的质量一直是一个难以解决的问题。作为学科教学论的教授,论文撰写对于常驻顾问来说是一件司空见惯的事情,他不仅撰写过近百篇论文,负责大学生和研究生的论文写作指导,每年要指导学位论文,参与论文评审,还参与了浙江省的初中科学和高中生物学两个学科的教学论文评比工作,有扎实的理论和丰富的实践,因此指导教师撰写教学研究论文有很大的优势。

常驻顾问在对教师上交的 50 余篇论文审阅的过程中,发现了其中存在的各种不足,对每一个问题进行了详细的批注,并发挥常驻顾问的优势,进行面对面的单独指导,教师们才知道该怎样对自己的论文初稿进行修改,为什么要这样修改。正是经过这样几轮的修改、批注、再修改,才保证了这次论文评比中学校送评的论文全部都获奖的成绩。

结合这次论文评比活动,常驻顾问对全校教师进行了"教科研选题和论文撰写"的专题讲座。借着论文获奖的喜悦和兴奋,教师们的参与度和听讲的认真程度前所未有。常驻顾问从论文的定义出发,介绍什么是论文,它与其他文字作品的区别在哪里,为什么论文要公开发表,应该包括哪些方面的内容,这些内容之间存在着怎样的内在逻辑关系。接着对论文的题目要求,摘要该写些什么,如何写引文,为什么一定要写自己的研究过程或实践过程,为什么要有明确的问题,而且是教学实践中遇到的真问题、小问题,怎样呈现自己的研究过程或实践过程,为什么必须有详细的研究结果,应该怎样处理研究结果数据,怎样呈现这些数据,如何提出基于研究结果、针对研究问题的观点,怎样评价自己和别人的观点,等等,甚至从论文格式要求、投稿和如何对待发表等细节问题,都进行了详细的解释。讲座时间两个小时,教师们感觉一下子就过去了,大家都听得入神。教师在听讲座的同时,结合自己的论文撰写实践,结合自己刚刚结束的论文评比的细节,对于加深理解、及时掌握论文撰写,有很大的好处。如果不是常驻顾问结合这次论文的评比过程细节和个案,如果不是学科教学论专家长期驻扎在学校,就不可能出现这样理想的专题讲座效果。

常驻顾问的优势就在于常驻,其能够及时详细地了解学校的各种实际情况,了解教师在工作中遇到的问题,学科教学需要的指导内容,掌握教师专业发展的具体事例,从而实现及时又高效的指导。发挥好这种优势,需要有一个良好的氛围和环境,需要常驻顾问和教师双方都将对方看作自己的伙伴，需要勇于交流讨论，大胆地将问题暴露出来。平等、和谐的人际关系的形成，是发挥常驻顾问优势的外部条件。当常驻顾问来校时，慈溪实验学校才刚刚成立。一方面，学校教师之间需要相互认识、磨合、了解、接纳，这也包括与常驻顾问之间的磨合；另一方面，广大教师包括学校行政领导对常驻顾问存在一种尊敬和敬畏的复杂心理，总觉得这样一位"德高望重"的学者来到学校，有些事情不应该去麻烦他。难得、期盼，又不知所措的心理，妨碍了前期相互之间的交流和沟通。那时候，常驻顾问也给教师做过讲座，但是，教师的感觉与以前外出听教育专家的讲座差不多。而这一次结合论文评比的讲座，就像是自家人在拉家常，经过一个学期的相互磨合，专家也成了教师中的一员。正是在这样和谐的人际环境中，常驻顾问发挥出了高效率的指导作用。这种实践的感悟，已经有教师开始将其应用到教师和学生之间的关系处理中，特别是面对初中的大孩子们，和谐良好的师生关系尤为重要。

第二节　特级教师团队

一、特级教师团队

特级教师是基础教育教师队伍中的精英，具有扎实的教育理论基础和丰富的教育教学实践经验。这支队伍在现代教育中发挥着重要的引领作用，是各地基础教育中的领军人物。能够得到特级教师的专项指导，对于学校的教育与教学质量提升、学校教师队伍的快速成长，都是十分难得的支持。

就某一个县市而言，当地的特级教师人数很少。从不同学段和不同学科来说，特级教师的分布也不是很均衡，不可能每一个学段的每一个学科都有特级教师。结合到具体的学校，能得到专业对口的特级教师的直接指导就更加难得。慈溪实验学校是一所新建学校，教师年轻有活力，但是还没有一位特级教师，接触到特级教师也多在县市组织的各种教研活动中，更多的是听取特级教师的讲座和报告，少数教师作为县市骨干教师能够加入某一个特级教师的工作室参与活动，但时间不长、机会不多。

针对上述现实情况，合作办学提供了重要契机。浙师大教育集团发挥自身资源优势和基础教育的龙头地位，在全省范围内招聘特级教师加入专家团队，有专职成员和兼职成员。专职成员直接参与教育集团合作办学的全方位工作,设计合作办学的具体指导方案,并定时定期到附属学校进行专门指导。兼职成员则负责特定的指导任务,定期到附属学校专题指导教育与教学工作。教育集团聘任的成员,全部是特级教师和正高级教师,都是浙江省内各学科具有重要影响力的带头人。这样一支特级教师团队,为合作办学提供了坚实的基础。

二、特级教师工作站

有了浙师大教育集团特级教师团队的支撑,学校迎来了建设特级教师工作站的契机。为充分发挥浙师大教育集团名师对慈溪实验学校教育教学的指导、服务、示范与辐射作用,学校为教师搭建成长平台,加强学习型教师队伍建设,全面提升教师素质和专业化水平,提高学校教育质量。经过地方教育局、教育集团和学校的协商讨论,决定成立浙江师范大学附属慈溪实验学校名师工作站。

(一)指导思想

以党的教育方针和新时代教育思想与理论为指导,以浙师大教育集团名师团队为依托,成立特级教师工作站。以提升骨干教师素质能力为目标,以校为本,聚焦课堂,开展创新型教育科研实践活动;以名师为引领,以建设师德高尚、业务精良的教师队伍为目标,加快学校青年教师的专业化发展进程,培养一批有理想、有追求的高素质骨干教师,推动学校教育教学的发展,提升学校教师整体水平,办好让人民满意的教育。

(二)组织机构

学校成立特级教师工作站领导小组,为特级教师工作站的顺利开展提供政策支持、组织和经费保障。由校长毛天杰为组长,分管教学副校长和常驻顾问为副组长,学校教务、德育、教科室各线领导为成员,负责特级教师工作站的管理和日常运行方案设计与实施,由特级教师负责各学科活动的开展。

特级教师除了来自教育集团的特级教师团队外,还由教育集团在全省专门聘请了五位特级教师来具体实施。为了体现九年一贯制学校特色,小学与初中的语文、数学、英语、科学特级教师打通,个别学科聘请两位特级教师,加上教育集团原有的特级教师团队,使特级教师覆盖学校的大多数学科。

(三)特级教师工作站的定位和目标

一是以"以点带面、辐射引领、交流研讨、共同发展"为宗旨,以培养优秀教师为目的,组织开展教育教学研究的相关活动。

二是推动学校教师专业化成长,培养学校学科骨干教师、校级名师,并使一部分教师成为在教育系统乃至社会上有一定影响力的名师。

三是名师带出优秀团队,优秀团队促进学校整体的发展。

四是全面提升学校教育质量,促进学生全面发展,实现学校"弘通教育"的办学目标。

(四)入选特级教师工作站的学员条件

一是热爱教育事业,师德高尚,乐于奉献,善于学习;理念先进,主动进行教育教学改革,具有较强的教育教学能力及研究能力,形成自己的教学风格和教育艺术,教学质量高。

二是有一定的组织、管理和指导能力及强烈的自我完善、自我突破、自我发展的愿望。

三是在学校有一定的影响力,踏实肯干,能起到表率作用的教师;或曾获得校级、市级及以上的业务荣誉。

(五)特级教师工作站学员选拔程序

一是首期特级教师工作站成员的入选,符合条件的教师自愿报名。

二是由学校推荐候选人。

三是每学科选拔 3~5 名学员。

(六)工作室工作内容与要求

一是学科教学能力。通过教学设计、教学案例分析、听课说课磨课、公开课、优质课、教学比赛、外出学习等方式,在导师指导下,结合教学反思,形成系列学科教学能力发展与水平提升的典型案例,全面提升教师的学科教学能力,并带动其他教师的学科教学能力提升。

二是教学研究能力。结合教师教学实际,确定研究课题或研究领域,申报课题,有系统地开展教学研究工作,提升教师专业研究能力与水平,并形成系列研究成果。

三是学科、课程、教学的认知能力。通过工作站的学习,全面提升学员对学科、课程、教学的认知能力,形成学科基础上的课程拓展,逐步实现学科渗透与融合,能够初步从教育与教学的视野,看待学科、课程与教学。

四是辐射与传承能力。对学校内部同学科教师产生辐射与带动作用,全面提升学校教育质量;辐射兄弟学校、其他县市的学科教学,有较大的影响能力。

（七）工作站管理与考核

工作站管理由学校特级教师工作站领导小组负责管理与安排。各学科活动由学科导师根据具体情况安排工作和活动。

实行特级教师工作站考核制度,学员考核评价细则如表 3.1 所示。导师由浙师大教育集团负责考核和聘任;学员由慈溪实验学校负责考核。学员考核每学期一次,为期三年,合格者可以出站。特级教师工作站学员实行滚动淘汰制度,一次考核不合格者,进行谈话批评,连续两次考核不合格者,退出工作站。考核结果作为学校教师考核、评优评奖和职称评定的重要指标。

表 3.1 特级教师工作站学员考核评价细则(2021-03—2023-08)

考核项目	考核要求	自评	互评	领导小组
师德表现 10 分	坚持正确的政治方向,热爱教育事业;遵纪守法,自觉践行《新时代中小学教师职业行为十项准则》;教书育人,为人师表。无从事有偿补课、体罚与变相体罚等违反师德的失范行为,得 10 分。若有违反法律法规、师德等行为,得 0 分			
个人规划 5 分	科学制定个人发展三年规划,目标明确,措施可行,得 2 分。个人发展规划在实际工作中得到落实,得 3 分			
学习研训 5 分	认真参加特级教师工作站的各种学习、交流、教学研究等活动,不断提升个人专业能力,得 5 分。每无故缺席一次活动扣 1 分			
教育质量 10 分	由学校根据本学年度所任教班级进行综合评定,评定结果分优(10 分)、良(8 分)、中(4 分)、差(0 分)四个等级			
教育科研 20 分	主持或执笔慈溪市级及以上教科研课题得 15 分,课题组前五位成员得 5 分;公开出版个人专著得 20 分,在公开刊物上发表文章每篇得 10 分,获慈溪市三等奖及以上奖项的每次得 10 分(同一论文、课题以最高奖计);研究成果获慈溪市级一、二、三等奖分别为 20、15、10 分,课题、专著须为前三位的作者			

续　表

考核项目	考核要求	自评	互评	领导小组
示范引领 20分	每学年开设校级公开课(示范课、观摩课)或专题讲座、学科教学专题经验交流每次得10分；每学年开设慈溪市级及以上公开课(示范课、观摩课)或专题讲座、学科教学专题经验交流每次得20分			
听课评课 10分	每学年听课评课40节及以上得10分，24节及以上得6分，16节及以上得4分，16节以下不得分(以听课笔记为依据)			
指导师生 10分	接受带徒结对任务，带徒工作有记录，得5分(以结对协议、辅导记录为依据)			
	指导同校教师获慈溪市级及以上教坛新秀、基本功竞赛、优质课等比赛获奖的，每人得5分			
	指导学生获得教育行政(业务)部门组织的各类比赛慈溪市三等奖及以上得5分，宁波市级以上获奖得10分(须有相关指导教师证明)			
荣誉 10分	教育行政部门、业务部门和教师培训机构组织的比赛中获奖，慈溪市三等奖得3分，宁波市三等奖、慈溪市二等奖得5分，慈溪市一等奖、宁波市三等奖及以上得5分；获得党委、政府和教育行政部门授予的综合(或专项)荣誉称号(校级优秀教师)得3分，城区优秀教师(基层先进)或学年度考核优秀得5分；获得慈溪市级及以上各类人才奖得5分			

（八）制度与经费保障

特级教师工作站在浙师大教育集团和慈溪市教育局的直接领导下开展工作，为保证特级教师工作站的工作效率，学校出台相关保障制度，并设置专项经费予以保障。

四、工作站的运行方式

特级教师工作站采用多种多样的运行方式，力求体现学科特色，照顾到教师和学校发展的现实需求，除了常见的备课、磨课、听课、评课外，还有专题讲座、学术沙龙、工作坊、结对与辐射等多种方式。

（一）专题讲座

专题讲座的方式是针对特定的主题，以理论与理念引领为先导，为实现具体的目标、完成具体的任务，由特级教师介绍或讲解自己的理解和实践经验，让工作站学员对该主题有基本或宽泛的认识，为接下来进行的教学实践或研究活动奠定基础，以达到少走弯路早出成绩的效果。

这种学习方式往往是多学科面对共同的任务，或者学校层面要开展大型活动时进行的。例如，学校承接的浙江省重点课题——"跨学科·项目式：九年一贯制学校德育体系的构建与实践"，就需要多学科共同参与，在学科教学的同时实施学生德育（课程德育或学科德育），也要在学校的项目式活动中实现学生德育目标，这是各个学科教师共同承担的任务。要让全体教师参与课题研究，了解什么是跨学科，怎么样跨学科，什么是项目式，如何设计跨学科的德育项目，等等，就需要通过专题讲座的方式进行细致的讲解和说明。

这种讲座式学习方式，是针对具体的任务和特定的主题，切实帮助老师们更好地完成任务，因此老师们的学习积极性就会很高，就能够得到比较好的效果。

（二）学术沙龙

学术沙龙多在学术机构、高校等研究单位举办，是中小学一线教师比较陌生的学习方式，其重要的特征就是集思广益。学校在面对一个研究主题或大型的活动设计时，为了发挥教师们的聪明才智，为了落实好某一个具体的措施，往往也会采用学术沙龙的方式。

学术沙龙可以在学校的会议室或教室中面对面开展，也可以通过视频会议在线进行，还可以通过书面文字形式进行讨论。特级教师工作站的学术沙龙多以面对面的讨论为主，可以在互动中比较客观地获得大家的想法和观点。学术沙龙的开展需要特级教师（主持人）进行充分准备，对要讨论的主题有比较明确的观点（可以是几种方案），也可以预先与部分参与讨论的骨干教师协作，请他们做一些准备，以防止一线教师的不适应。几次学术沙龙进行下来后，讨论或争论的气氛越来越浓，教师都能够畅所欲言，脑洞大开，碰撞出思维的火花，效果很好。像前面提到的省重点课题落实措施的研究中，学术沙龙就是一种极其有效的方式，大家从自己的实际情况出发，根据现实的条件，各抒己见，提出了很多可操作的措施，也提出了不少质疑和担心，这些都为课题的顺利实施做出了贡献。

（三）工作坊

工作坊是目前非常流行的一种提升自我的学习方式。一般而言,工作坊是以一名在某个领域富有经验的主讲人为核心,10～20名成员组成的小团体在该名主讲人的指导之下,通过活动、讨论、短讲等多种方式,共同探讨某个话题。与传统的教育方式相比较,工作坊具备一些鲜明的特征。

一是探讨的话题往往更有针对性。很多时候,工作坊的学习内容涉及相关领域的前沿话题;甚至很多先进的教育思想与理论都是在工作坊这种形式的讨论之中诞生的。

二是组织形式更为灵活。可以在某人的家里,也可以在正规的会议室里面,还可以在旅游景点,工作坊的时间与地点都比较灵活。

三是费用较为低廉。有时候,一个简单的采用"AA制"的工作坊仅仅只需要参与者支付餐费与场地租用费。

特级教师工作站的活动中引入工作坊的学习形式,是一种积极的尝试和创新。在特级教师工作站中,主持工作坊的核心人员就是特级教师,参加者是特级教师工作站的成员,还可以是其他学校的同学科教师,当地教研员。围绕学校教育中的关键问题,学科教学中的核心问题,课程改革中的创新问题,展开深入的思想交流,形成共同的认识和行动意志。如学校的课程德育,就是在学校各门课程的教学过程中,实现学校的德育目标。如何选择德育内容、如何实现德育与学科教学内容的有机融合、如何在学科教学中开展德育活动、怎样评价学科德育效果等等,都是学科教学中的全新课题。如果是将责任直接落实到每一个学科教师,也是能够做一点德育渗透工作的,但是,很难实现国家对德育的要求,容易流于形式和走过场。通过特级教师工作站的工作坊活动,在全校范围内,分若干层次、不同学科,组织教师进行深度的交流与讨论,就形成了学校现在执行的三个层面的项目性学科德育。

（四）结对与辐射

在特级教师工作站的平台上,"师徒结对"除了特级教师与成员之间外,还包括学员与其他没有入选特级教师工作站的教师,以及本校特级教师工作站成员与其他学校的同学科教师的结对。在这个平台上,特级教师负责指导入选的成员,入选的成员除了扮演"徒弟"的角色外,还要负责指导其他未入选的教师,指导其他合作学校的教师,扮演好"师傅"的角色。

让特级教师工作站的成员成为其他教师的"师傅",不仅能够迅速促进学校全体教师专业水平的提升,促进其他同类兄弟学校教师的专业发展,起到很好的辐射作用,更重要的是促使工作站成员,能够更加自觉地投入学习与提升的活动中。他们为了扮演好"师傅"的角色,在学习和工作中就会更加认真,更加自觉,更加主动地发现学科教学中的问题,关注学科教学的需求,思考与寻找学科教学中新的方法,注重自身专业发展水平的提升。

在慈溪实验学校,教师队伍以年轻教师为主,年轻教师之间很难"自然地"形成学科教学的学术梯队,平时教学水平的差异,不足以成为"师傅与徒弟"之间的关系,教研活动中"民主协商"的氛围比较重,对于不同观点,在讨论后未能形成一致意见的情况下,容易"各行各话",缺少统一行动。特别是在学科教学改革的初期,容易影响改革意志的执行和落实。通过借助特级教师工作站的"师徒结对"机制,在学科教学上,我们形成了学科教学研究的核心,促进了学术梯队的形成,取得了很好的效果。学术梯队并不是否定学术争论,而是更好地组织讨论,使讨论和协商更加具有目标和针对性,因而能够更高效地促进学科教学研究活动的展开,也容易取得更多的研究成果。

五、典型个案与分析

【案例 3.3】从听课评课到学科组文化建设

一、案例背景

听课、评课是基础教育教学研究中最为常见的方法,是被教学实践反复证明的有效方法,是教师专业发展,课堂教学水平提升,学科教学质量的保证,教学研讨与交流的重要路径。在特级教师工作站建立初期,我们采用的听课评课方式,一般是上午一起听课 2~3 节,午餐后就开始进行评课活动。先是上课教师自己说课,展示教学设计方案,谈上课中生成性问题的处理和感悟,然后是听课教师对这节课进行分析、点评,并结合自己对这节课的理解或以往的教学经验,提出一些建议,最后是特级教师进行分析和点评。这样的活动环节安排,在各级学科教研活动、公开课、优质课评比中是十分常见的,也是合理的。在特级教师工作站设计的各学科的指导活动中,都采用了这种形式。为了与地方教学和研究的衔接,还争取县市教研员参加活动。

然而在一次特级教师工作站学员的座谈会(那次活动是学校自行组织的,没有特级教师参加)上,学员们认为尽管听课评课这种工作形式是常见的学科教学研究方式，但是，每次都一样，与以往的县市教研活动没有什么本质的区别。除了特级教师对课堂教学的各种因素的剖析更加深刻，更加具有理论性和远见外，只能对特定的课堂教学有比较好的帮助和示范作用，学员自己很难真正领会其中的教学真谛。有的学员在学习反思日记中写道："每次的听课、评课，指导方式比较单一，对于学科教学的基本素养的提升是有较大帮助的，我也学到了很具体的教学技能和教学艺术。但是，从学科整体设计的角度看，从我未来的教师生涯而言，特级教师工作站是否有足够的帮助，是否还有其他更加好的形式和途径。"从参加听课和评课中学员的表现情况看，也反映出一定程度的"应付"现象，有的可能已经把听课评课看作一种教学以外的"负担"。

针对这种情况，特级教师工作站的指导教师和教育集团的学科专家一起进行了专题讨论，分析现行的特级教师工作站的运行情况、工作特色、方式方法的优劣，认为对于年轻教师为主的学校教师专业发展来说，除了继续常规的指导方式外，要积极引导年轻教师进行自身的教师生涯规划。先从学年的专业发展规划着手，在每一位特级教师的指导下，每个学员撰写专业发展规划，并从专业发展规划的格式要求、各部分的内在关系入手，进行认真指导。一个星期后，上交特级教师工作站学员的个人专业发展规划。还专门安排一个周末时间，对每一个专业发展规划进行讨论和点评，经过修改后，成为学员在特级教师工作站的学习方案。个人专业发展规划对于专业发展的具体内容和指标时间安排，都有明确的呈现。有了规划和近期发展目标，学员的学习有了方向和动力。但是，随着学员和指导教师之间日益熟悉，思想交流也不断深入，我们发现学员们在所在学科中的领军作用或骨干作用还是没有达到理想的程度。新建学校教师之间的年龄和教龄差距很小，在学科组的备课和学科教研中，相互之间不太好意思提出不同的意见，多采用"我不说，不表态"的方式。学科组很难形成学科教学和研究的关键平台，老师之间还是单打独斗居多，各自为政。

这个问题再一次出现在特级教师工作站常规的讨论会上，各位特级教师结合自己指导的学员情况，阐述发生这种现象的内在原因，寻找解决问题的方法和途径。经过大家的集思广益，明确了将学科教研组的文化建设作为提升学科教研组功能的主要途径。由此，学科组的文化建设问题就提到教师专业发展的重要地位上来。

学科文化涉及教师专业发展的纵深,影响着教师团队的未来。一个好的教师团队,其背后必定有着深厚的文化底蕴,这个团队的教师不管走到哪儿,总是带着这种文化的烙印。文化建设在以往的学校发展和教师队伍建设中,也一直是十分重要的。但是,真正的文化积淀是需要比较长的时间才能够形成,不能靠简单的动员或宣传口号,也不只是平时教师之间的相互关心、教学上的相互帮助。就学科组文化建设而言,必然涉及学科文化的学术引领,以及公平民主氛围下的积极向上精神和风气的形成。如何开展学科组的文化建设?要建设怎样的学科组文化?特级教师工作站围绕这些问题,分析了特级教师团队中多位导师是全国或浙江省的课程改革指导委员会成员,参与了教材的编写和各种文件的讨论,有自己的全国或浙江省特级教师工作站或名师工作室,经常组织各种各样的学科教研活动,能够给一线教师提供各种展示平台。如果可以利用这些有利资源,引导和鼓励学员们积极向上,就能够具备较大的吸引力和持续性。于是,在前面的学科教研活动和专业指导的基础上,开展了教师的教学比赛,对开设的公开课先进行一次点评,再磨课,再点评和修改,全体学员都认可后,再推荐到各种不同层次的学术交流平台,进行公开展示;也鼓励和指导学员将这个过程完整地写出来,形成教学案例并公开发表。在学科组中逐渐形成了"谁优秀谁就有机会""每一个教师都有机会""谁更加努力,谁就能够在更高的平台上展示"等思想和观念,年轻教师不再是"自己还年轻,以后会有机会的""自己现在的水平,怎么能够登上大场面""等等看,大家都一样的""我再努力,也轮不到我的"。经过近一个学期的学科组文化建设,教师的思想观念发生了根本性变化,教师们总是有问不完的学科教学问题,每一次特级教师来校开展活动,成了教师们最为期盼的事情。全校教师发表的教研论文、获奖数量、课堂教学的精神面貌和教学效果,都得到了明显的提升。

二、案例分析

教师的专业素养除了教育理念、教育情怀、师德师风、健康的身体和心理外,还包含教师的学习动机和学习能力,以及团队合作、交流互助等关键能力,还有学科专业知识与技能水平及其外显外化能力,这些共同构成了学科教学的重要因素。年轻教师在高校的职前教师教育环节中,除了人生理想信仰外,主要是学科知识与技能的学习和固化,通过不同的学科课程,形成知识体系和对学科的理解;同时,通过教师教育课程和教学技能训练等环节,形成学科教学的知识与技能。这些素养包含了教师素养的全部,但是,每一个素养的发展水平还停留在初级阶段,需要在教学工作的实践中加以提升。

这种提升主要通过教师自身的感悟、反思、研究和实践总结,但是,一定会得到其他教师或学校组织的各种指导和帮助。对于多数教师来说,基础教育界普遍实施的"师徒结对"和"教研活动",可能是最常见的形式。借助合作办学的契机和条件,学校年轻教师能够得到特级教师和教育集团专家团队的指导,本身就已经有了得天独厚的优势,年轻教师专业水平的快速发展和提升也是情理之中的事情。

从特级教师工作站对教师专业发展的帮助历程看,第一个阶段的听课评课方式,尽管是常见的、有效的、成熟的方式,但就其本质而言,只是对教师在学科教学的知识与技能层面的指导和帮助,所能够起到的作用往往停留在教学环节的点的层面,停留在课堂教学效率和教学艺术上,而这些还只是教师对学科内容的外显过程,尽管是十分重要和必需的,但很可能是短期的、停留在某一节课或某一类活动,对教师专业发展长远的、内在驱动层面的影响有限而不够深刻。第二个阶段,制定教师个人专业发展,解决了教师短期内的发展需求和目标指向,它在很大程度上解决了进入教师工作岗位不久的青年教师对新工作的了解、对自己发展短期目标的理解,但对于教师长远的发展内驱动力问题,还是没有得到针对性的解决。只有重视学科教研组的文化建设,并通过具体可行的建设措施,形成积极向上的发展共识和价值取向,教师的内在发展动力才能够源源不断地得到发挥和调动,其专业教学水平才能够得到长足的进步。

在短短的一年中,通过三个环节的转变,形成交互和继承性发展的局面,合作办学专家团队的力量,特级教师工作站各位导师的广泛资源,学校和教育集团对教师专业发展的重视,构成了共同目标的三个合力。除了认真负责的态度和积极的工作外,创新而不守旧是特级教师们有别于其他人员的优秀品质。尽管他们已经在自己的学科教育领域具备很高的威望,不管是经验还是资格,不管是教育视野还是教育情怀,都已经达到了职业的高峰。但是,他们仍不断地学习和充实自我,不断地追求创新与变革,正是在这种精神下,面对在指导过程中学员们出现的新问题,特级教师们能坐下来讨论分析,能够从根源上和理论上认识到问题的内在原因,找寻到切实有效的解决方案。总而言之,特级教师的作用不可也不能替代。

【案例 3.4】从科学创新实验教学到学生学业测评

一、案例背景

　　特级教师指导科学课程的教学,一开始就重点抓科学实验教学环节的落实,要求充分利用新学校实验条件比较好的有利因素,保证科学实验的开展。为此,特级教师重新带领学员学习和分析科学课程标准,对科学素养的内涵和培养途径进行了详细的介绍和解释,引领科学教师学习和理解科学本质、科学素养,并通过全球公民科学素养比较,了解国际与国内科学教育和科学素养培养中的主流思想,从国际视野分析我国科学教育和科学素养培养的任务。接着从实验教学的功能出发,寻找科学素养培养的途径与方法,结合学校的实际情况和现实学情,研究分析如何有效地开展科学实验教学活动。教师们在特级教师指导下,寻找相关学习资料,研究课程标准和实验教学手册,分析实验开设的重要性和有利条件,在科学课程中开齐了全部科学实验课,得到了市教研员的表扬、鼓励和肯定。

　　经过一个学期的实验教学实践,教师和学生都已经习惯了科学实验课的教学,特级教师和专家团队又开始将科学实验教学引向创新实验和创新实验教学。结合学校跨学科项目式课题研究,结合其他附属学校的科学创新实验活动,结合浙江省 STEM 课程的开发热情,利用"双减"政策下的晚托课程,大力尝试创新实验的设计和教学实践,从而使基础教育中的科学课程真正成为学生科学素养全面发展的载体。在创新实验设计和教学过程中,指导教师特别重视融入合作探究,结合大单元和大概念,指导教师有选择地开展创新实验某一主题的研究和实践,形成自身的特色和风格。一位特级教师工作站学员在教学反思日志中这样记录着:"10 月 29 日,科学特级教师张老师就'基于 STEM 理念的微实验开发与设计'这一题目,在线上与学校科学教师进行了交流。张老师从 STEM 与微实验、微实验项目的开发设计策略、微实验项目的开发设计案例、微实验的运用与价值四个模块出发,结合生动形象的实验案例——'摩擦力演示仪''液体内部压强计'等,充分展示了 STEM 理念在微实验中的贯彻与应用。同时,她提出:①应采用生活用具并整合跨学科资源开发微实验;②开展课外实验活动,巩固提高学科知识与能力;③实验教学并非只是动手的实践活动,它同样需要加强思维能力的锻炼,以及丰富的科学方法相伴。最后,她让老师们借助透明胶片、剪刀、直尺等简单工具,制作了伪全息投影,使得各位老师切身感受到了微实验的魅力。"这里的微实验就是科学创新实验的一个新类型。

为了保证科学创新实验的质量,学校结合县市教研室的活动,开展科学创新实验的设计比赛,科学创新实验教学案例的征集。学校从政策和教学条件方面给予保障。经过一个学期的创新实验教学,学生在作业完成质量、课堂讨论、同伴互助等方面有很好的表现。在2021年上半年学科质量抽测中,学校四、五年级学生在全市科学课程学业水平测试中,取得了第一名的成绩。分析这次质量抽测中取得好成绩的因素,学生参与实验操作,参与创新实验设计和活动,习惯性开展小组合作学习,善于发现问题、提出假设,能设计科学研究方案、懂得结果与结论的关系,等等,是其中十分重要的原因。在实验操作环节,全体被测学生都达到了优秀的水平,这是在以往的科学学业水平抽测中从来没有的,引起教育部门、兄弟学校和社会的极大关注,获得了积极评价。

从科学实验教学全面开展,到科学创新实验的拓展,再到学生科学学业水平的提升,这些都是在特级教师和教育集团专家团队的带领之下实现的。在这个过程中,科学教师的专业素养得到快速提升,科学教学质量也大幅提升。

二、案例分析

科学实验是基础教育科学学科的重要内容,也是科学学科的显著特色。科学实验教学的质量是科学课程学习质量的重要组成部分,在科学课程标准中表述的科学素养培养,很大程度上依靠科学实验教学来实现。因而,科学实验和科学实验教学在科学课程中有着十分重要的地位。

长期以来,基础教育界对于科学实验教学的重视程度不够,实验的开出率不高,不符合要求。教学观念上重视学科知识,将知识成为科学学科的唯一追求。不少教师认为实验对知识的掌握是验证性的,对于知识的巩固并没有直接讲授来得有效。特别是在一些农村中小学,师资水平和实验条件也一定程度上限制了实验开出率。尽管政府加大了设备投入和教师的专门培训,但由于学科测验和考试中,往往没有直接考实验的内容,有的也只是停留在知识的应用和实验设计层面,实验操作层面的测验比较少。因此,为了让科学课程的教学更为完整,课程标准的要求得到全面达成,学生科学素养得到应有的发展,加强中小学科学实验教学应该成为紧迫的任务。

保质保量地完成科学实验教学,是科学课程标准的基本要求,学生科学素养要真正得到发展,就要从原来的简单记忆、理解、应用、技能模仿,引向在真实情境下的问题发现、提出假设、方案设计、实际解决等深层次科学素养的形成。在国际科学教育中,倡导科学素养中的问题解决能力的培养,倡导协作解决问题能力的培养,这在近几年的 PISA 测验中得到了充分的展示。问题解决能力是指在没有直接明确解决办法的情况下,个人有意愿投入认知过程,以理解和处理问题情境的能力。问题解决能力有助于实现个人潜能,成为具有建设性和反思能力的公民。而协作解决问题能力是指当两个人或多人试图通过统一想法和共同努力解决一个问题时,个人能有效参与其中,通过一起贡献知识、技能,并付出努力使问题得以解决。这些能力的培养和提升,都需要创新实验和创新实验教学的支持。

科学实验教学的五个发展阶段(五代实验教学),从开始的非实验室活动,到教师教室演示、学生实验验证、信息技术介入实验,再到创新实验与创新实验室。其中,非实验室活动是指教师靠回忆自然现象或在自然环境中进行讲解;教师教室演示是指教师带着工具箱和实验器具进课堂,由教师操作演示讲解;学生实验验证是指学生在实验室,按照教师提示,动手操作做实验;信息技术介入实验是指计算机模拟和实体实验相结合;创新实验和创新实验室是指学生在实验室中,运用已经学过的知识和技能,与想象力结合,尝试创造新的知识产品、方法和知识。在此过程中,学生学会学习与制作产品所需要的知识与技能;教师也更多地成为咨询者、判断者、指导者、帮助者、激励者和共创者。从科学实验教学发展历程看,创新实验教学是科学实验的最新阶段,对学生科学素养的培养有着十分重要的作用。

在五个阶段中,学生实验验证是现行科学课程中对科学实验的基本要求,教材的科学实验介绍,也基本上停留在这个层次。随着信息技术的快速发展,教育工作者试图用计算机模拟实验代替科学实验,这其实是发展过程中的一种误解,走了一些弯路。信息技术与实体实验的结合才是科学实验发展的第四阶段。正是特级教师对学科实验教学历程和发展内在原因的理解,才能够在指导中及时引入创新实验的设计与教学实践。促使科学教师能够从科学实验发展的历史角度,从科学素养的内涵和要素出发,理解科学实验和创新实验的价值,这种变化已经表明教师实验教学能力得到了提升,教师专业水平得到了发展。

第三节　附属学校联盟与地方学校共同体

教育共同体，是在经济全球化、地球村等一些人类共同生存与发展理念下形成的，是联合国教科文组织国际教育发展委员会在《学会生存》一书中提出的主张。随着教育社会化程度的提升，教育共同体的样态不断丰富，不仅存在于学校之间，也出现了主体多元性、愿景共同性、资源共享性的社区教育共同体。

一、学校联盟与共同体

比较有影响力的教育共同体是全球教育共同体（global educational community），其目的是实现给每一个教育共同体和成员提供知识与机会，进行真实的学习。通过全球性的合作来创造架构平台，在教育实践中凝聚世界各地的人们，共同应对世界性问题的愿景。它倡导每一个儿童都是全球共同体的一员，共同学习与研究。在这个过程中，儿童及其父母、家人、老师在一起互相学习，彼此为师，成长、浸润在艺术、科学、真实的资源与教育实践中，共同成长为受欢迎的、有能力的全球公民。其核心价值是我们相信多样性的和谐共处（和而不同），珍重教育共同体每一位成员丰富而个性的发展。

在教育改革不断深化的大背景下，教育共同体的构建与完善被赋予了新的意蕴。教育共同体的内涵特征十分鲜明：其一，具有关联性。有共同的精神追求、一致的教育目标，是本质意志的结合体。这个特征是教育共同体建设和发展的精神基础，所谓"道不同不相为谋"，"志同道合"才能形成共同的价值取向、共同的意志品质、共同的目标追求。其二，规则、制度的维系是教育共同体运行的必要条件。教育共同体的构建和实践是基于共同的规制，有制度得以保障，在享受共同体带来优势的同时，必须承担相应的责任和义务。其三，教育共同体开放、共享、自治的特征。开放是共同体内的相互、透明、告知，共享是教学资源和教学信息的拥有，开放才能够实现共享，而自治是共同体成员之间在遵循的规则和制度基础上的相互监督。要实现开放、共享和自治，共同体就必须共同建设和不断完善。同时，构建教育共同体需要保障共同利益，遵循民主、自愿和平等的一些基本原则，注重个性教育，保持教育共同体的自身活力。

学校联盟是教育共同体的一种主要形式，它是具有共同教育理想和价值观，具有相同或相近的学校教育目标，具有各自教育资源的优势和特色，能够在共同规则下实现开放、共享、自治,愿意共同参与共同体的建设并为其发展做长期贡献的同类学校之间结成的组织形式。它具备教育共同体的特征,遵循教育共同体的原则。但是,在主体结构上强调趋同,而不是普通的教育共同体的多元。也就是说,联盟学校处于不同的地区,拥有相同或相似的社会地位和教育资源,学校发展过程中比较容易形成"互利共赢"。例如,全国学校联盟(体育、机器人大会)、全国高校教师培训联盟、全国学校体育联盟、中国高校创新创业教育联盟等,基础教育中长期存在的、具有明显应试特征的多校考试联盟也是普遍存在的学校联盟。在同一地区或跨地区之间的各个县市重点中学之间的月考,就是联盟组织的教育共享。它不可能对不同教育水平的学校开放,具有公盟内部开放和对外保守性。在教育信息化的发展环境下,这种学校联盟跨越的地域可能很远,共同参与的活动次数不断增加。

二、附属学校联盟构建

浙江师范大学是浙江省教师教育的龙头,长期引领着全省基础教育改革,为基础教育培养了大量的合格教师。2007年开始,浙师大大力开展教师教育改革,与地方政府开展合作办学,为基础教育的发展和提升服务,附属学校数量快速增加到20多所。随着浙师大教育集团的成立,合作办学和附属学校建设了专门的引领和管理机构,也配备了强大的合作办学专家团队作为学术和智力支撑,全方位开放浙师大教学资源,为附属学校的发展提供引领、指导、参与和保障。

随着附属学校数量的增加,同类学校之间的相互联系自然就会发生,在定期的附属学校办学经验交流总结基础上,成立了附属学校联盟的最初自然模型。随着附属学校之间交往的不断深入,学校之间的了解不断加深,共同的需求促成附属学校联盟的形成。在教育集团的组织和安排下,附属学校的同类别学校联盟逐渐形成。

作为合作办学的附属学校都是经过地方政府选拔的,都有建设成为当地基础教育标杆学校的担当,在当地社会受到特别关注,容易形成地方教育事业发展水平的风向标。共同的教育理想与价值观,成为同类别、同学段附属学校参与附属学校联盟的思想基础和内在动力。他们有共同或类似的办学目标与教育理念,面对学校发展的同类问题,在学校顶层设计、学校文化建设、学校课程体系建设与提升、基础教育改革任务、教师专业发展、教学质量提升等方面,需要交流、讨论、合作,共同的需求成了参与联盟的共同目标指向。这些附属学校具有各自的办学特色和优势,拥有自身的教育与教学资源,相互之间存在着可以开放、互补的内容。在教育集团的机制下,有着长期参与附属学校联盟的意愿,容易形成民主、平等的合作氛围,这些特征是附属学校联盟构建的内在因素。附属学校联盟的各种规则和制度,是在教育集团的主持下,经过联盟学校的协商讨论确定,如联盟学校活动的指导原则、活动设计责任、活动组织和承办、资源共享规则、活动保障等等。这是附属学校联盟发展的制度保障。

必须明确的是,附属学校联盟并不是要办成完全相同的学校,尽管办学理念与价值观相通,教育目标相近,但各个学校的办学条件存在着较大的差异,学校所在的区域不一样,办学的历史不一样,学校规模差异很大,教师队伍的年龄和水平差距不小。所以,附属学校联盟一开始就不否定共同目标下的学校教育个性发展,鼓励和要求联盟学校保持自身的办学特色。正是这种不同,才会产生不同的举措和办法,才有相互交流学习的必要。

附属学校联盟的构建,为学校教师专业发展新增了一条理想的途径。在教师专业发展层面的合作,实现了教师专业发展计划、特级教师指导力量、学校教育与教学资源、教育与教学改革信息、教学测量与评价等方面的共建、共享、开放,共同提升教师团队的教育与教学水平的目标。

教师专业发展的计划方案包括学校的教师团队建设和教师个人的发展计划。学校教师团队建设是根据学校发展,从教师队伍的需求角度着手,分析学校现有的教师队伍情况、地方教育主管部门的教师发展政策和编制,分析学校能够为教师发展提供的可能条件、教育集团的指导力量等诸多因素,形成有目的、有措施、有保障的方案。学校方案有学校个性化特色,同类学校之间的相互交流,教育集团专家的指导,能够使方案更加科学合理、更加切实可行。教师个人专业发展规划,是教师根据学校教师专业发展方案,结合自己的实际情况,对自己的职业生涯和近期的业务提升,做出切实的打算和安排,使日常工作更加有目标、有针对性和主动性。教师个人专业发展规划在教科研活动、学科教学活动中特意安排,并选择个人发展规划优秀的代表,进行交流和介绍。如选择优秀班主任介绍自己如何开展班级经营和管理的经验教训,促进附属学校联盟学校的班主任队伍质量的提升。

各个附属学校都有浙师大教育集团派出的特级教师开展指导,各个学校都成立了特级教师工作站,这是浙师大合作办学抓落实的重要举措之一。这支特级教师指导团队担负着对多个附属学校的指导任务,自然就成为附属学校联盟中共享的指导力量。除此之外,更有意义的是,特级教师指导多所附属学校,了解他们的教师队伍情况,熟悉各校在教师专业发展中的举措和取得的经验教训,因此能够很自然地在各个学校之间进行介绍,能够帮助提炼出好的方法和措施,及时推广;还可以促进各个学校的"徒弟"之间进行"同门兄弟"的交流,这种交流就像自己家人之间的交流一样,更有利于思想深处真实想法的共享与碰撞。

在教育与教学资源方面,除了浙师大提供给各个附属学校的资源可以共享外,各个学校也有各自的资源,参与到附属学校联盟的共建之中,很多纸质和电子的资源,一些教育与教学基地或场地都实现了开放和共享。实践下来,资源共享中最常见和最有效的是课堂教学的开放和共享。每一个学校的各个学科都会开设公开课、优质课,附属学校同一学科的教师利用线上线下的交流方式,参与课堂教学设计、备课磨课、随堂听课、课后点评。这对教师的学科教学水平提升有很大的帮助,特别是对年轻教师的学科教学水平提升更有好处。

教育改革是学校教育发展的源泉,每一个学校都进行着各种各样的教育改革,它们既是教育行政部门布置的任务,也有学校自己发展所需要的行动。附属学校联盟中教育改革的程度和深度存在较大的差异,成果和经验也有不同,存在着教育改革经验交流的需要和可能性。教育集团组织联盟学校交流教育改革经验,讨论教育改革举措和计划,很好地促进了联盟学校相关教育教学改革工作的推进。如学科教育中的德育问题,"双减"背景下的学生课后晚托问题,都是一些新的教育改革任务,联盟学校之间进行了及时而深入的研讨,使得各个附属学校在这些教育改革领域取得了当地领先的成果。

教学测量与评价的共建、共享和开放,可能是多数人在谈及学校联盟时最早想到的,在基础教育中确实广泛存在着这种共同体或学校联盟。在附属学校联盟中,也开展了这方面的共建、共享和相互开放工作。有别于以往的做法,联盟学校之间侧重关于教师命题能力、作业选择能力、学生作业或试卷中有效信息的提取和应用能力、学生作业的多样化设计能力等方面的学习、交流与共享。下文中提到关于"说题"的教学案例,就是学生作业多样化设计的一个成功例子。

三、地方学校共同体

(一)地方学校共同体的地位

地方学校共同体是在倡导教育公平、资源共享,实现城乡义务教育一体化,达成义务教育均衡发展目标的教育理念和政策指导下,由地方政府与教育主管部门牵头实施的,本地区地方学校之间形成的教育共同体。对于地方学校共同体的组合、建设、检查、考核等,都有具体的政策和制度要求,教育主管部门目标明确,责任到位,分工负责,措施细致而可行,进而促成义务教育学校之间的合作、开放和资源共享,促进义务教育的快速发展。在合作办学的协议中明确规定的附属学校对地方学校的辐射带领功能,就是要在建设好附属学校的同时,促进地方学校的全面提升,做好地方学校共同体建设,这也就成了合作办学中需要完成的一项具体任务。

(二)地方学校共同体的实践

在地方教育共同体中,各学校面对的校情学情差异较大,师资队伍水平也存在着一定的差距,在教育理念、管理能力、学习习惯与方法、文化意识养成等方面基础不同。这样一个大型平台建立后,如何利用好这个平台,为学校的教师专业发展助力,如何在学校共同体的相互合作过程中,促进教师专业素养的全面提升,这是地方学校共同体在实践过程中必须面对的问题。

组织制度保障。地方学校共同体成员学校制定了《浙江师范大学附属慈溪实验学校教育共同体建设工作实施方案》,组成教育共同体建设和实施领导小组。

明确工作思路。贯彻落实全国教育大会和全省教育大会精神,根据《浙江省人民政府关于统筹推进县域内城乡义务教育一体化改革发展的实施意见》(浙政发〔2017〕25 号)、《浙江省人民政府办公厅关于全面加强乡村小规模学校和乡镇寄宿制学校建设的实施意见》(浙政办发〔2018〕117 号)、《浙江省人民政府办公厅关于开展第四轮教育对口支援工作的实施意见》(浙政办发〔2016〕33 号)等文件精神,按省政府"互联网＋义务教育"部署要求,依托互联网等信息技术优势,创新中小学校结对帮扶机制,促进优质教育资源共建共享,扩大优质教育资源辐射面,实现城乡结对帮扶学校管理共进、教学共研、资源共享、信息互通、师生互动、差异互补。

制定出具体的工作目标。构建网络结对共同体,突破教学时空限制,全面推进"互联网＋义务教育"这一新型的城乡学校结对帮扶机制,通过城乡同步课堂、远程专递课堂、教师网络研修等方式,让更多的学生享受到优质教育的办学成果。

提出工作的原则。突出重点,资源互补。慈溪实验学校是支援学校,要把自己学校的优质资源、特色资源,毫无保留地与对接学校分享。立足两所学校的实际情况和需要,坚持问题导向、目标导向,依托信息技术,落实工作要求,开展常态化、多样化、有实效的共建帮扶工作。

近两年具体的工作任务。通过网络上课、教师交流、线上线下教研活动等活动形式,所有活动要求在学期初跟结对学校对接好,制作具体活动课表。线上授课要根据双方学校情况,做出每学期开设的学科和节次。教师交流则是教师来往的交流指导和学习。教研活动要根据学期计划,做出线上线下的共建教研安排,并及时安排本学期的合作交流工作和内容(见表3.2)。地方学校共同体的活动,多以项目式活动的设计和组织形式开展。在每一个学期都有预先设计的活动计划,有每一次活动的主题,这些主题之间存在相互的关联。

表 3.2　2021—2022 年度第一学期地方学校共同体学校活动安排

填表注意事项:

1.同步课堂活动开课学科不少于 2 门。如实际超过 2 门,可多报,请自行加行。

2.每年开课每门学科不少于 10 节。如实际超过 10 节,可多报,请自行加行。

3.“开课日期”请填写完整“年、月、日”,格式样例:2020-04-10;“核心校班级”由教共体核心校填写,“成员校班级”由教共体成员校填写。

4.汇总表除学校人工填报,支持通过浙江教共体智慧服务系统(原千校结对大课表)导出数据。

核心学校		浙江师范大学附属慈溪实验学校					
共同体学校		慈溪市胜山初级中学、慈溪市桥头初级中学					
学科		语文					
1	2021-09-18	“答谢中书书”	八年级	戚哲俊	郝丹	八(2)班	八(6)班
2	2021-09-18	“记承天寺夜游”	八年级	诸佳淇	李晓霞	八(3)班	八(3)班
3	2021-09-22	“陈太丘与友期行”	七年级	黄蓓	周钰	七(5)班	七(4)班
4	2021-09-22	“散步”	七年级	张津	阮迪权	七(6)班	七(5)班
5	2021-09-24	世说新语二则“咏雪”	七年级	杨钶吉	岑海央	七(1)班	七(3)班

续　表

学科		数学					
序号	开课日期	课题	年级	授课教师	辅助教师	核心校班级	成员校班级
1	2021-09-22	"有理数减法2"	七年级	陆彦君	励建平	七(1)班	七(1)班
2	2021-09-22	"有理数的乘法"	七年级	韩颖	孙燕波	七(5)班	七(4)班
3	2021-09-26	"等腰三角形中的分类讨论"	八年级	陈丹露	毛琼玲	八(4)班	八(3)班
4	2021-09-26	"直角三角形"	八年级	方吉	毛琼玲	八(2)班	八(4)班
5	2021-09-26	"有理数的乘法2"	七年级	龚佳盈	励水员	七(3)班	七(2)班

学科		英语					
序号	开课日期	课题	年级	授课教师	辅助教师	核心校班级	成员校班级
1	2021-09-08	"My name's Gina"	七年级	唐婷雅	吕寿云	七(3)班	七(2)班
2	2021-09-08	"My name's Gina"	七年级	姚姗	陈央维	七(6)班	七(5)班
3	2021-09-08	"Writing"	八年级	陆燕	王雪燕	八(3)班	八(2)班
4	2021-09-24	"I'm more outgoing than my sister"	八年级	岑时宜	林克清	八(1)班	八(6)班
5	2021-09-24	"This is my sister"	七年级	龚菲菲	陈央维	七(2)班	七(5)班

续　表

学科				科学				
序号	开课日期	课题	年级	授课教师	辅助教师	核心校班级	成员校班级
1	2021-09-15	"艳丽多姿的生物1"	七年级	周约	孙建冲	七(6)班	七(1)班
2	2021-09-15	"几个重要的科学概念"	七年级	黄迪	毛夏南	七(1)班	七(5)班
3	2021-09-17	"艳丽多姿的生物1"	七年级	钟杭琪	孙建冲	七(3)班	七(2)班
4	2021-09-17	"生物的基本特征"	七年级	黄镕	毛夏南	七(4)班	七(5)班
学科				道德与法治				
序号	开课日期	课题	年级	授课教师	辅助教师	核心校班级	成员校班级
1	2021-09-16	"合理利用网络"	八年级	韩佳贝	林克清	八(2)班	八(3)班

为了避免活动的"碎片化",防止随机和应付现象,就像学校的课程一样,活动要做到有明确的目标指向,有具体内容安排,每一位教师都有自己的学习任务和活动角色,还有详细的活动记录,活动的反思、检查、评价。在实施过程中,强调过程的记录和及时的总结与反馈,有专门的教学部门负责监督与检查(见表3.3)。

表3.3　2021—2022年度第一学期地方教育共同体活动记录总览

填表注意事项:

1. 线上研修不少于8次,线下教研不少于4次。实际超过的,可以多报,请自行加行。

2. "核心校主持人"由教共体核心校填写,成员校可不填。"成员校主持人"由教共体成员校填写,核心校可不填。"活动日期"请填写完整"年、月、日",格式样例:2020-04-10。

3. 汇总表除学校人工填报,支持通过浙江教共体智慧服务系统(原千校结对大课表)导出数据。

学校名称	慈溪市胜山初级中学
共同体学校	浙江师范大学附属慈溪实验学校、慈溪市桥头镇初级中学
线上研修活动信息汇总	

续　表

序号	学科	年级	研修主题	主持人1	主持人2	参加研修对象	活动日期
1	英语	七年级	"My name's Gina"课题研讨	胡叶飞	徐杰	附校6人,胜山4人,桥头5人	2021-09-08
2	科学	七年级	"几个重要的科学概念"课题研讨	毛优波	苏会燕	附校4人,胜山4人,桥头5人	2021-09-15
3	道法	八年级	"合理利用网络"课题研讨	施丹丹	胡孟波	附校3人,胜山5人,桥头2人	2021-09-16
4	科学	七年级	"艳丽多姿的生物1"课题研讨	毛优波	苏会燕	附校6人,胜山2人,桥头3人	2021-09-17
5	语文	八年级	"答谢中书书"课题研讨	卢晓畅	陈剑	附校3人,胜山2人,桥头4人	2021-09-18
6	语文	七年级	"陈太丘与友期行"课题研讨	卢晓畅	陈剑	附校6人,胜山5人,桥头5人	2021-09-22
7	数学	七年级	有理数教学研讨	陈丹露	沈央芳	附校6人,胜山6人,桥头5人	2021-09-22
8	英语	七八年级	"This is my sister"课题研讨	胡叶飞	徐杰	附校7人,胜山4人,桥头5人	2021-09-24
9	语文	七年级	文言文教学研讨	卢晓畅	陈剑	附校8人,胜山6人,桥头7人	2021-09-24
10	数学	八年级	直角三角形复习课研讨	陈丹露	沈央芳	附校6人,胜山5人,桥头5人	2021-09-26

续 表

线下教研活动信息汇总

序号	学科	年级	研修主题	主持人1	主持人2	参加研修对象	活动日期
1	语文	七八年级	文学作品的解读视角	王俞纳、卢晓畅	毛夏南、陈剑	附校6人,胜山4人,桥头5人	2021-09-15
2	数学	七八年级	校数学教研组的建设及教师个人成长	王俞纳、陈丹露	毛夏南、沈央芳	附校6人,胜山2人,桥头5人	2021-09-15
3	科学	七八年级	科学微实验课程的开发与实践	王俞纳、毛优波	毛夏南、苏会燕	附校6人,胜山2人,桥头5人	2021-09-17
4	英语	七八年级	初中听说课的思考	王俞纳、胡叶飞	毛夏南、徐杰	附校6人,胜山3人,桥头4人	2021-09-24

地方学校共同体活动还借助合作办学,借助特级教师工作站的活动,借助教育集团提供的各种教科研活动,将地方学校共同体的教师培训工作和特级教师工作站工作,与旭升书院工作结合,使共同体学校的教师也能够享受到合作办学带来的各种学习机会,实现共同体学校资源的开放和共享。这种共享机制,很大程度上激励了地方共同体学校教师参与活动的积极性和自觉性,他们认为获得了难得的学习和提升机会,激发了学习主体意识,使学习和培训成为一种期待的"快乐"和工作待遇。

(三)共同体的教师发展成因分析

地方学校共同体成员的教师队伍之间属于异质组合,在合作之中自然形成"师傅徒弟"的应对关系。一个学校是其他学校的带领者,其他学校成为被帮扶对象。这是一种长期存在的现实,也是短期内很难发生根本性变化的基本情况。如何看待这样的教育共同体之中的每一个教师的专业发展,实现互利共赢的良好局面,需要我们解放思想,放下包袱,从教育、教学、学习的本质出发,深层次地分析各种要素,需要正确处理好教与学的辩证关系,处理好师徒与同伴的区别。教育共同体的定义告诉我们,共同体成员之间具有相同的目标、共同的理想、民主平等的人际关系和工作环境,需要相互尊重基础上的协商讨论。共同体内的学校或者学校教师,尽管客观上存在业务水平的差异，但他们都有各自的特长或优势，存在着取长补短、教学相长的必然。"结对子"，结的是相互取长补短的对子，是相互携手共同提升的对子，绝不能成为单向输出的帮扶。作为"结对子"中的"师傅"，在活动准备、过程安排组织、各种讨论活动、活动后的反思和总结等方面都会更加认真而主动，会花更多的时间进行认真细致的准备，起到带头作用，产生示范效应，也就是"师傅要有师傅的样子"。这样的认识和行动，对于"师傅"来说，其实也是很好的学习和提升，要找资料先学习，要动脑筋思考活动进程的各个方面，他们的能力就自然而然地得到提升。

一开始，我们就认清楚了这种关系，找准学校的位置，作为核心学校不是发号施令者，也不是什么地方都要向我们学校看齐，而是共同体学校之间方案、活动的牵头组织者，凡事都要大家协商开展。同时，要积极主动地开放学校的各种优质资源，如学校的特级教师工作站、学校的旭升书院、教育集团的各种活动，都邀请共同体学校参与，让共同体学校的教师也能够得到特级教师和教育专家面对面的指导。在公开课、优质课、教学设计、备课磨课、听课评课等教学环节，都有共同体学校教师的身影。在学校的顶层设计、校园文化、课程建设等方面，也对共同体学校开放和共享。这样的定位和实践过程，为地方共同体学校的教师发展提供了多样化的学习平台，促进共同体学校教师的专业水平快速提升。

同时，还要看到，在指导共同体教师专业发展的过程中，核心校教师也能够从其他学校教师那里学到不少教学经验，得到各方面的帮助。如综合实践活动课的开设、学校体育项目的开展、地方文化的传承等方面，我们就从共同体学校学到了很多宝贵的经验。有的可以合作一起开发项目，如"横河剪纸""横河草帽"等项目就是与共同体学校一起合作开发，并获得市级特色课程的荣誉。事实上，即使是在学科教学的活动中，由于要开设公开课，我们的教师就会更加仔细地进行准备，更多地进行备课磨课，上课时也更加注重课堂教学规范，就连学生也会更加认真地听课，更加主动地参与到课堂教学活动之中。在一起开展教科研的活动中，主发言的教师一定会认真准备，这种准备过程本身就是一种学习和反思的过程，就是一个很好提升自己教科研水平的机会。

为了避免共同体内出现单向输出的现象，共同体学校协商规定，公开课、优质课的展示教师人数对等，教科研活动轮流主持，主题发言也是各个学校的教师分别准备，多人次发言，保证在形式上不出现明显的主体与客体之别。共同主体的氛围能够保证共同体学校活动开展时教师们的主动性，如特级教师工作活动时的学术沙龙和工作坊，就需要在民主、平等的交流环境中，发挥参与者的主观能动，经常开展的是针对具体问题的"头脑风暴"，如确定试卷中试题所测量的学业水平，就是在特级教师组织下，面对具体的试题，大家共同给出意见和决定。再如对于教学情境的创设，如何选择具体的事例，如何引导学生发现问题，开展相应的学习活动，可以说，这是一个没有标准答案的问题，教师们在发表意见的同时，也列举意见的依据，分析思路，谁给出的意见更合理、实用、有效，谁的意见就是标准答案，就会被采纳。这样的活动就是共同体下的学习过程，教师们可以保留自己的意见，在"和而不同"的氛围中成长，他们就会在自己的教学实践中，进行不断地检验和修正，就会不断地进步。这就像学生的学习一样，学生必须将自己的思维充分暴露，才能够知道自己对在哪儿、错在哪儿，其他人对这个问题是怎么想的，与他们比，我的思路是否更好，是不是还有更好的，应该从哪些地方去改进。这其实就是"学习"的本质问题。教师的学习如果仅仅是接受、模仿、固化，这是一个被动的过程，在学的过程中容易体会到负担，容易产生"累，我现在不愿意"的情况，如果长期跟着学，"厌学"就是一种十分正常的事情了。在共同体的各种活动中，应充分发挥好每一位教师的学习主动性，使学习成为教师的内在需求，才能够形成积极向上的学校教科研氛围（文化），才能够使每一个教师主动开展自主的学习。如果我们在教育共同体的活动中，每一次或经常性的安排都仅仅是专家们的大型讲座，其效果和持续性就会受到很大影响。

不管从教育共同体的界定和特征出发，还是寻找教育心理学的理论支撑，在共同体中坚持民主、平等、开放，坚持"学"和"习"两者的有机结合，坚持教学相长，就能够促进教师积极主动地参与到共同体的各项教师专业发展的活动之中，就能够在这些活动中充分发挥他们的聪明才智，从而创造出多种多样的教师专业发展的方式和途径，也能够创造出新型的课堂教学范式，促进学科教学质量的提升。

地方学校教育共同体还需要制度和机制上的保障。在基础教育改革的各项政策实施过程中，政策的时效性、相应的制度或管理机制的建立健全，是地方学校共同体能够正常运转和长期发挥作用的根本保证。地方学校共同体建立初期，各学校都会以完成一种新任务的态度来积极开展工作，但是到了真正运营起来，成为常态化的教育工作的时候，就会面临一些现实的问题，需要得到相应政策和机制保障。如教师培训任务和项目的重复、各种培训之间的安排和互认，在地方学校共同体中教师参与了多种形式的活动，接受了不同层次、内容、形式的培训，能否得到教育主管部门的承认，是否可以作为教师完成培训任务的一部分工作。这并不是说教师多参与培训有什么不好，而是教师的确存在工学矛盾的处理问题，在职教师接受在职培训的同时，必须完成承担的教学工作任务，其能够参与在职培训的时间是有限的，不可能同时参与多种在职培训，即使参与了也会出现忙于应付的情况，长期这样就会对接受培训产生"反感和抵制"。如何设计和建立对地方学校共同体的教师活动的认可机制，是需要进一步完善的工作。这个问题的处理，其实就是教师专业发展中教师对学习和提升的内在动力问题。

四、典型个案与分析

【案例 3.5】附属学校联盟典型个案：说题活动

一、案例背景

说题，是一种一线教师创新的课堂教学形式或学生学习的形式，也是浙江师范大学附属学校联盟中产生的，并在联盟得到广泛运用的教与学的途径，是附属学校联盟带来的一项典型的成果。这是一个经历长时间，并实践检验充分的典型个案。

2013 年，浙江师范大学附属临浦中学开展课堂教学改革和教学范式的转变（研究成果参见《基于学习力提升的农村中课堂教学转型的研究与实践》①），"说题"就是在课堂教学转型全面推开后，由九年级科学任课教师在课堂中创新并命名的一种教学形式。一开始是针对复习课，为了减少学生作业负担，促进学生主动而有意义的学习，提高课堂教学效率，老师针对复习内容和中考的要求，寻找那些"每年都考，每年都考不好"的知识点，在特级教师工作站成员的全体努力下，选择该知识点的典型考题类型，结合小组合作与学案导学的教学范式，先由教师选择几道典型题目，以学案的方式让学生进行自主学习，尝试解决题目中的问题。再在课堂中开展小组合作，小组内每一位学生对这些题目进行说题，不仅要说出题目的答案，更重要的是说出问题的解决思路或途径。然后，各组派代表在班级进行说题，全班同学一起评议说题过程。当一组同学说题结束后，其他组的同学可以进行质疑和提问，开展班级讨论或辩论；也可以由其他小组补充其他的解决问题的思路与途

---

① 陈秉初.基于学习力提升的农村中课堂教学转型的研究与实践[M].杭州：浙江工商大学出版社，2017.

径。说题的关键在于必须围绕着解决问题的思路来介绍，看学生的思路是否合理，有没有其他更好的思路。这样的一堂课，一个题目经常会出现四五个解决问题的思路和途径，同学们经过讨论，形成共识。在这些环节中，教师始终是其中普通的一员，有的时候还会故意扮演"错误者"，以活跃课堂讨论气氛，而不会是问题解决的裁判和终结者。说题形式的诞生，改变了常见的九年级复习阶段，以及班级中学生的严重分化现象。以前，教师们为了让学生在中考取得好成绩，会自觉地提高教学难度，使得一些基础差的学生早早选择了放弃，认为再怎样努力也改变不了中考的结果。而说题采用了学生自学、小组讨论、班级说题的方式，使得每一个学生都有机会参与到小组活动中，都能够表达自己的思路和想法，加上教师有意识地针对不同学业水平的学生给予不同难度的题目和学习任务，从而让基础差的学生在学习中有机会获得成功体验。全体学生的参与和积极向上，促进了教学质量的大幅提升，不仅让学习优秀的学生能够得到更好的成绩，基础差的学生也能够通过努力，获得进步。这种学习方式就是浙师大附属临浦中学当年的中考成绩发生根本性好转的重要原因。

由于说题这种学习方式得到学生普遍欢迎，也深受教师们的好评，特别是在九年级准备中考的综合复习课中，取得了很好的学习效果。浙师大附属临浦中学很快将这种方式推广到其他年级和其他学科，经过大家的反复实践和改进，逐渐形成了一种比较成熟、适应面比较广的教学方式。随着浙师大合作办学规模的扩大，特别是合作办学的教育集团成立后，形成了附属学校联盟之间的学校建设与管理，各校间相互交流课堂教学范式，说题从萧山的临浦中学，传到富阳第四实验中学，再到临安、桐庐、兰溪、上虞、金华，也在慈溪实验学校得到推广和尝试。

值得一提的是，说题活动在各个学校的推广实施，并不是教学模式的复制，也不是一成不变地传承，而是创设出适合学校校情的多种形式，但是其核心的思想和对教学本质的理解是一致的。例如慈溪实验学校，在组织学生进行说题的同时，也开始尝试老师说题，就是在教科研中，围绕作业和考试卷编制，让教师们一起来说作业题目编制和选择的思路与依据，一起来说核心素养和大概念下的题目的类型、不同情境、不同解题思路，从而提升学生作业的针对性，以及试卷的信度与效度。

说题活动的推广得益于附属学校联盟的存在，在这个机制下，附属学校创设的一些成功的做法、先进的经验和成果,可以借助联盟学校这一平台进行全方位交流与推广。并且,这种成果的产生,也是合作办学带来的,是附属学校联盟下的创举。由于附属学校联盟中专家团队的强有力指导,积极推行各种各样的教育与教学改革,引进了先进的现代教育理论和理念,促进了一线教师对教学方法和措施的创新。在创新过程中,附属学校还能够得到专家们的指点和及时肯定,得到鼓励和支持,创设了教育与教学改革的氛围。也就是说,附属学校联盟的存在为说题的产生、完善、推广提供了优质土壤。

说题,只是附属学校联盟带来的成果之一。附属学校联盟在学校顶层设计、学校文化建设、学校课程体系构建、学科教学范式、课堂教学质量、课程资源开发与管理、教育科学研究、学生学业水平测量与评价、教师队伍建设等方面,给各校的发展带来了全方位的好处。

二、案例分析

第一,说题的理论基础。说题,来源于"说课"。说课是教师在公开课、优质课比赛等学科教学活动中,为了保证教学设计的质量,面对学科同伴进行的一种备课磨课的形式。说课除了要说清楚自己是怎样设计这一节课外,更重要的是说清楚自己为什么要这样设计,这样设计的理由和依据是什么。通过暴露自己的教学设计思路,发现教学设计中存在的不足及其原因,也就容易找到改进和提升的途径、方法和措施。说题就是要求学生不仅仅说出自己的答案,更重要的是说清楚这个答案的依据和理由。在教学心理学中,这实际上是元认知理论的现实体现。元认知理论的三个水平层级:元认知知识、元认知能力、元认知监控,对于说出和说清楚解决问题的思路,对同学的解题思路进行判断和提出疑问,提出自己新的解决问题的思路,就已经达到了元认知监控的层级,是学生学习活动中的最高级层次,因而也是最为有效的。我们平常会听到一些老师发牢骚,"这个学生怎么回事,刚刚做完或者给他讲完的题目,问他听懂了没有,他说懂了。但是下午考试或课后作业中,又会做错。我的题目一点都没有变动啊"。应该说,这种情况是真实存在的,而且比较普遍,当学生回答说"我懂了"的时候,他真的懂了吗?教师有没有采取有效的方法来指导学生的学习呢?只有针对学生真实的学习情况的教学活动才可能是高效的。说题就是其中一种方法,因为它提供了学生暴露真实思想的机会,创造了学生暴露自己思路的学习环境和氛围。课堂教学中,教师从头讲到底,学生只有被动听课,被动接受老师给的作业或安排的考试,学生真实的学习情况是什么,很难发现,针对性的教学难以谈起。

说题的教育理论基础还包括建构主义学习理论。它认为学生的学习是自我建构的过程,学生面对外界给予的信息,结合自己原有知识和经验,构建对某一个现象的认知。说题中,学生预先对学案中的问题进行准备的过程,是完全的自主学习过程;小组和班级的交流过程,是一个外显的过程;而对自己或同学的思路的分析、质疑,则是一个重新进行自我建构的过程。题目的答案可以是教师或同学给予,解题的思路和过程也可以听教师讲解,但是,没有自己的实践过程,就很难走出简单记忆,达到高一层次的学业水平。

在说题过程的组织形式上,其遵循了合作学习理论。同伴合作,小组学习,是基础教育课程改革中积极倡导的学习方式,也是被教学实践反复证实有效的学习形式。说题时,采用的是"组间同质,组内异质"的方式,在每一个小组中都存在着不同学业水平的学生,在小组这样的小范围内,同学们容易做到大胆开口说想法,即使被其他同学取笑,也还是可以接受的。而不同学业水平学生的相互启发和帮助、小组的相互比赛和集体荣誉,促使了学习的有效发生和学生的积极参与。

第二,实现有效说题的条件。有效说题的条件,一是教师要选择和提供典型的有代表性的题目或问题材料,它们针对的是课程标准中的核心问题,是教学评价要考的但又考不好的内容。每一道题目明确相应的知识点、相应的测试水平。题目要有针对性和层次性,要选择不同难度的题目,使得不同学业水平的学生通过努力能够完成或完成部分任务,保证学生学习目标的完成度和普适性。典型而有代表性的题目,要求教师改变以往的"拿来主义"倾向,改变那种"学生做了总比不做好""做一做,多做点,总是好的,有帮助的"的错误观点。要发挥教研及特级教师工作站、名师工作室的作用,开展命题和选题的教学研究活动。在给学生题目和任务前,先回答"我的学生为什么要做这样的题目",起码做到自己说服自己。

二是要实现真正意义上的生本课堂,将课堂交还给学生,教师和学生是教与学两个方面的主体,具有平等的地位。要塑造民主、平等、积极向上的课堂教学风气,面对学生的不同思路、不同答案,鼓励和引导其他同学来进行判别。不断给学生提供可以展示自我、暴露思想的机会,并让他们能够在展示的过程中体会成功的快乐,体验帮助别人和超越别人的感觉。平等、相互尊重,除了教师与学生外,学生与学生之间、小组与小组之间,也应该是平等的,不能因为学业水平的差异,在小组或组间发言时存在不同的权重。不同学业水平的学生之间的展示、发言的机会也应该是平等的,不能总是那几个学习成绩好一些的同学来讲题。题目的典型性如果能够得到充分体现,就不会出现赶教学进度的现象，就会使每一个学生都有机会展示自我，小组合作就是这种情况下的设计。

　　三是学生学习方法和习惯的养成。学习既然是学生自我建构的过程，学习方法的掌握和学习习惯的养成则是实现自我建构的必要条件。学校的常驻顾问通过多次专项的活动，给学生介绍学习方法，帮助他们养成良好的学习习惯。首先是让学生能够明白一个最基本的道理——"学习是我自己的事情"，端正学习的态度，产生学习的持续内动力。通过讲述人的成长过程和社会生活的典型例子，促进学生心理成熟，明确责任和义务。再采用案例教学、讨论、辩论等方式，介绍各种各样的学习方法，从学习的本质出发，介绍学和习的关系。在班主任的指导下，开展班级的学习小组建设，明确每一位学生在小组的角色、任务和权利，塑造集体荣誉感，促进学生学会学习，学会合作学习。学生学习习惯的养成和学习方法的掌握，保证了说题活动能够顺利开展，保证说题活动能够达成教学目标。在联盟学校的交流推广中，对于学生学习方法的指导，也是一个重要的内容。作为多年的教育工作者，我们也会经常外出学习其他学校的好的成果，他们也是毫无保留地对外来学习者开放，提供各种资源，学习后感觉很好，但是回到学校，面对自己的情况，又会感到无从下手，最后不了了之。听听很好，看看很好，做起来却很难，其实难就难在具体工作开展时的相关配套工作。像说题活动，如果学生的学习习惯和方法没有得到相应的改变，就不可能开展，不可能达到目标。附属学校联盟的存在，使得学校之间的教育改革成果推广能够更加顺利，遇到问题也能够及时得到相应的指导和帮助。

　　第三，附属学校联盟机制的不可替代。附属学校建设标准中明确规定，附属学校必须是当地教育和教学改革的先行者、探路者。合作办学的基本任务之一，就是要带动地方和区域基础教育的发展与提升。所以，每一所附属学校都会结合学校情况，开展各种各样的教育与教学改革，以学校意志推进教学改革，使说题活动这种"草根式"的创新措施，得到快速推广。附属学校联盟的共建、开放、共享机制，保证了任何一项成果都能够及时了解、传播，教学改革成果得以普及应用。教育集团的学术专家团队能够对教学改革进行策划和全程指导，使教学改革少走弯路，早出成果。这种学术上的支持，是学校在基础教育改革中最为需要，也是最难以实现的。附属学校给一线教师带来的荣誉感和使命感，提高了其积极参与教育与教学改革的自觉性、积极性，他们能够以主人翁的精神投身到改革的活动之中，才能开动脑筋，献计献策，努力实践，出现说题活动这样可操作性很强的创新成果。附属学校联盟为教师提供了各种学习机会,教师遇到问题能够得到及时的指导,在教育与教学理念上、教学范式的变革上、教学资源的共享上,都能够得到引领和帮助。因此,附属学校联盟在学科教学改革及其成果的应用方面,是不可替代的。

第四,共赢局面的形成。在附属学校联盟的机制下,说题活动这样的实操性成果能够在附属学校中推广应用,实现了合作共赢、相互促进的良好结果。从附属学校联盟的信息平台上,我们可以看到各个附属学校上传的教师专业发展的成果、学生学业水平提升的喜讯,特别是在九年级中考准备的各个学习阶段,发生着根本性的变革和提升。只有坚持共建、开放、共享的附属学校联盟规则,附属学校共同参与教育与教学的研究工作,并及时总结成功的经验,在相互尊重、共商共建共享的环境下,共同开展实践,在各个附属学校中反复验证,共赢的局面就容易形成。

【案例3.6】共同体学校典型个案:共享特级教师的学术资源

一、案例背景

这是一个地方学校教育共同体促进教师专业发展的个案。我们先从两个共同体学校教师写的自我教学反思和感悟说起。

(一)个人学习反思录一

秋风起白云飞,草木黄落雁南归。11月4日,初中英语特级教师刘晓莅临慈溪实验学校,进行课堂教学指导。学校两位青年教师开课,接受刘特的指导。慈溪实验学校的英语教研组全体成员与教共体慈溪市胜山初级中学的英语教师共同参与了此次教研活动。

上午,唐老师和姚老师为同学们带来了两堂七年级上册第六单元的阅读课。唐老师从复习旧知、呈现、巩固新知,到最后输出,环环相扣,紧紧围绕主题。从了解排球明星的饮食延伸到对自身喜爱和不喜爱食物的讨论,让同学们对养成良好饮食习惯的重要性有了更深入的了解。紧随其后的姚老师采取任务型教学法,先用简笔画和趣味游戏激发学生的兴趣,激活相关背景知识,继而引导同学们一步步阅读和理解文本,最后通过创设真实的生活情境检验同学们的语言输出能力,将健康饮食的理念渗透于教学过程的每个环节。

下午,两校老师齐聚一堂,针对上午的课堂教学进行了交流和探讨。首先,刘晓特级教师对两位授课老师的专业素质表示了肯定,同时也提出了更高的要求和期许。随后,两位授课老师对自己预设的教学目标、教学内容、教学重难点和学生学情进行了思考和阐述,在座老师也纷纷表达了自己的观点。接着,刘晓特级教师对这四个方面——做出了评价和指导。在教学目标方面,她指出,教学目标要更加具体、落地,每个教学活动环节都要紧扣目标设计,每个活动都应有其对应的目标;在教学内容方面,她提出,至少要明确三个角度,即语篇内容是关于什么的(what)、为什么写这个语篇(why)以及这个语篇是怎么写的(how),在更深的层次上,还要对语篇的题材、体裁、语言、文化等诸多内容进行深挖;在学生学情方面,她强调,要从学生的实际情况出发,把握他们与教材内容的距离,明确他们的已知内容、未知内容以及通过教学期待他们掌握的内容;在教学重难点方面,她提醒,必须结合教学内容和学生学情来思考重难点。

(二)个人学习反思录二

10月21日,我来到慈溪实验学校参加初中科学特级教师张银惠老师的"初中科学创新实验之——微实验的设计与教学应用"活动。作为一个农村初中的科学教师,从教也已经有近十年的时间了,以前特级教师给我们做过讲座,听他们的讲座总是觉得很有道理,回到学校,想自己也试试,就不容易了,可见特级教师的做法真是不容易模仿。得益于学校参加了地方学校教育共同体,与慈溪实验学校成了共同体学校,我可以参加他们学校特级教师工作站的活动。接到通知后,我心里万分期待,所以我是共同体学校的教师中最早来到慈溪实验学校的,但没想到,张银惠老师已经在实验室为今天的微实验做准备了。

上午,听了两节科学实验教学课,分别是慈溪实验学校和慈溪市胜山初级中学的科学老师,第三节是张老师给我们展示微实验的教学。我是第一次接触到微实验,对此充满新奇,听得十分认真。午饭后,张特给我们讲述微实验的设计,以及在初中科学教学中的应用。我有些明白了,微实验是创新实验的一个变种,结合当前大力推行的STEM教育,微实验的地位就在于此。当然,张特并没有为了微实验而研究微实验,而是站在初中科学实验教学的地位和作用的高度,谈微实验的作用。这个说法我感到非常接地气,让人很容易接受微实验,并且让我有想在科学教学中试一试的冲动。

一个小时后,我进入了"工作坊"活动,就是不到十个人,面对面地与张特在一起,围绕一个主题或问题展开讨论,每一个参会教师都要谈自己的想法,谈个人的建议。轮到我发言了,真是紧张极了,我根据上午的实验课和下午的讲座,提了适合自己所在学校的科学微实验的想法,没想到得到了张特的肯定,并要求我回去后尽快写出微实验的设计方案,在微信群中进行交流,还特别给我讲了设计时需要注意的一些地方。

一天的教研活动很快就过去了,收获满满、信心满满,期待下次还能够参与这样的教研活动。

二、案例分析

这是本学期发生在我们教育共同体中的事情,在地方学校共同体的方案中,要求每一位参加活动的教师,必须及时写出教学反思和感悟,还要求教师将自己的教学反思和感悟整理成册,进行交流和评比。其实,这是我们这个地方学校教育共同体对实践活动成效的一种评价方式。在地方学校共同体中,参加特级教师工作站的活动只是其中的一种方式,还有相互开设的公开课,共同的学科教研活动,一起进行学科的教学质量检测等多种多样的活动。这样的活动,极大地帮助了共同体学校的教师专业发展,特别是对农村小学的支持。我们看到了教师对活动的积极参与、教师在专业成长中的自我认识和理念的更新、学科教学能力的提升,也看到了教育共同体活动对学校发展的促进、对学生学业水平提升的促进。

地方学校共同体是由地方教育行政主管部门推行,旨在促进基础教育均衡发展。我们所在的共同体学校,存在着总体水平的异质特征,不管是学校规模、教师队伍、教学条件、办学长短等等,都存在着比较大的差异。由于慈溪实验学校是合作办学的附属学校,很多共同体中的活动都由我们来牵头,很多活动也在我们学校进行,特级教师工作站是我们学校的优势资源,中小学五个学科的特级教师每月都会来校指导一次并会不定期地进行线上指导。特级教师工作站的活动是围绕着学校教育改革或者学科教学中具体问题,确定某一个主题展开的。这些主题往往是学校或学科建设的核心问题,也可能是国家开展的基础教育改革的中心问题,具有比较鲜明的前瞻性、紧扣校情的实用性。这也是特级教师们有很高的学术造诣的表现。

让共同体学校的教师参与到特级教师工作站的活动之中,与他们分享跟我们学校教师同样的待遇和资源,这对于长期在农村学校辛辛苦苦从事教学工作的一线老师来说,是十分难得的机会,他们的参与热情自然是十分高涨。自身需求是教师专业发展的内在动力,共同体学校教师对特级教师工作站活动的期待和积极参与,就一定会取得较高的活动效果,就会促进他们教学实践的变革,就能够提高专业素养,达到共同体建设的目标。我们安排共同体学校教师参与特级教师工作站的活动,使老师们对共同体有更加正确的认识,增强他们的归属感,对共同体其他活动的开展,对共建、开放、共享的共同体原则的实现,都有很好的促进作用。

从两位参加共同体活动的教师的学习反思和感悟录中,我们可以看到,教师对自我成长的渴望,以及对共同体活动的高度认同。他们有的从参加活动的各个环节中谈自己的感受和体会,有的反映在对教育与教学理念、对新的教学方式和方法、对具体教学实践的尝试的认识上的进步,还有的是对特级教师的人格品质、工作敬业精神、高深的学术水平的敬佩,从而激发自己积极向上、努力进取的动力。从共同体学校的教师专业发展情况的总体评估结果看,参与共同体活动的教师的专业水平得到快速提升。

就地方学校共同体的管理和评价机制上看,我们要求参加活动的教师撰写学习反思与感悟,既是一种对活动效果的评估手段,也是对教师专业发展的提升措施。教师在讨论会上的发言,也常常会谈到自己的感悟,但是,由于环境和人情的原因,普遍没有自己独立写学习反思和感悟录来得真实。在学习反思与感悟录中,我们也能够发现教师们对这次活动存在的疑惑和意见,以及对下一步活动的期望,这些都是我们在设计和安排共同体活动时宝贵的参考信息。同时,根据元认知理论,撰写学习反思和感悟录,对教师的学习来说,就是一个元认知过程,不仅对学习活动进行了详细的回顾和复习,促进其理解和巩固,还可以发现自己在学习过程中存在的问题和不足,能够在接下来的活动中得到及时的纠正和改进。对还不太明白的地方,可以通过网络平台或自己找资料学习,来得到补充和提升。教师的元认知过程,对该教师而言,其价值并不比再参与一次活动低。如果活动结束后,没有任何的反思和回顾,几天后,就渐渐遗忘活动内容;几周后,对活动内容可能根本想不起来。如果结合写得好的或者典型的学习反思,在共同体教师中间进行交流和评比,那么,撰写学习反思录的价值和作用就能够更加明显地表现出来。

第四节　高校学术团队支持

U—G—S模式下的合作办学的根本性优势,在于借助高校的学术团队优势,发挥好高校学术团队在合作办学中的作用。作为师范大学,除了各个高校都具备的学科学术优势外,还有教师教育学术优势。浙师大在浙江省基础教育中的地位和引领,已经过反复的实践验证,这也是慈溪实验学校选择与浙师大开展合作办学的原因之一。

一、高校学术团队的组成

高校学术团队包括学科专家、学校管理专家、教师教育专家、心理学专家、教育理论专家等多种类别的专家教授、年轻博士、外聘教授(特级教师、正高级教师),这支团队是集多方面的学术优势,面向基础教育各个方面的指导力量,通过发挥各自优势,集合成为团队的不可替代性。

(一)学科专家团队

中小学学科教师首先必须具备扎实的学科知识和技能,学科教学就是学科知识和课堂教学能力的结合,两者都要过硬。在中小学课堂教学中,"教师讲错了"是比较常见一种现象,特别是年轻教师。尽管现在的基础教育教师都经过严格的学科知识与技能的学习和训练,但还是存在着不同高校、不同专业、不同个人之间在学科知识与技能上的差异,经常能够发现学科教师这方面的欠缺和不足。除了基本的学科知识与技能外,还需要补充学科新成果进展,需要了解一些其他学科的知识,以及综合性的知识与技能。可以说,基础教育的教师对于学科知识和技能的需求是长期存在的,并需要不断得到补充。

浙师大具有基础教育相关的全部学科和专业,这些专业都已经有硕士点、博士点,也有国家级、省级的重点学科和重点专业,聚集了一大批各个学科的专家和领军人物,学科优势十分突出。这样的一支团队在合作办学中的作用是不可小觑的。通过合作办学机制,通过教育集团,我们可以不定期请学科专家来学校为教师和学生进行学科知识与技能方面的培训,特别是学科前沿和进展的介绍,以激励学生的学习积极性,改善教师课堂教学的情景创设;还可以指导科学实验的改进和创新,指导学校提高拓展课程的学科准确性,体现学科特色。

由于学科专家分散在各个学院,他们主要的任务是高校的教学与科研,所以,在邀请学科专家来学校指导前,一定要确定指导的主题,明确自己的需求,详细说明需要得到指导的内容要求和深浅程度,而且要有足够的提前时间,给学科专家以充分的准备,并配合准备好需要的设备和条件。与学科专家做好前期的沟通和活动后的反馈,是保证长期得到学科专家指导,保证指导高质量和有针对性的关键工作。这样的沟通,在 U—G—S 合作办学模式中,运作起来就会十分顺畅。在一些特殊的学科,如科学学科,学科专家的指导,对教师专业水平的快速提升、各种比赛活动中的创新设计,有着十分重要的作用。

(二)教师教育专家团队

教师教育专家团队是慈溪实验学校与浙师大合作办学中最大的优势所在。浙师大有基础教育各学科的教师教育专业,其教师队伍在浙江省具有引领功能,在全国也很有影响力。长期的教师教育研究积淀以及对基础教育的指导经历,使这支队伍不仅具有扎实的专业理论,还具备了丰富的教学实践经验。对中小学的学科教学情况十分了解,指导起来就很有针对性,能结合基础教育课程改革的新任务要求,把握基础教育改革的方向性问题。同时,随着近十几年对教师教育的重视,学校的教师教育实训中心已经发展成为国家级重点实验室,连续多年承接全国大学生师范技能大赛的组织工作,在全国师范院校中有着很大的影响,不少比赛标准和比赛流程,都是浙江师范大学最早研究和实践的。各个学科教学论的硕士点、教育博士点,每年为基础教育输送着大量的毕业生,补充到基础教育的教师队伍中,并很快成为基础教育教师队伍的中坚力量。

合作办学的教师教育专家团队,是一支专门面向基础教育、面向合作学校,满足合作学校教师队伍专业发展的团队。其专职的性质,促成了专家们对指导附属学校工作的认真态度和敬业精神,这是其他非专职队伍无法与之比拟的。专职的专家团队,其任务就是了解附属学校的办学情况,研究附属学校的发展瓶颈,抓要害、抓根本。他们来附属学校,进入课堂、直面教师和学生,直接帮助解决学科教学中的实际问题。结合特级教师工作站、常驻顾问、附属学校联盟和共同体等诸多教师专业发展平台,从师德师风、学科教学能力、学科教学管理、教学评价、学科教学研究等进行全方位指导,并能够以自身专业成长的经历,启发和教育年轻教师,促进他们快速成长。

合作办学的实践证明,教师教育专家团队对附属学校的指导和支持最为有力、有效,也是来校指导最多的团队。如果将各个教师专业发展平台的活动全部统计在内,每一个星期,都会有一到多名教师教育专家在慈溪实验学校工作和指导。即使在特殊情况期间,也没有间断,来不了学校时,专家们就采用线上平台进行指导。不仅在学校的常规课堂中,在实验室里,在教室公开课、优质课比赛前的准备过程,说课磨课,修改教学设计,在教师申报各级教育教学研究课题,开展教育研究的过程中,都能够看到教师教育专家团队的身影。由于他们经常来学校指导,与学科教师进行了结对,相互之间就比较熟悉和了解,一些学科教学中的深层次问题就容易在他们面前暴露、研究和解决。附属学校的学科教师也已经将他们当成自己专业发展中的良师益友,对来校指导的活动设计、组织流程、生活和交通等方面的事情,学校层面常常来不及细管,而老师们就已经主动安排妥当了。

由于教师教育专家团队在全省的学术地位和丰富的资源优势,其在附属学校开展学科教学研究活动时,其他学校(外地学校)的同行们也会慕名参加。他们有的是专家团队成员以前的学生,有的是现在的徒弟或朋友或名师工作室的成员。他们的到来,活跃和创造了良好的学术交流气氛,提升了附属学校在同类学校中的辐射作用,更重要的是他们本身就是很好的教学资源,带来了各种各样的教学信息和学术观点,以及学科教学中的实践经验。对于附属学校联盟和共同体学校的教师而言,更是实现了资源共建、成果共享、信息开放的共赢局面。这才是合作办学所要追求的真正目标。可以看到,教师教育专家团队的影响力是不可低估和替代的。

(三)学校管理专家团队

学校管理是现代学校教育一个重要的研究领域。我国的中小学普遍存在着学校管理的科学性问题,校长的办学理念和意志,往往决定了学校管理的方方面面。学校在学校管理方面的指导,除了来自教育主管部门外,更多的是来自各级的校长培训,集中学习,还有就是学校领导的自学和实践研究。面对面、一对一地针对学校管理给予指导,帮助学校完成顶层设计,确定学校办学目标和培养目标,提炼学校的办学理念、教风学风,确立学校教育特色,促进学校校园文化建设,协助完成学校的布局和工作方案设计,完成学校发展规划等诸多学校管理的内容和任务,是难以想象和实现的。得益于合作办学,得益于浙师大学校管理团队的引领,慈溪实验学校在学校管理上取得了长足进步。

浙师大学校管理专家团队,是浙师大学校教育管理硕博士点的导师,长期从事学校管理领域的理论和实践研究,熟悉国际和国内学校管理的发展方向,他们中的很多人就是中小学校长培训中的专家和导师。正是在这支专家团队的指导和引领下,慈溪实验学校从宁波和慈溪的地方特色、学校的社会期望、历史文化中,确定了"弘通教育"的办学目标,形成了围绕弘通教育而展开的学校顶层设计方案,以及学校校园文化、学校课程体系、学校管理(如弘通少年培养和弘通卡的使用)的规划,形成了"志弘天下、学通古今"的培养目标。在短时间内完成这样的学校顶层设计方案和学校发展规划,离不开浙师大的学校管理专家团队的指导和引领。

（四）教育理论专家团队

教育理论对教育实践有着重要的指导作用，没有教育理论指导的教学实践成果，容易停留在经验总结层面，就是只知道该怎样做，不清楚为什么要这样做，更不知道怎样做更加合理。具体的教学技能可以来自教学实践的总结，但是，更好的教学技能一定来自由教育理论指导的教学实践研究。长期以来，基础教育界普遍存在着对教育理论的忽视，认为教育理论是"空的"、脱离教学实践的，高校教师只会谈教育理论，对于教学实践的办法不多。在这样的思想指导下，学校教育和学科教学就容易停留在对教育与教学经验总结的基础上，对于一些看似创新的教学方法和手段，就盲目地模仿。例如，基础教育课程改革初期，有人大力推广研究性学习，这本来是一件好的事情，但是，随着基础教育各个层级的不断模仿，逐渐演绎成"重过程，不重结果"的奇怪现象，课堂中只要学生参与，课堂热闹，教师少讲或不讲，不管课堂教学的目标是否达成，都是好的课堂，都是教学改革的典型。造成这种局面的根本原因就在于大家只看到研究性学习过程中学生参与、课堂热闹的表面现象，没有从教学的本质、教与学的辩证关系等理论高度来解释和分析，盲目地跟风，其实就是缺少研究，缺少创新。这样的例子和教训并不少见，也十分深刻。所以，在合作办学中，慈溪实验学校重视发挥教育理论专家团队的积极作用，特别是学科教学论团队在教育理论和教学实践之间的"桥梁""纽带"作用。不管在专题讲座，还是在随堂听课，不管是在教学经验交流，还是在学科教学研究，学校都要明白应该怎样开展工作，更要明白其中的道理（即教育理论），还要努力研究怎样改进会更好。例如，为了促进学生的英语学习，学校安排了多个时间段，要学生大声朗读，一定要读出声音来。这种措施只要布置下去，就很容易实现，但是，从语言的交流这一本质属性来解释，如果知道这是语言学习中的语境要求，当教师和学生都接受这一道理时，他们就能持久而自觉地行动，就不需要用各种措施去监督和管理了。

合作办学中的教育理论团队还承担着对学校和教师开展课题申报、课题研究、结题和成果鉴定以及教育教学成果申报等过程的指导。这种指导帮助学校和教师在短短的一年中获得了包括浙江省重点教科研课题在内的多项课题的立项，这也是在普通学校比较难以实现的事情。

（五）心理学专家团队

心理学在现代学校管理和促进教学质量上的作用越来越受到重视。基础教育的各类学校中,都有心理辅导的专门教师和场地,都有一整套关于学生心理咨询和心理健康的保障机制。浙师大心理专家团队由硕博士导师和在读博士、硕士组成,他们的主要工作是提升心理辅导与心理健康教师的水平;同时,还要参与学科教学的改革和研究工作。从教学心理学的角度看,课堂教学中的很多问题,都与学习心理密切相关,是学生在学习过程中的心理活动的综合反映。从教学心理学的理论和原理出发,找出教师教和学生学的过程中,影响教学效果和学习成绩的心理因素。如分层教学中各个层级学生的区分和调控、学生的学习任务和评价、可能达成的学习目标水平、实践的途径和方法等等,都可以从心理学原理和理论给予解释和指导。心理学专家团队也是一支兼职团队,同样需要及时沟通、明确需求、确定目标和指标、协商方案设计和活动安排,同样需要有一定的提前时间供专家们进行有针对性的准备。

二、高校学术团队的功能

合作办学的高校学术团队,对附属学校的整体发展具有全方位指导和引领功能,在合作办学的过程中这种功能的发挥程度,取决于合作办学各方面的政策和措施,也直接影响着合作办学的效果和效率。

(一)学校文化

学校文化是学校的灵魂,学校文化建设水平是学校精气神的集中反映。合作办学中高校的学校管理、教育理论、心理学专家,对学校文化的指导发挥着十分重要的作用。正如上述提到的,慈溪实验学校建立初期,就得到了专家团队的集体引领和指导,很快就明确了学校的办学定位,完成学校发展的顶层设计,制定学校发展的短中期和长期规划。在学校整体布局中,包括学校的道路、广场、各种活动场所的命名,都是围绕着学校文化建设和特色来进行的。最典型的就是学校的旭升书院,旭升书院的命名,不仅有学校地理的关联(旭升路 550 号),还与合作高校浙江师范大学的初阳学院和初阳湖相关;从教师队伍的建设历程出发,将浙师大职前全日制教育和职后的教师专业发展平台进行有机结合,从而明白旭升书院在什么地方,是干什么的。这样的命名增加了合作办学的凝聚力,明确了旭升书院的创设就是合作办学的共同任务,它的发展就是合作办学的标志性成果。

(二)世界眼界

世界眼界就是将学校发展放在全球教育发展的未来方向上进行设计和安排,而不是满足于当地学校中的领先,或者在当地社会中的良好影响。在教育全球化和教育现代化的背景下，我国基础教育也开始着手进行现代化学校的星级评比，出台了一系列的标准和具体指标，用于指导学校进行现代化学校建设。但是，这只是教育行政部门对现代化学校建设推动和促进的一种途径和方法。而真正长期有效推动现代化学校和教育现代化，就要从国际视野出发，明晰各个国家的基础教育发展情况，了解联合国教科文组织关于教育现代化的指标要求，学习各个国家在现代化学校建设中的成功经验。要达到这样的目标，就必须跟踪教育发展轨迹和趋势，分析它与政治、经济、文化、自然条件等方面的相互影响，分析自己学校面对的实际情况，才能够真正理解教育现代化和现代化学校的指标要求，从而主动开展现代化学校的建设，而不是被动地应付评估检查。

浙师大教育集团的专家团队，具有深厚的专业造诣和良好的语言应用能力，基于浙师大丰富的学术资源和各种各样的交流平台，经常参与国际和国内的学术交流活动，长期跟踪一门学科的发展，对于未来发展趋势的判断和把握具有超于常人的洞察力和敏锐性。他们指导的本科学生、硕博士研究生所开展的各种学术研究、取得的成果，他们基于自身研究成果的创新观念和学术观点，在一定程度上就已经代表着这一门学科的前沿。得到这样的团队的引领和指导，对于学校把握和理解现代化学校建设的指标要求，对于建设现代化学校的具体举措，都能够做到正确把握和理解。

在专家团队的各种各样的活动中，每一次都能带给我们全新的观念，不断拓展着我们的眼界。随着下一步学校的国际化进程，开展国际之间的交流活动，已经是计划之中的事情。在比我们早开始的合作办学的学校，一批国际上著名的学科教育专家已经走进了学校的课堂，与学校的师生开展交流和学习讨论。如浙师大附属临浦中学，在 2013 年就已经有外籍专家到学校多次进行学术指导，其中，科学学科关于科学本质教育的全球公认的首席专家，到学校指导了科学学科教学中探究性学习活动的设计和实践。从探究性学习到 HPS 教学模式，关于科学本质教育的两条途径的创始学者，都来到临浦中学，对教师的课堂教学进行面对面的指导。这种指导不仅直接促进科学学科教学质量的提升，更重要的是帮助教师准确地领会科学本质教育的价值和途径，在今后的科学教学中能够更好地体现，教师的视野得到有效拓展。可见，附属学校在高校专家团队的支持下，所谓的国际视野并不是什么高不可攀、可望而不可即的事情。

（三）教师的教育学术修养

教师的教育学术修养是一个综合性的定义，不同的学者会做出不同的解释,但是,其基础要素还是能够得到学术界的普遍公认的。它包括学科素养、教育理论修养、学科教学素养、教学艺术、交流和表达、教学组织、学生沟通与管理、学业水平测量与评价、教学心理学基础和应用、信息技术和学科融合、学科教学研究等等。每一个基础要素都有不同的发展水平,与不同教学经历的教师息息相关。

浙师大教育集团专家团队的整体力量和学术水平,已经足以应对教师的教育学术修养的培养和提升,在他们带领下的教师队伍,其教育学术素养会得到快速提高和长足发展。

(四)活动设计与实践

活动设计包括学校各种活动和班级活动。学校活动有社团活动、德育活动、劳动教育、各种文体活动和比赛、校外活动、安全与健康教育等等。这些活动在基础教育的各个学校都有不同程度的开展,对培育德智体美劳全面发展的学生,具有十分重要的作用。它的效果也就决定了学校的办学特色,影响到学校培养目标的达成程度。但是,这些活动在中小学中,又经常被看作是可有可无的事情,不太受重视,更多是为了应付教育行政部门的检查,完成上面布置的任务。浙师大教育集团的学校管理专家团队、心理学专家团队、教育理论专家团队,从各自的专业优势入手,帮助学校设计出多种多样的、富有新意的活动。如前文已经介绍过的"小小生态园"活动,涉及学校全体学生的参与,不仅解决了课后晚托这一新的教育改革任务,又与学科教学、学生作业多样化设计紧密结合,可谓教师与学生都乐在其中、学在其中。还有"弘通少年"评比和"弘通卡"应用,也是得益于专家团队的帮助,不仅围绕着学校的培养目标开展弘通教育,培养弘通少年,更重要的是改变了以往对学生的评价方法,加入了过程性评价和学生潜能评价,对于促进每一个学生的进步和发展,发挥了十分积极的作用。另外还有"读书月""科技周""劳动比赛""光盘行动""变废为宝""灾害求生"等活动,大力地促进了学校文化建设,使校园充满着积极向上的气氛。

班级活动是学校活动的一个部分,但每一个班级都有适合自己班级情况的活动。最常见的就是班队活动设计,在"双减"教育政策和课后晚托的背景下,设计适合班级的项目和活动尤其重要。在学校管理学科的班级管理研究专家的指导下,学校开展了丰富多彩的班队活动,如"我为班级起个名"活动,就是通过组织学生讨论,为自己的班级起名字。这背后更为重要的是,在为班级起名字的同时,讨论适合于这个名字的班级规章和学生行为规范。由于这些规矩是学生们自己通过讨论产生的,在学校的学习过程中,学生就很容易按照这些规范来做事情,懂得什么是应该做的、必须做的,什么是不可以做的,而且能够相互监督,为班风建设起到很好的作用。

(五)专项研究

专项研究是指学校发展相关的专题项目和围绕教育与教学研究开展的课题。学校发展的相关专题项目,都会通过浙师大专家团队进行把关和指导,能够使项目具有前瞻性、科学性、系统性,特别是项目与项目之间的相互关联,形成学校发展的整体合力,避免各自为政,相互干扰。这在前文已经多次提到的学校发展规划、顶层设计、课程体系等多方面都得到很好的体现。在教育与教学研究课题方面,专家团队的指导就更加具体、更加详尽。在选题、项目方案设计、课题申报、立项工作、开题报告、中期检查、课题结题和鉴定、成果发表和申报整个研究过程,都能够得到多支力量的多方面、全方位的指导。

就学校的教育与教学研究的指导功能,我们可以通过以下这个例子,来体会和分析。

2021年上半年,我们取得了浙江省教育厅教研室的教科研重点课题——"跨学科·项目式:九年一贯制学校德育课程体系的设计与实践",对于中小学而言,能够得到省级课题的成功立项,本身就是一件不太容易的事情。在项目的选题和申报书的撰写过程中,我们就获得了教育集团的教育理论专家团队的大力指导和帮助,不仅为我们打开了选题思路,也帮助我们查阅了大量的文献资料,形成了高水平的国内外研究综述,使得课题选题能够站在国内外学校德育课程体系的高地。对于课题立项后如何开展研究工作,常驻顾问经常挂在口头上的一句话是"按照申报书的设计开展工作,申报书既是课题的可行性方案,又是对研究工作的承诺书,这是教科研的规矩"。常驻顾问常年在我们学校,就是这样不断提醒和督促我们。所以,我们接到立项通知后,就很快在浙师大进行了课题的预开题。面向浙师大的学术专家们,介绍课题的总体思路和设计,分析了课题实施过程中存在的优势和可能的困难。随后,听取了各位专家的发言,大家开展了热烈讨论,集思广益,为课题开展提出了很多很好的思路和具体做法。如有专家根据课题特点,提出紧扣国家对于学校德育和学科德育的相关政策和文件精神,不要只是道德与法治学科的教师参与课题研究,而要所有学科的教师都参与到课题的研究中来。另有专家提出,既然是跨学科·项目式的课程结构,就可以参照科学学科研究中的STEM课程来设计,将课题设计成学校德育的STEM。这真是全新思路和建议,使我们豁然开朗。经过一个下午的热烈讨论,形成了"分层次、纵横交错"的课程开发和实践的意见。就是针对九年一贯制学校的特点和需求,设计1~9年级的德育课程,并在课程上体现出符合不同学段学生特征的德育课程和实践方式。在纵向方面,道德与法治学科教师全面分析1~9年级道德与法治课程标准,明确各个年级的课程教学目标,并将课程目标进行分解,成为每一节课的目标。在课程标准重新分析和解释时,一定要体现出九年一贯制的学科融通,达成纵向融合的研究目标。横向融合方面,将任务分成三个部分,第一层面为道德与法治学科的九年融通的课程与项目。第二层面是各学段各学科课程的教学中,学生道德与法治内容的渗透与融合,寻找可以渗透与融合的教学内容,尝试各种可以帮助渗透融合的教学范式和措施,可以在科学教学的课堂教学中开展,也可以在学科的拓展性课程中进行渗透与融合。强调这种渗透融合,要与学科课程目标和核心素养的培养相结合,不能够"为渗透而渗透,为融合而融合",避免搞形式上的融合而缺少根本性融合,多在学科知识与技能的迁移和实践应用上找抓手。第三层面是学校各种大型活动中的道德与法治目标的融合,在各种社团活动、课后晚托、劳动教育、文体活动、少先队与共青团活动等方面,开展德育课程的设计与实践。这样"纵横交错,相互呼应"的学校德育课程体系,肯定会为课题完成提供保障,肯定会为学校德育和学生综合素养的全面提升提供有力帮助,形成我们学校的德育特色。预开题后,我们就按照专家们一起讨论得到的思路开展课题研究工作,经过3~4个月的前期研究和实践后,再一次请专家团队为我们的课题研究进行把脉,完成课题的开题工作。

三、教师发展学校的建设

教师发展学校是浙江省教育厅关于深化教师教育改革的实施意见中提出的一项工作任务,从《浙江省教师发展学校建设实施方案(试行)》等文件来看,其目标是建立一批数量充足、结构合理、由教育行政部门统筹协调,高等学校和中小学协同培养培训的教师发展学校,为师范生教育实践、中小学教师专业发展实践培训和高校教师挂职锻炼提供场所,为师范生教师教育提供应用型师资,为高校教师指导参与基础教育改革提供平台,进而有效促进教师专业发展,提高教师教育教学水平。

教师发展学校构建高等院校、教育行政部门和中小学校协同培养培训教师机制,推进教师发展学校建设,形成高校与中小学校合作发展共同体。作为与浙师大合作办学的九年一贯制学校,慈溪实验学校自然而然就与浙师大共建教师发展学校。教师发展学校建设要求高校选派专家学者,参与中小学教育科研与校本研修工作,建立为中小学联合开展教学、科研和教师培训等合作机制,共同研究和解决中小学教育改革和教师专业发展中所面对的问题。鼓励教师发展学校的教师到高校进行学历教育和集中专项培训,提升教师学历和教育科研能力,尝试建立特级教师流动站,充分发挥中小学优秀教师和特级教师在师范生培养中的作用。同时,也要求中小学校为师范生的教育实践环节提供场所,选派优秀的班主任和学科教师指导师范生的教育见习、教育实习,保证师范生高质量完成教育实践任务。

教师发展学校的建立,为慈溪实验学校和地方学校、共同体学校的教师队伍专业发展提供了良好的契机。教师发展学校的师资以协同三方的优秀教师兼职为主,采用若干个"三人小组"的专家坊模式,即"1个大学教师+1个研训员+1个中小学一线教师"。"三人小组"指导师范生教育实践活动,不仅提升了指导力量,还与教学研究和教师专业发展研究结合在一起。慈溪实验学校的优秀班主任、学科教师参与到三人小组中,就可以在指导教育实践的同时,向高校教师和师训人员学习如何开展教科研,怎样搜集教学研究的信息、怎样处理数据、如何使用信息、如何进行评价等教育研究中的基本能力。参加三人指导小组的教师,在获得荣誉的同时,也承接了相应的责任,就需要更加努力地提升自我,准备好指导方案,并在整个指导教育实践过程中起到导师的模范作用,这就是学习和提升,是教师专业发展的有效途径。部分教师能够参与三人指导小组,对其他教师来说,也是一种促进,也能够促使其在自己的教育与教学岗位上更加努力,争取自己也有资格和机会来指导师范生的教育实践工作。这对以年轻教师为主体的学校来说,其示范和引领作用就更加明显。

教师发展学校的主要职能包括:①接受本科生见习、实习,研究生实习;②接受高校教师教育相关专业教师挂职锻炼;③对中小学新教师进行入职培训;④对中小学在职教师进行系列化的在职培训;⑤接受其他教师培训项目参训者的观摩、跟岗;⑥组织教育教学调研,为区域教育或学校管理提供决策咨询;⑦进行教育教学实地研究和教育教学实验;⑧组织校本课程开发;⑨建立区域教育教学数据库。对一所新学校而言,这样的九项基本职能，对学校的教师发展具有积极意义。接受师范生教育实践和接受教师教育相关专业教师的挂职锻炼，表面上看起来是帮助别人的事情，但其实每一个教师都经历过自己当师范生时的教育实践，回顾和反思自身的专业发展历程，如果要明确未来自己专业发展的方向，就需要进一步的学习，就需要自身的努力和实践，主动地开展教学研究工作，不断提升自己的学科教学能力和水平。其他几项职能对学校教师专业发展的促进很容易理解，而其中建立区域教育数据库，并使用好数据库，为学校教师专业发展提供了很好的学习资源和教学资源。这对于基础教育中的一线教师来说是十分难得的资源。

教师发展学校承接着基础教育教师的培训任务，这可以与地方学校的教育联盟和共同体建设与运营有机结合起来。利用教师发展学校，培训教育联盟和共同体学校的教师，促进他们的教师专业发展，提升区域内教师的整体专业水平。这个过程，也是起到慈溪实验学校对周边兄弟学校的辐射和引领作用，实现合作办学的一项指标。

高校与中小学之间的初期合作一般只限于教育见习和教育实习，在此基础上，可合作开发校本课程，合作进行学校管理诊断与咨询，合作进行学校文化方案设计，并实行教师互聘。这样的合作过程，本身就表现出教师发展学校的教师自身专业素养的提升过程。指导师范生的教育实践，对很多教师来说都问题不大，可能会出现指导效果的一些差异而已，而学校的校本课程、学校管理诊断和咨询、学校文化建设方案设计等，需要参与到相应的教育研究项目后，才能够达成目标，也就是说，需要开展充分的教育研究，这就是教师专业素养的发展历程。当达到可以与高校实现教师互聘的程度，学校的教师通常已经是高级教师或特级教师了，已经能够在学科教学中起到带头引领的作用，达到这样的水平的过程，就是学校教师专业发展的过程。所以，教师发展学校的建立和发展，一定会伴随着学校的教师专业发展，能够促进学校教师整体素养的提升。

在与浙师大共建教师发展学校的方案和协议中，从合作的原则、合作的内容、合作机制、合作期限和附则五个方面进行了规范。其中在合作内容的"义务与权利"中规定，慈溪市教育局在教师发展学校的建设中，将学校教师发展学校建设工作委托高校纳入日常管理职责，对学校干部培养与教师研训工作进行支持，优先安排国培、省培人选，落实管理指导机构和人员，统筹负责区域内合作建设教师发展学校工作。制定政策措施，在经费安排、人员编制等方面对教师发展学校给予支持。将教师发展学校工作开展情况列为对学校发展性评价考核加分因素，并将学校教师指导师范生教育实践、校本研修、名优特教师培养方面取得的成绩，作为教师评奖评优、职务（职称）晋升、特级教师和学科带头人等评选的重要依据。慈溪实验学校承担浙师大师训、干训等教育教学实践任务，选派优秀教师、班主任担任师训的指导教师（原则上应具有高级及以上职称），承担安排90学时培训或短训期间的实训服务工作；承担师范生见习、实习等教育教学实践任务，选派优秀教师和班主任担任见习、实习师范生的指导教师（原则上应具有中级及以上职称），按浙江省高校师范生教育实践规程的要求，确保每位实习生完成教育实习。积极开展和承担市级校本研修活动，制定学校三年师资队伍发展规划和教师个人成长规划，构建有"一校一品"特色的校本研训操作模式。支持和配合第三方开展教育调查和教学科研等工作。积极申报省、市级教师专业发展规划课题，争取在市级以上的评审中获奖。接受高校教师挂职锻炼，并选派优秀教师到浙师大承担教师教育类课程与实践教学的指导等。在浙师大指导下，建立教师专业发展90学时后读听评课制度。积极利用高校智力支持和优质资源促进教师专业发展，并做好结对学校的教科研指导工作。浙师大则承担优先安排名优特教师研训活动到学校，提升学校教师专业研训水平。安排相关专业学生到慈溪实验学校进行教育教学实践活动。积极支持学校发展，共享师资队伍建设专业资源库，选派专家学者参与校本研修活动，定期选派名师、骨干来校开展专业指导、报告、讲学等活动，建立与慈溪实验学校联合开展教学、教师研训等合作机制，共同研究、解决基础教育改革和学校教师专业发展中的问题。为学校开展教师专业发展课题指导，以课题研究为突破口，提高教师的教育教学能力，提升教师专业水平。鼓励并按有关政策接受学校教师到高校参加业务进修、学历学位提升和教育教学科研活动。优先接收骨干教师、高级教师到高校名师工作站、骨干工作点工作、学习，并在全市的名师、骨干带徒中优先为慈溪实验学校的教师开通绿色通道。三方的合作建设方案都围绕着职前、职后教师的专业发展需求来设计、安排和建设，对慈溪实验学校及其地方学校联盟和共同体学校教师的专业发展的促进作用是十分明显和重要的。

第四章 砥砺同行:书院式学习体系

教师的专业发展是学校发展的永恒主题,是学校教学质量的根本保障。校内设立书院式教师专业学习平台,适应了学校发展的需求,也是教师专业发展校本学习培训的创新性举措,书院式学习体系的构建与实践,是慈溪实验学校教师专业发展的特色和标志。

第一节 旭升书院的创设

一、书院的缘起

任何事物的产生都有其内在的需求和原因,旭升书院的产生也是基于学校的实际需求和合作办学带来的可能性。学校于 2019 年签订合作办学协议,2020 年 9 月正式开学,首先面对的是教师队伍的建设问题。新办学校的教师队伍年轻化,2020 年学校教师平均年龄为 32 岁,教龄也很短。一些年龄稍大的教师,也是来自各个不同的学校,他们的教学经历差异很大,对教学也存在不同的理解。如何在较短时间内实现教师队伍的快速发展,是一个十分紧迫的任务。同时,新学校教师人数比较少,教师编制比较紧张,教学任务和学生管理任务十分繁重,工学矛盾突出,大规模教师外出集中培训有难度。

合作办学给了我们一个很好的契机。浙师大雄厚的教师教育力量,能够完全满足学校教师专业发展所需要的智力支持。常驻顾问、特级教师工作站的设计,提供了优质的教师专业发展平台。既然学校的教师需要培训和指导,需要提升教学能力,而时间上又不允许教师集中外出学习,那就将专家们请进学校,进行有针对性的、个性化的校本培训。在这样的背景下,旭升书院应运而生。

旭升书院的名称源自学校所处的旭升路 550 号,同时也源于浙师大的初阳学院与美丽的初阳湖,是浙师大教师教育的标志性名称,教师们从师范大学毕业,就像"初阳",是走出高校校门的新教师。进入旭升书院继续学习和研究,就像"旭日东升",成为基础教育的骨干、生力军。他们朝气蓬勃,有理想、有担当、有能力,很快就会成为基础教育的中坚力量。这也是合作办学的一个标志,是教师教育的传承与延续。

二、书院的定位与功能

在旭升书院的建设方案中,书院宗旨明确了其定位和功能:促进附属学校教师专业发展,特别是年轻教师尽快成长;学校教科研的重要组织形式之一,促进提升教师教科研水平,形成教科研的氛围,提升教师专业素养,提升学校整体教育质量,辐射并带动同类学校教师专业发展,延续浙师大"初阳"、促成附属学校"旭升"。

旭升书院是面向学校年轻教师专业发展的学习平台,是教师自觉参与,利用课余时间进行的在校专业性合作学习组织,是校内年轻教师的学习共同体,是合作办学的一个举措。通过书院的学习,教师巩固职业思想,丰富教学情怀,培育良好师德,提升学科教学能力,促进教科研水平的发展,能够自觉地理解并积极参与各类教育与教学改革,并在其中发挥积极作用,促进学校的教师队伍的快速发展。

这样的定位区别于高校的学历教育,也有别于基础教育中常见的教师培训,强调的是自我成长、自我需求的满足,远离学习的功利性,突出自我的主动性。这一定位为书院的管理与运营提供了目标,保证书院能够得到长远发展。

三、书院的体系建构

(一)书院的组织领导

慈溪实验学校校长、党支部书记兼任书院院长,主持书院工作,负责书院的政策制定和行动决策;分管教师专业发展的副校长兼任书院主任,负责书院日常工作安排与管理;学校常驻顾问负责书院活动设计、安排、实施。

校长直接参与领导,是学校对教师专业发展工作的重视,保证将教师专业发展纳入学校整体计划和日常管理之中，从政策、制度层面对书院建设和实施提供支持与保证。分管副校长管理书院的具体工作，保证各类政策的连续性和一致性，可以很好地将书院的学习工作与学校日常的教师专业发展工作相结合，更好地融入教师的常规考核、评优评奖、职称晋升等工作之中。常驻顾问则从书院的课程设计、内容安排、学习形式、活动展开等技术层面对书院的学习质量提供保障，同时还负责与浙师大教育集团的合作办学专家团队的沟通，保证能够按照书院学员的学习需求，及时安排专家指导。

（二）学员组成与班级建设

书院学员包括学校新入职教师、35 岁以下其他愿意参加的教师。经过个人申请、学校审核同意后，成为书院成员。一经成为正式成员，须遵守书院规则，不得随意退出。以学年为单位，接收或退出学员。

书院学员组成一个班级，选举产生班长、学习委员、组织委员和活动委员，分别负责书院学习的通知、任务的明确、任务完成情况核实、学员需求情况调查统计、学员学习意见反馈、活动的组织与安排等班级管理工作。学员自己管理学习过程，能够掌握更为真实的情况，能够做到更加人性化的管理，能够更及时处理出现的问题。这样的管理方式也能够避免行政干预，使书院的学习真正成为教师自己的、自觉的活动。

经过全体学员的讨论，形成书院活动精神，包括"自主学习、合作交流、共同发展""砺学砺行，维实维新""志弘天下、学通古今""创新、成长、引领、融通"。这个精神不仅包括了浙师大和慈溪实验学校的校训，还包含对学习目标和学习方式的确立。

（三）书院运行方式

为了保证书院的顺利运行，书院设计方案中规定了活动的内容范围和活动的组织形式，以及导师制的学习管理模式。

书院的活动内容围绕教师专业发展和教科研，设立系列主题，包括教育课题申报与开展、论文撰写与发表、教科研规范、教学反思、学校弘通课程建设、学科特色教学、弘通课堂、学生管理与班主任工作、教学测量与评价、学科竞赛组织等等。

活动形式采用专题讲座、读书研讨、心得交流、成果共享、外出学习等多元方式。建设专门的"旭升书院"网络平台，实现线上、线下交流平台交互融通。

努力创造条件,实行导师制,为每一个学科聘请专门的导师,由导师负责学员的学业发展和活动安排,努力实现个性化的学习管理模式。

（四）书院管理

书院规定,每周集中开展一次主题活动。每一个成员都是活动的组织者、参与者。在自学、反思、总结的基础上,主题活动成为一个交流、共享的平台。

书院加强学习资源建设与管理,明确固定的活动场所,配套的读书资源,建立书院网络平台和专门的网络交流共享机制,学员的研究成果、反思心得、论文与课题成果等及时收入资源库,形成资源库的滚动更新,由学校专门指定的教师负责书院资源管理与维护,其工作计入学校教师工作量。

书院的考核。由学校对书院建设与运行进行考核,包括书院活动、资源库建设、书院成果、教师成长等。考核结果用于学校整体考核。学校根据考核情况,评选书院学习先进学员,对研究成果按照学校相关规章进行奖励。活动参与情况作为成员和书院考核的重要指标。

第二节　书院式学习体系的设置

一、学习原则

在教育集团专家团队的指导下,经过多次讨论,征求多方意见与建议,对书院式学习体系提出了一些基本原则。

（一）原则一：共同需求与个性发展

所谓共同需求是指每一个教师都需要具备的基本素养。作为教师需要有优秀的师德师风、扎实的学科基础,理解教学规律,善于发挥教学艺术,熟悉并熟练运用各种教育技术,研究学科教学中的实际问题,勇于合作善于合作,积极参与教育改革,乐于创新发展,有良好身心和应变能力,等等。这些对教师职业的基本要求,就构成了书院学习内容选择中的共同需求。

所谓个性发展是指教师专业素养的差异性所带来的发展需求的不同。由于是九年一贯制学校,年轻教师从事小学高中低学段和初中的教学,而且来自不同学科,他们所从事的教育与教学的任务各不相同,有的可能还存在较大差异。如面对班级管理与经营的任务,低学段的教师更加需要做好学生的养成教育问题,是比较外显的问题;中学段教师则要更加注重学习纪律的规范、班级集体意识的培养；而初中教师则需要处理的是学生学习动机、各种心理问题，更多是比较隐性的问题。而且，每一个教师的能力与水平也存在一定程度上的差异，同样一个问题，对部分教师需要提供详细的指导，而有些教师则可能认为自己已掌握了解决该问题的能力。

在设置旭升书院的学习体系时，共同需求与个性发展需要同时兼顾。因此，在内容选择上，就要求我们能够呈现基础、多元和适应的特点；就需要采取不同的学习方式，提供多样化的学习平台和路径，给予更具有针对性的书院学习体系。

（二）原则二：新教师需求与未来发展

旭升书院的学员都是年轻教师，尤以新教师为主，他们面对的是教师岗位的全新要求，这些要求在高校中或在教师资格证考核中都已经得到一定程度的培训，已经具备了基本的教师教育技能。但是，面对学生每天不同的学习要求，面对独当一面的教育与教学任务，新教师容易陷入忙于应付的状态，他们还需要从教师基本技能出发进行重温和强化，面对新的问题需要得到及时的帮助和指导。新教师的需求理应成为书院学习的重要内容，如教学设计、说课磨课、作业设计与批改、课堂教学技能与教学艺术、班级管理等等。但是，随着新教师对教育与教学工作的逐渐适应，他们需要面对教师专业发展的未来需求的满足，需要考虑从新教师成为一线骨干教师的成长需求。这就需要增加教育与教学的研究，需要学会教学过程中教师之间的同伴合作，需要更加深层次的学科教学艺术，需要对课程进行开发与拓展，需要有对教学资源的敏感度，需要有课堂教学中观察和对生成性问题的处理能力，等等。面对新教师的现实需求和未来的长远发展，书院的学习内容安排上就需要考虑全面，时间和进度上需要得到体现。

（三）原则三：指定专题与自主选择

书院学习内容围绕特定的主题展开，主题包括指定专题和自主选择两种基本形式。指定专题是针对书院全体学员所面对的共同需求，指向新教师在教学实践中遇到的共同性问题，如师德师风建设、教学设计、教材处理、作业设计与批改、课堂教学与管理、说课磨课等等。指定专题由常驻顾问负责设计和安排，往往采用专题讲座、专题讨论、小组演示、比赛等学习形式。

为了满足学员们的个性化需求，帮助他们解决具体的特殊性问题，书院特意设置了自主选择性主题，由每一个学员根据自身需求，结合自身的实际情况，提出具体的学习需求。经过班干部的收集、归纳、分析，将同类或相近需求的学员组成一个学习小组,共同开展学习与讨论;对只有一位学员的需求问题,由自己的导师进行专门指导。自主选择性主题的学习,也记入书院学习的任务之中,也是考核学员学习情况的重要依据。

在确定内容的范围内,以指定专题和自主选择相结合的方式开展学习活动,不仅保证了教师基本能力目标的达成,也解决了每一个教师所面对的具体问题和需求,能够很好地提升学员的学习自觉性和积极性,更好地提升书院学习对教师专业水平发展的促进作用。

（四）原则四:教育融合与学科特色

教育融合是指全体学员必须具备的教育理论、教育技能、教育评价等共同的教师教育能力和素养。这些内容就是我们常说的教师教育相关的内容,是属于大教育范畴。这些内容在高师院校中构成职前的教师教育课程,也是教师资格证考核中最主要的内容。帮助新教师回顾和重温这些内容十分必要,是让他们做好教师工作的基本保证。但是,这些内容在高校学习中已经得到训练,在书院学习中就不需要,也不应该原原本本、按部就班地进行教学,而是更多地以复习的形式,请学员们来讲述,或者围绕某一个主题直接开展讨论,如"什么是最近发展区理论,如何确定学生的最近发展区",前半个问题是复习高校学习过的教育理论,后半个问题则需要结合教学的实际,可以具体到某一个学生学习情况来进行分析和讨论。这样的学习不仅巩固了教育理论,加深了教育理论的理解,更重要的是使教育理论应用得到实现,教育理论不再是"空洞的说教"。这种习得对教师未来的发展十分重要。

学科特色是指不同学科所需要的特殊的教学能力,包括学科的理解、学科的教学、教材处理、学科教学艺术等等。如学科理解问题,数学学科的教学强调严谨和逻辑,科学学科强调科学本质理解与基于事实的论证,语言类学科则强调语言环境的创设、语言的应用,等等。不同的学科特色对学科教学提出了特殊需求。这种需求在书院学员之中只是面对同学科的同伴,不同学科之间可能还会出现相互干扰和阻碍。

教育融合和学科特色相互兼顾的原则,是书院学习内容选择中需要遵循的,既要安排大教育范畴下的融合性课程,解决全体学员的共性需求,又要设置面对学科特色的课程,解决学科教学中的特殊问题。学科特色的内容往往以小组合作学习方式开展,有专门的学科教学专家进行专题指导。在合作办学教育专家团队的支持下,能够实现体现学科特色的个性化指导。

上述四个基本原则,相互之间既相对独立,又相互联系和交叉,处理好它们之间的关系,是书院学习内容选择和学习进度安排的前提保障。

学习内容通过编制,以课程的形式呈现,包括师德师风、课程建设能力、学科教学能力、班级管理与经营、教育与教学研究、教学测量与评价、教学资源开发利用、教育与教学的信息技术整合和应用、国际视野与教育改革等多个大类,每一类分解成若干课程。课程的确定和编制过程主要由教育专家团队来完成,也鼓励学员参与部分的编制过程。我们认为,课程编制过程也是一个很好的学习过程,从某种程度上说,可能比常规的学习有更好的效果。

二、学习内容

(一)师德师风

师德师风是教师的最基本要素,也是最为重要的因素。在现阶段,面向"功利化""浮躁"的社会倾向对学校教育的影响,开展师德师风建设是十分必要和紧迫的。对于年轻教师,特别是新教师,其教师职业意识模糊,对教师职业的辛苦、非功利性的理解并不透彻,单纯的说教式师德师风培训的效果往往只是停留在表面和口头上。因此,我们邀请多位特级教师给学员们进行现身说法,利用特级教师自身专业成长的经历和典型事例,结合学员们现实面临的实际问题,通过专题讲座、座谈、学术沙龙等形式进行教学。

(二)课程建设能力

课程建设能力是骨干教师必须具备的教师素养,在基础教育改革的大背景下,学校的综合实践课程、学科拓展性课程、学科德育课程、学校特色课程等,已经有比较广泛的实践和经验积累。课程建设是学校特色发展的基本任务,教师具备课程建设能力,积极参与课程建设,是每一个教师的应尽义务。

课程建设能力的提升,多以专题讲座帮助理解什么是课程、课程开发的基本途径、课程管理、课程资源建设等。而具体的课程建设,则以个案教学为主。基于典型的课程建设个案,分析其成功的原因、可以借鉴的经验、失败或有缺陷的因素。个案分析以学员预习、课堂中小组和班级层面发言、学术沙龙等形式展开。借助教育集团的特级教师团队的力量,用他们自身的课程建设实践,生动展示课程建设中的各个要素以及它们之间的内在关系,对年轻教师的课程建设能力的快速提升,有很好的效果。课程建设能力提升的另一个有效途径就是教师直接参与学校课程建设,在实践中学习,边实践边学习。

(三)学科教学能力

学科教学能力是每一个教师最基本的能力,也是高师院校教师教育中重点培养的基本素养,在教育实习、教师资格证考核、专业素养相关课程学习等环节中,得到了重点的发展,在教师招聘环节再一次得到确认。应该说,学校的年轻教师都已经基本具备学科教学能力,能够独立承担学科教学任务,这一点在教学实践已经得到证实。但是,学科教学能力、课堂教学艺术、学科教学素养、学科教学的创新和拓展,还需要得到进一步的提升。

学科教学能力包括学科知识与技能和学科知识与技能的传授两个方面。其中,学科知识与技能是内隐的,学科知识与技能的传授是外显的。旭升书院的学科教学能力主要针对学科知识与技能传授的能力,包括课程标准与教材分析、教学设计、课堂教学组织和管理、说课磨课、作业设计与批改、试卷编制与分析等等。针对这些内容,除了对一些教学常规、基本教学理论进行简单复习或自己预习外,主要是通过案例教学、课堂讨论、小组合作、现场说课磨课、公开课评比等学习形式开展。每一个环节的学习,都能得到教育集团专家团队和特级教师工作站的有力支持,能够基本保证学科教学的共同素养和学科特性化教学素养的培养和指导。

(四)班级管理与经营

班级管理与经营对年轻教师来说,尽管他们充满激情,但缺少经验,特别是对于一些特发性事件的处理,对于如何对待不同家长的各种诉求,对于学生心理特征的理解,都需要进行必要的培训。旭升书院借助特级教师丰富的工作经验,请他们现身说法,通过介绍特级教师自身成长过程,自己从事班级管理与经营工作的经验,结合年轻教师遇到的真实的问题,进行深入浅出的解释和分析,帮助年轻教师快速提升班级管理水平。也会请班级管理比较好的年轻教师,结合具体个案,介绍经验与体会。案例教学、学术沙龙、合作学习是比较常见的形式。

(五)教育与教学研究能力

教育与教学研究是教师专业发展的内在的有效途径。尽管年轻教师在高校学习期间对于教科研的价值有一定的认识,但更多是停留在纯学术研究的理解上。他们认为教科研是成为高级教师、特级教师才需要的能力,对于自己目前的教学工作,还不需要;认为教科研是"高大上"的东西,离自己还很遥远,可以慢慢来;现在学习教科研,基本上是"空洞"的、无实际价值的。所以,年轻教师从思想上就不太重视教科研,即使参与教科研的学习,也只是完成任务而已。旭升书院特级教师结合一堂课的教学,或者结合一次学生作业的批改,从中提取出需要研究的教学问题,设计研究方案,开展研究工作,并写成论文公开发表。或者由常驻顾问结合学校申请到的浙江省重点教育研究课题,介绍课题选择、方案设计、申报书的撰写、申报的流程、课题立项后的工作开展、成果结题或鉴定等教科研常规流程,请年轻教师们自己选择参与课题的部分工作,并指导他们积极申报学校或市级教科研课题,以及如何处理课题申报中的团队组建、任务分工、成果分享等实际问题。

(六)教学测量与评价

教学测量与评价是教师的常规工作。学生作业设计、选择、批改,试卷编制与分析,都是每一个教师经常遇到的任务。由于在现阶段的基础教育中,普遍存在教学评价的各种误区,如将测量代替评价、重测量轻评价、评价方法的单一、测量的有效信息提取、评价结果的运用等等,这些问题不仅影响教学测量与评价工作,而且很大程度上影响了整个教育与教学体系的方方面面。旭升书院从教育测量与评价的定义和本源出发,结合实际的测量结果,分析信息提取的不同方法所带来的各种差异,让年轻教师切身体会到掌握和提升教学测量与评价技能的重要价值和实际意义。旭升书院采取命题比赛、考试结果分析、不同结果论证等方式,通过学术沙龙、小组讨论、班级内组间比赛等形式,指导年轻教师们提升测量与评价的能力。

(七)教学资源开发利用

教学资源开发利用是一个容易被忽视的能力,因为,基础教育中的主要教学资源都是由教育主管部门采购和提供的,一线教师往往将主要精力集中在怎样利用好教学资源的问题上。但是,教学资源的广发性和多元性、教学资源的高效率应用,直接关系到学科教学质量的高低,也是不同风格教师的教学水平的关键影响因素。旭升书院通过不同形式的教学资源的质量比较,请学员们分析教学资源的质量标准、教学资源的开发途径、教学资源高效率利用的原则举措。教学形式上采用的是边学习、边实践、边研究,再学习、再实践、再研究的循环,在导师的指导下,和同学科的同伴一起,开发教学资源,应用教学资源,并尝试建立教学资源库。

(八)教育与教学的信息技术整合和应用

在信息化时代,信息技术对学校教育与课堂教学的影响和作用绝不能轻视,它是教育现代化的重要标志。如何将信息技术与学校教育、学科教学有机整合，如何在教学中高效地应用信息技术，提升课堂教学质量，是当今基础教育的重要研究领域，其成果十分丰富。对于教育与教学中的信息技术，年轻教师们已经掌握了不少，他们都能非常容易、快捷地接受和运用新的软件、新的管理平台。不少教师已经自觉地在学科教学中运用信息技术，并且运用得还相当不错。因此，旭升书院对这个主题的相关课程的重点是教学与信息技术的相关性、信息技术对学科教学的促进功能。信息技术运用的标准就是学科教学效率的提升程度，而不走反技术和唯技术两个极端。旭升书院通过个案教学、案例分析、教学实践、听课评课等形式，来促进教师的信息技术整合和应用水平。

（九）国际视野与教育改革能力

国际视野与教育改革能力在基础教育中的重要地位越来越突出。随着我国开放程度的大幅提升，以及基础教育改革的不断深入，教师的国际视野，在很大程度上影响课堂教学质量，影响学生思维能力和解决问题的能力。参与到基础教育改革之中，一线教师都责无旁贷。旭升书院采用专题讲座、主题研讨、外出观摩学习等形式，开展相关课程的学习，拓展教师国际视野、形成教育改革的能力。

三、学习方式

书院学习具有职后教育和在岗学习的特征，要求学习方式和形态上必须是多元和多样的，必须照顾到教师们的工作和生活，不要让学习成为教师的新负担，而是成为教学工作的重要帮助，能够促进教学工作的展开。

（一）集中学习与分散学习

针对指定性专题、学员们共同的问题，采用集中授课的方式，多以讲座、演示、个案分析、个别学员发言等形式展开。大家围绕着一个主题，听取专家的分析和见解，听取同伴的看法，提出自己的意见和见解。集中学习时间要安排在大家都可以参加的情况下，预先通知和征求意见。一般1~2周安排一次。集中学习有一位或多位教育专家引领，专家做主题发言。专家的安排和联系，由常驻顾问来完成，事先将本学期集中学习的主题和可能的时间发给教育集团，教育集团安排相应专家做充分准备，准时来校指导学习。分散学习则由学员自主安排，常见的是小组合作学习和个性化学习。分散学习并不是完全的自由学习，分散学习是以完成书院布置的学习任务为目的，需要提交学习心得、感悟，用于后续集中学习时的交流，也用于书院学习资源库建设。分散学习中，班干部需要发挥带头示范作用，发挥沟通和交流作用。如果安排分散学习,就不会同时安排集中学习,以此保证学员的学习负担不会太重。

(二)线下学习与线上学习

这是现代教育中常见的一种新型学习方式,线下学习以集中学习为主,包括专题讲座、讨论、学术沙龙、工作坊等形式;线上学习则是利用"钉钉"等学习平台,可以是会议,也可以是学员自主的小组学习和个人学习。线上线下学习的灵活运用,使学员能够更加合理地安排学习时间,解决好"工学矛盾",保证学习时间。线上学习能够采用"碎片化"学习方式,利用好碎片化时间,可以随机安排学习。但是,不管是线上还是线下学习,都会有明确的学习主题、具体的学习任务,以保证书院学习的规范。

(三)小组学习与班级学习

小组学习和班级集中学习是书院学习最常见的学习形式,小组学习围绕同伴所关心的共同问题展开,班级学习则更多的是面对全体学员的集中学习。随着学习人数的变化,学员在学习过程中的发言和交流的机会,以及学习的深度会有不同。面对学科教学问题、面对需要深度讨论交流的问题,多采用小组学习的方式。

(四)授课形式的多样化

书院课程的授课方式呈现多样化,如讲座、工作坊、学术沙龙、讨论、比赛等。授课方式的多样化保证了书院学习过程始终充满活力,学习积极性能够得到保证,学员的参与程度也更高。授课形式的选择依据学习内容的特征,依据学员的学习情况分析,以能够最有效地达成学习目标为唯一准则。多样化的授课方式,要求教育专家做好、做足准备,认真地根据要求进行备课,保证学习的高质量、高水平。授课形式的确定,要根据学习内容的类别,按照学习内容的特色和要求,选择形式多样而又富有针对性的内容,以保证学习质量。

四、学习资源开发与管理

旭升书院的发展和教师专业水平的提升,都需要优质资源来保障,为年轻教师提供丰富的学习资源,使得他们能够在共同学习的基础上,开展有意义的个性化学习。

(一)学习资源的开发

学习资源主要是指有利于学员自主性学习的课程资源,具有文化性、学习性、整体性、开放性、动态化和信息网络化的基本特征。文化性是学习资源文化价值的体现，是衡量学习化资源质量的一个重要指标。学习性是学习资源对学习的支持和提供帮助的程度，是适合学习者开展学习的基本特征。整体性则要求学习资源具有相互关系，而不是完全碎片化的资料堆积，资源有系统、有类别、容易按需要获得。开放性要求资源能方便共享，适用于书院所有学员的学习，并对每一个学员不构成障碍，能够随时随地获得。动态化指的是学习资源需要不断地更新和补充，需要有相应的补充渠道来获得，有专门的人员或机制来管理。信息网络化是要求学习资源通过网络容易获得，而不只是以前的纸质和实物资源，改变以往学习的时空概念，促成整体学习与碎片化学习的有机结合。这些特性构成了学习资源的质量标准，是开发和利用学习资源的重要指标。这些特征是所有学习资源的总和，并不是每一个学习资源都必须具备这六个特征。如信息网络化是社会信息化在现代学习资源上的反映，但它并不否定非网络化的学习资源的存在，而且学术界公认的文献资料还是以非网络化的为主。这里除了习惯的惯性作用外，还与网络化资源的质量混杂有一定的关系。

资源开发的主体是教师和学生。学习资源的概念界定中特别提到"自主性学习"，就学习的本质和学习机理而言，学习是大脑自我加工的过程，应该是自主性的。外界的各种干预只是对学习结果产生一定的影响，而非决定性的。长期以来，人们的认知中已经认可学习是"老师的教"和"学生的学"的结合体，在基础教育的很多场合很多事情处理中，"老师的教"成了学习的另一个代名词。旭升书院面对的是已经经历了系统的高等教育和有一定教学实践经验的学员，对于他们的学习，就应该更加突出自主性。书院安排的学习任务是由专家们确定的，这是针对学员的基本情况和学校教育与学科教学需要所选择的，起到引导和帮助的作用。真正的学习过程，还是需要学员们能够发挥学习的主观能动性，开展自主、有意义的学习。

提供学习化课程资源，建立学习化课程资源库，可以满足旭升书院学员在课程学习时各种需求，还可以借助与浙师大合作办学的机制，利用好高校丰富的文献资料库和专家团队的智慧、高校的各种设施和场所，发挥高校学术资源的优势。事实上，浙师大教育集团的专家团队的人员一直都参与旭升书院的集中学习活动，并且各类活动都是在专家直接指导下开展的，专题讲座、学术沙龙、工作坊等活动形式，都离不开专家的引领。这就是隐形的学习化资源的存在和利用的具体体现。

(二)学习资源的拓展

学习资源十分丰富,除了我们常见的文献资料这一最重要的资源外,还来自学员的生活、学习之中,来自社会、文化、经济、生产、生活等。其中,旭升书院的学员在学习过程中形成的多种多样的学习材料,就是很好的学习资源。如学员们提交的教学设计、说课稿、研究论文、教学案例、学习心得,不管它的质量如何,只要我们加入合理的分析,进行适当的批注,就可以成为其他学员很好的学习资源,这也是旭升书院十分重视和积极开发利用的学习资源之一。

学习资源的展现方式同样也是多种多样的,有教材、参考资料、实验教学、校本课程、探究性学习、课外活动、社会实践与调查等,还有纸质的、电子稿、实物和作品、实践基地等。多样化的学习资源,才能够满足和保证学员学习的需求。

学习资源的收集渠道也要注重多样化,如官方课程资源、网络资源、图书资料、社会或社区资源、生产实践资源等。在这些渠道中,教育集团的专家团队为学员们提供的学习资源十分宝贵,这也是合作办学带来的优势。专家们提供的学习资源,往往能够与旭升书院的学习主题密切配合,有很强的针对性,还能提供个别学员或个别学科的教学所需要的学习化资源。这在旭升书院的实践中已经得到充分的体现,深受学员们的欢迎。

学习资源的拓展性,其根本在于我们对学习资源的认识和观念,要认识到学习资源在教师专业发展中的重要作用,这种认识不只是停留在口头,或座谈会上的发言,而是要在学习过程的具体行为中加以体现,明确什么是学习资源,在学习中该怎样利用好这些学习资源,在什么时候应用会更加有效。如果没有意识到学习资源的价值,或者只是停留在口头上,那么即使周边存在很丰富的学习资源,也不可能注意到它,也不会主动地去应用它,我们的学习就变成了被动的、完成任务式的过程,就不可能有持续的学习动机,促进教师专业发展就容易成为一种形式、一句空话。引导旭升书院的学员明白学习资源与自己的学习、自身的专业素养的提升有着密切的关联,帮助他们高效地利用丰富的学习资源,应该成为旭升书院今后活动的一项内容来设计与安排。

(三)学习资源的管理

学习资源是存在我们人脑以外的客体材料,它的存在与我们是否使用它无关,它的价值只有在被我们应用以后才能够得到体现。学习资源的管理就是为了更好地实现学习资源的价值,让学习资源这种客体成为我们学习和进步的工具。

不管学习资源丰富与否,如果不进行有效的管理,那么它就只是一些堆积在一起的无用资料而已。所谓"管理就是效率",在企业中有理,在学习中也是"异曲同工"。作为学习者,要学会发现对自己有用的信息(资料),能够在繁杂的世界中找到适合自己的学习资料,并有效地利用这些资料,在教学实践中加以应用。其实,这就是学习能力,是学习者完成好学习任务的能力。如果在旭升书院的学习过程中,我们的学员学会了如何有效地管理和应用各种各样的学习资料,提升了这方面的能力,那就是旭升书院的办学成就之一。

引导学员搜集、管理这些资源,为学员的自主性学习建立资源平台,是保证旭升书院培养目标达成、促进教师专业水平快速提升的关键因素。我们指导学员学会资料的查阅、搜集,根据自己的需求进行必要的加工和组合,对资料进行归类管理,设计适合自己的学习资源管理库。从旭升书院开学起,我们就十分重视学员对学习资料的搜集、加工、保存、利用方法的培训,促进学员形成正确的学习资料观。这里的资料查阅与搜集是指按照学者从事研究工作时查阅文献、搜集资料的方法,是科学研究的基本功,而不是我们平常遇到问题时上百度等平台的查阅。也就是说,查阅学习资料,首先资料必须是可靠的,只有从正规的数据库中获取的文献资料,才是可信可靠的。搜集到的学习资料,要进行加工、保存和利用。这里的加工,很重要的是学会对文献资料的甄别和评价。文献资料中的观点是作者的个人观点,尽管已经公开发表,但是,它只是代表某个人的观点。在学术研究中,对同一个问题有不同的看法是常见的事情,正是这样不同观点的存在,才促进了研究的不断深入。所以,阅读文献资料不只是对文献中观点的简单接受,而是要用批判和怀疑的眼光去审视它们,完成这样的过程,接受的观点就成了自己的东西。而对资料的保存,这是一个习惯问题,如参加一次特级教师工作站的活动,是否能够及时、主动地记录下大家讨论的各种观点,以及它们所产生时的场景,总结讨论的过程和最终的结论。年轻教师由于记忆力较好,常常会不及时记录和保存信息,而当一段时间后我们再去总结时,就会有一些信息被忽略和遗忘。学习资源的利用则是更高水平的能力,包括是否有资料信息的应用意识,知道在什么时候可以应用这些资料,该怎样呈现和表述,如何判别资料应用的效果。

旭升书院学习资料的管理,需要有专职人员负责,可以由书院班级中班干部来进行管理,建设好专门的资源平台,形成学习资源库,包括实物的学习资源和信息化学习资源,分门别类地进行保存,及时更新。学员和专家要一起对学习资源库中现有的资料进行评价,在文献资料或我们自己的教学设计旁边,标注上对资料的观点,以便以后学习时进行对照和判别。这个过程其实是一个很好的学习过程,对教师们的专业发展会有很大促进。

(四)学习资源的应用

学习资源的应用要强调资源的共享,建立学习资源使用和管理机制。如网络平台的学习资料的使用,需要拥有学习资料使用的授权,旭升书院的学员有权登录和使用学习资源,其他人员则需要通过授权才能进入使用。为了保证网络学习资源的补充和更新,要建立学习资源使用的保障制度,逐步建立校本资源的开发与利用机制。要求使用者不只是网络平台资源的使用者,还应该是建设者和完善者。具体做法就是要求使用人员必须提交相关的学习资源,并经过相关人员的质量审核后才能够下载平台上的学习资源。如果不上传和补充学习资料(如教学案例、教学设计、作业设计等),则只能在平台上阅读,无法下载。这样就能够保证网络学习资源的及时补充和更新。学习资源的科学管理与平台建设,是合理利用学习资源的关键,也是旭升书院的基本任务。

学习资源利用中存在着个性与共性需求,不同的学员和不同的使用目的,对学习资源的要求是不同的。为促进学习资源的使用,提高其利用率,学习资源的个性化是学习资源开发与应用的根本所在。要分析学员们的个性化需求,提供能够满足他们个性化需求的学习资源,需要将不同的学习资源按照学员的个性化需求进行分类和编码,分区管理。这种分类方式便于学员寻找和使用学习资料,还会安排相关的技术人员进行设计和建设、完善,并在实践中不断改进。

学习资源利用的情况如何,以学员的专业发展情况来衡量,以学习目标的有效达成的情况作为唯一标准,而不要片面地追求学习资源平台的美观舒适,不以学习资源的使用量和平台访问量的多少来判断。如果学员的学习任务完成得好,学员们获得了很多学习成果(如公开课的评价、发表的论文),就说明学习资源平台的利用是有效的、高效的。

第三节　书院式学习体系的实践

旭升书院成立后就开展了年轻教师的专业素养培训活动，经过一年的实践，取得了可喜的成就，也暴露出一些需要提升的地方。

一、执行力与实践程度

书院式学习体系是否能够顺利地付诸实践，能否在实践中得到检验，能否在实践中不断完善，学校的执行力在其中起到十分重要的作用。

旭升书院采用书院式学习体系，促进年轻教师专业水平的快速提升，是决定学校未来发展的重大事件，也是合作办学的重大事件。因此，旭升书院的学习活动安排、学习任务的完成，既是学员个人专业发展的事情，更是学校发展的事情，也就是说，这件事代表了学校意志。我们知道，国家意志是每一个国家公民必须无条件服从的事情，那么，学校意志就是每一位学校的师生都必须服从的事情，只要是学校的在职年轻教师，就必须无条件地参与到旭升书院的学习活动之中，必须按时保质地完成书院的学习任务。

学校意志的实现，需要有严格和规范的规章制度，需要全体教师形成统一的认识。我们一开始就形成了旭升书院的活动规章和方案，明确了书院的领导和组织关系，在学员的选定、导师职责、学员守则、班级管理、考核与结果应用等方面形成了一系列的保障制度，并严格按照这些制度认真执行。例如检查考核结果的公布、学员的入选和退出机制，对年轻教师的学习习惯和行为起到了较好的正面促进作用。

执行力除了制度保障外，更重要和更长久的是旭升书院学员的集体认同。只有大家形成共识，一个好的制度才能够彻底地落实。制度的形成要经过旭升书院学员的集体讨论，反复征求大家的意见并结合学校教学实际，进行认真分析，最终才形成学校的文件。由于我们是"有话说在前面"，形成的制度也容易被学员们所接受。在实践过程中，我们还允许学员之间存在着差异，因为每一个教师的实际情况确实存在着比较大的差异，面对的困难也各不相同（如教师的住所远近的事实，如果晚上集中学习时间过长，他们回家就会很晚，也不安全），所以，执行制度时的人性化是必需的，要体现出人文关怀，这样才能够使书院的活动可持续开展。

二、行动研究

旭升书院的教学目标、课程设置、学习内容与方式是通过广泛的调查分析，经过讨论和征求意见后形成的，是先期研究的结果。但是，这样的书院学习体系并不是一成不变的，需要通过实践的检验，再进行研究，经历反复地研究、实践、再研究、再实践的过程，可以说需要长期的研究实践的完善和改进，这就是行动研究。将行动研究融入实践过程之中，才是书院学习体系与实践的质量保障。

为此，我们专门申报了慈溪市教研室的行动研究专项课题——"新教师专业发展——'旭升书院'构建与实践的行动研究"（已结题），对旭升书院的学习和运行方案开展行动研究，涉及书院组织机构的设置、学员需求调查、学习资源库建设、书院网络平台建设、书院活动实施、书院学习效果评估等方面的研究内容，采用边实践边研究，循环反复，不断提升，从而确保旭升书院办学的质量，保证年轻教师专业水平的快速提升。

为了保证书院的活动质量能够满足学员的学习和工作需求，我们在书院开学两个月后，进行了一次学员需求情况调查。调查工作在常驻顾问的带领下进行，设置了一份问卷，为了反映调查的结果和寻找对应的策略与方法，常驻顾问带领大家对问卷进行了详细的分析（见附录三），并提出了相应的建议。

问卷调查法是我们开展行动研究的方法之一，另外还通过课堂观察，了解学员听课情况，分析教学设计、教学案例等文稿的完成情况，分析学员的投入情况和学习效果。发挥班干部的作用，了解学员的思想动态，分析其内在的原因，召开专题座谈会，征求学员的意见和建议。为了提升班级的凝聚力，我们组织年轻教师，在周末一起外出开展一些活动，促进相互了解，熟悉彼此的性格脾气，形成融洽的氛围。

书院式的教师学习体系的构建与实践，不会就此完成，不断地修改与完善，将是旭升书院的常态。

三、细致安排和指导

旭升书院的成功实践除了前期的书院目标、组织建构、运行方案、各种制度外，每一次活动的细致安排和指导是取得成功实践的关键。按照书院总体的课程安排，每一次具体的活动也要进行细致的设计与安排，并在具体的活动细节上，进行及时指导。以最近进行的一次活动为例，这是配合地市开展的微课微视频比赛的书院学习活动，活动安排如表 4.1 所示。

表 4.1　"课题引领下的提升"活动安排

时间	活动主题	活动内容	负责教师	备注
2021-11-15	第一次集中培训活动	毛天杰校长活动致辞;陈秉初教授做增强教师专业发展的自我内驱力指导;罗乐波老师结合课题,做有关工作的布置	罗乐波	
2021-11-17	线上培训	如何做好一节微课	罗乐波	根据自己的空课情况,时间冲突看直播回放
2021-11-19	线下小组活动(小学、初中)	"教师专业成长反思汇编":每一位旭升书院教师结合自己的专业成长撰写一篇成长反思,字数3000～5000字,题目3号黑体,居中;工作单位和作者姓名换一行居中,宋体小四;正文宋体小四,行距1.5倍;11月19日前上交 11月19日前上交不少于一篇获奖或发表论文,若无,请上交具有代表性的高质量论文一篇,字体等要求参见"教师专业成长反思汇编"	卢柯妮潘斌华	每一位学员按照要求上交作品;两位学习委员对上交内容进行汇总整理,以文字稿或表格形式,总结反思和论文的亮点、困惑等
2021-11-26	线上展示交流	微课作品交流	吴张洁	每一位学员将自己制作的微课作品(微视频、微教案、微练习)上传班级钉钉群,进行班级互阅交流;班长汇总、登记作品上交情况

　　针对这次活动,在活动的组织和指导上,首先是书院对活动的方案和要求向全体学员进行介绍,明确具体的学习任务、时间安排和质量要求,并要求学员最终提交到学员手册中的《旭升书院活动参与情况及自我反思》(见表 4.2)。这样一次活动的时间跨度为两周,除了集中活动,还有专门的线上辅导和示范,再就是线下每一位学员的实践。活动既有书院院长,还有高校教授参与,也有学校的高级教师带领和示范,更有每一个学员的个人研究与实践。

表 4.2　旭升书院活动参与情况与自我反思

时间		地点	
活动主题		主持人	
参加人员			
活动过程及 参与情况			
自我反思			

　　在微课与微视频的线上辅导中，指导老师以小学语文"跟着爬墙的豆子认识提示语"为例子，不仅演示了微课与微视频的制作过程，还详细介绍了文稿的具体要求、体例格式，最重要的是分析了文稿各部分的相互关系和内在的逻辑性，帮助学员理解和掌握微课文稿的设计与撰写方法，解决了不同学段、不同学科的特色问题，达到举一反三的效果。

"跟着爬墙的豆子认识提示语"微课文稿

一、背景说明

　　介绍故事的背景，学习内容的重点和难点，学习内容的特色，与其他课程内容之间的关系。

二、策划设计

　　介绍策划和设计的意图，包括微视频中一些内容安排的意图，理清它们之间的关系。

内容解说：对学习内容进行仔细的分析，说明学生对学习内容的理解和掌握的要求和任务。

构思说明：用图示的方式介绍这节课程的展开和内容安排过程。

三、应用建议

使用环境：基于互联网平台的网络自主学习环境。

使用技术：本微课主要应用 Power Point 制作课件，用 CS6.0 进行录制和视频剪辑。

使用时段：时间为 8 分钟。

四、过程实录

故事激趣导入：介绍具体的故事情节，要求生动有趣，紧扣学习目标。

语例分析：教师讲解具体的例子。

牛刀小试：学生尝试模仿，可以个人或小组，也可以整个班级一起。

趣味小结，续编拓展：用有趣的语言进行课堂小结，鼓励学生参与小结。

辅导活动结束后，就是每一个学员自己实践的过程。一周后，学员们按时提交微视频和微课文稿。旭升书院组织特级教师工作站成员和常驻顾问，对每一个作品进行认真审阅和批注，再发给学员进行修改。最后集中进行一次学术沙龙，由学员对自己和他人的作品进行分析评价，谈自己的学习感悟，并鼓励部分学员撰写学习案例，争取公开发表。学术沙龙由常驻顾问主持，并代表专家团队进行最后点评。

学习活动围绕一个学习主题或项目展开，时间跨度比较长，而不再是一次讲座或报告，听完后就结束，这对于在职学习的教师来说，也很好地解决了"工学矛盾"，学员有自主安排学习时间的权利，保证了每一个学员都不会因为近期工作比较忙而受到影响。在学习方式上，既有专家的讲座，又有本校老教师的指导，还有每一个学员的实践过程，更有学术沙龙的集思广益。学习任务的提前明确，使得每一个学员能够做好思想和精神上的准备，也能够预先查阅一些相关的文献资料进行准备。结合微课与微视频评比活动，以学员的最终作品的评选作为学员学习效果的考核形式，很好地与日常的教科研工作有机结合起来，使日常工作成为学习内容，成为教师专业发展的载体。这样的一次活动，能够促使学员在今后的日常工作中学会捕捉研究问题和课题，从而推动学校教科研工作的开展和提升。

四、旭升书院的实践成效与价值

经过一年多的实践,旭升书院取得了可喜的成绩,对于年轻教师的专业发展起到了很好的促进作用,为学校未来的发展奠定了良好的基础。

（一）书院的结构框架

旭升书院已经完成了书院设计与运营方案,实现了书院的顶层设计。完善了书院的组织结构和领导体系,形成了一支由特级教师和高校学科教学教授为主体的专家指导团队,已经有一套较为完善的书院运营和管理机制。旭升书院的学习活动已经是常态化和制度化了,学员们自觉参与,线上线下结合,教师的专业水平得到很大提升,学校的教科研工作也开展得十分顺利,成果斐然,旭升书院的总体结构已经形成,并经历了实践的检验和完善。

（二）书院课程体系得到完善

目前已经形成了多类别的书院课程,针对教师专业素养的基本要素,形成了教育理论、教学模式与方法、课程开发与实践、课堂教学技能与艺术、教学测量与评价、教育与教学研究等几大类课程。课程目标指向教师的专业素养,课程内容不断更新,有别于高师院校的同类课程,立足于为学员对教师专业素养相关要素的补充和提升,面向基础教育的现实和课程改革,并结合学校和地方教育的发展需求。书院课程体系的构建与完善,是书院活动规范、有序、长远发展的基础。

（三）学习资源库基本成型

多元化的学习资源库除了学校图书馆、浙师大的图文信息资料外,书院学员参与和提交的各种各样的文本文件,成为书院的特色学习资源,如《旭升书院教师个人发展规划手册》《教学案例集》《教学设计与说课稿汇编》《学员学习反思录》《小组与班级活动记事》《优秀教科研论文》等资料。这些资料是学员今后继续学习的鲜活而生动的案例,参考、分析、补充、修正成了未来学员学习的一种有效方式,对新学员来说更具有引导的价值,也是组织书院活动很好的素材。

（四）多元的学习方式

经过书院的实践,总结得到的多元化学习方式,也是书院实践取得的重要成果。前面已经介绍过的多元的授课方式(讲座、讨论、学术沙龙、学员讲课),是集中上课过程中针对在职教师培训很好的尝试。指导力量的多元,得益于合作办学和特级教师工作站的支持和保障,使学员在面对同一个主题时,可以聆听不同学者的观点,博采众长,容易激发思维冲突和主动思辨。线上线下结合、任务引领的碎片化学习,解决了在职教师继续深造的"工学矛盾",使得学习更加个性化,更有利于学员的自我设计和选择。

(五)学员的学习成绩斐然

旭升书院成立以来,学员通过学习,在专业发展方面取得了长足的进步,人均完成上传5.8个教学设计或教学案例,2.7篇教学研究论文,3.5个教学反思录,公开发表论文20余篇(含获奖),申报立项各级教科研课题15项,开设公开课50余场次,其中市地级公开课、优质课15场次。这些成绩对刚刚参加工作不久的年轻教师来说,十分不易,难能可贵。旭升书院的教师专业培训,对学校教学带来很大促进,对课堂教学的规范、课堂教学艺术、学科教学的特色和多元教学范式、学生分层教学的实践、学生作业效果、测量与评价信息的应用等方面都产生了积极的效果。年轻学员正在快速成长为学校学科教学的中坚力量。

(六)对地方学校的辐射

得益于地方学校共同体的机制,旭升书院不仅对本校年轻教师的专业素养提高起到重要作用,也对共同体学校的教师专业发展起到积极的引领和带动作用。由于共同体机制的存在,旭升书院的不少活动也欢迎共同体学校年轻教师参加,特别是专家团队的专题活动,常常有他们活跃的身影。共同体学校教师参加,不仅能够提升他们的专业素养,也为活动带来了新的信息,他们提供的智慧,使活动更加丰富多彩。旭升书院的这种辐射作用,在当地义务教育阶段的学校中,已经有比较大的影响,示范和推进作用正在显现出来。

第五章 自我成长:内生式专业发展

教师的专业发展一般有两种范式:一种是外促式专业发展,另一种是内生式专业发展。内生式发展范式即教师专业发展的目的动机、教学表现与激励评价不是由个体以外的组织促发产生,而是教师个体内在的自觉性发展。它发端于教师个体内在教学信念与成长型思维的坚持,外显于终身学习的坚持;它植根于课堂教学的研究土壤,却又泛化为教师发展生命成长场域的建构。教师内生式专业发展实现的有效途径主要有以下几条:成长型思维、反思性实践和行动式研究。

第一节 成长型思维和教师的自我发展

成长型思维在各领域应用广泛,尤其是在教育领域,它已逐渐成为教师发掘个人潜能、提高专业能力、促进自我专业发展的重要法宝。具有成长型思维的教师与其他教师的不同之处主要表现在以下几个方面:在教学目标的设置上,给所有学生设立高标准,对学生一视同仁;在学习过程的指导上,给予学生学习过程和方法的反馈;在学习氛围的创建上,创建一个充满自信、摒弃评判的学习氛围;在学习的目的上,引导学生成为独立自主的学习者;在人格塑造上,培养学生正确的价值观、丰富的个性。

一、成长型思维概述

(一)成长型思维的提出与发展

21世纪初期,美国斯坦福大学心理学教授德韦克(Dweck)及其团队首次提出了成长型思维(growth mindset)的概念。他们将研究成果归纳整理,撰写成了一本面向社会大众的通俗心理学著作 *Mindset: The New Psychology of Success*,国内译为《终身成长》。德韦克教授在此书中说明,能力和天赋并不能直接决定我们的成功,在追求目标的过程中展现的思维模式才真正影响我们的成功。① 其详细介绍了两种思维模式:固定型思维模式(fixed mindset)与成长型思维模式(growth mindset),它们体现了应对成功与失败、成绩与挑战时的两种基本心态。②

德韦克的成长型思维理论逐渐得到社会各界的认可,随后,成长型思维逐渐由理论走向教学实践,为教育工作者、学生带去了新的思维模式。美国里琪(Ricci)的《可见的学习与思维教学》系统地阐述了成长型思维模式的塑造方法,给出相应的成长型思维教学案例、教学方法以及教学任务模板以供教师学习和参考。③ 美国教师布洛克(Brock)和亨得利(Hundley)受到德韦克博士著作与研究的启发,试图为想要挖掘成长型思维能力的教师提供建议与指导,撰写了在教学中改变学生思维模式的指导手册《成长型思维训练》,帮助教师探索成长型思维的教学模式,从而发展学生的成长型思维。④ 英国格尔森(Gershon)撰写了《如何在课堂中培养成长型思维》,该书为教师在课堂教学中培养学生的成长型思维提供了广泛、实用的教学策略、活动和技巧。⑤ 英国演说家欧文(Owen)著有《成长型思维:从平凡到优秀的七种思维模式》,告诉读者应该拥有超越成功、终身成长的七种重要思维模式。⑥

目前,成长型思维的教育理念已风靡全球教育界,该思维模式的研究成果被公认为是近几十年最有影响力的心理学研究之一。德韦克也因此荣获

① 德韦克.终身成长[M].楚祎楠,译.南昌:江西人民出版社,2017.
② 德韦克.终身成长[M].楚祎楠,译.南昌:江西人民出版社,2017.
③ 里琪.可见的学习与思维教学[M].林文静,译.北京:中国青年出版社,2017.
④ 布洛克,亨得利.成长型思维训练[M].张婕,译.上海:上海社会科学院出版社,2018.
⑤ 格尔森.如何在课堂中培养成长思维[M].白洁,译.北京:中国青年出版社,2019.
⑥ 欧文.成长型思维:从平凡到优秀的七种思维模式[M].傅婧瑛,译.北京:人民邮电出版社,2018.

全球最大教育单项奖"一丹奖"。教师们也将成长型思维作为改变个人潜能、专业能力,促进自我专业发展的重要法宝。

（二）成长型思维的概念

德韦克在《终身成长》中提出,成长型思维模式是一种相信智力和能力可以通过个体不断努力而得到发展的信念。他们坚信努力是成功的必要条件。[①] 在教育活动中,具有成长型思维模式的教师认为智力是可以改变的,只要付出努力且学习勤奋,所有学生都能证明自己的显著成长。在面对挫折时,具有成长型思维模式的教师会欣然接受挑战,他们认为熟能生巧,通过努力不断提高自己的能力。两种思维模式的具体对比见表5.1。《可见的学习与思维教学》的作者里琪（Ricci）认为思维模式是人的信念体系,影响个体的行为及对自己和他人的态度。成长型思维模式是一个信念体系,即通过坚持、努力、专心致志的学习,一个人的智力将得以成长或发展。[②]

表 5.1　固定型思维 vs 成长型思维 [③]

具体情境	固定型思维 （智力是固定不变的）	成长型思维 （智力是可以提高的）
遇到挑战时	避免挑战	迎接挑战
遇到阻碍时	自我保护或轻易放弃	面对挫折,坚持不懈
对努力的看法	认为努力是不会有结果的或者会带来更坏的结果	认为熟能生巧
对批评的看法	忽视有用的负面反馈信息	从批评中学习
他人成功时	感到他人的成功对自己造成了威胁	从他人的成功中学到新知,获得灵感
结果	他们很早就停滞不前,无法取得自己本来有潜力取得的成就	他们能取得很高的成就

---

① 德韦克.终身成长[M].楚祎楠,译.南昌:江西人民出版社,2017.
② 里琪.可见的学习与思维教学[M].林文静,译.北京:中国青年出版社,2017.
③ 德韦克.终身成长[M].楚祎楠,译.南昌:江西人民出版社,2017.

二、成长型思维教师具有的特征

具体而言,具有成长型思维教师的特征主要体现在以下五方面。

(一)在教学目标的设置上,给所有学生设立高标准,对学生一视同仁

具有成长型思维的教师对所有的学生一视同仁,他们帮助所有学生设立高标准,而不是只给那些相对优秀的学生。[①] 同时,具有成长型思维的教师对所有学生付出同等的真诚关爱和关注,他们不会根据学生的最初表现就给学生贴上"聪明"和"傻瓜"的标签,也不会放弃任何一个被别人认为是"傻瓜"的孩子,他们相信每个人的基本能力都可以通过努力来培养。即使人们在先天的才能和资质、兴趣或者性情方面有着各种各样的不同,但每个人都可以通过努力和个人经历改变和成长。[②]

(二)在学习过程的指导上,给予学生学习的过程和方法的反馈

具有成长型思维的教师还注重对学生的学习过程和学习方法的反馈。他们相信通过努力可以提高成绩,但是努力的过程不只包含努力本身,还包括对学习策略和方法的选择。当学生采取的策略不奏效时,具有成长型思维的教师会积极鼓励学生寻求帮助,听取意见,改用新的策略。当学生面临学习上的困难,感到手足无措时,具有成长型思维的教师会积极提供帮助,并对学生的行为表现给予反馈。

(三)在学习氛围的创建上,创建一个充满自信、摒弃评判的学习氛围

具有成长型思维的教师善于营造一种充满信任、摒弃评判的学习氛围,这是一种"我会来教你",而不是"让我来评判你的能力"的氛围。[③] 在这种非常严格、有纪律,但充满爱的氛围中,教师会全心全意地帮助每位学生学习,学生不害怕受到批评,学生也会努力完成自己的任务,充分发挥自己最大的潜能。

(四)在学习的目的上,引导学生成为独立自主的学习者

具有成长型思维的教师最终教会学生热爱学习,教会他们自学和思考,并努力学习基础知识。[④] 教与学是一个动态发展的过程,教师的教是为了促

① 德韦克.终身成长[M].楚祎楠,译.南昌:江西人民出版社,2017.
② 德韦克.终身成长[M].楚祎楠,译.南昌:江西人民出版社,2017.
③ 德韦克.终身成长[M].楚祎楠,译.南昌:江西人民出版社,2017.
④ 德韦克.终身成长[M].楚祎楠,译.南昌:江西人民出版社,2017.

进学生更高效的学,当教师为学生提供了有效的学习方法和及时的支持后,教师的作用可以弱化,学生可以发挥最大限度的主动性和自主性,实现自主学习。

(五)在人格塑造上,培养学生正确的价值观、丰富的个性

具有成长型思维的教师不仅在学习方面充分调动学生的积极性,在生活方面也是如此。他们认为正确价值观的培养和个性的形成比学习成绩更重要。[①] 具有成长型思维的教师往往具备有责任心、有耐心、努力、认真、真诚等良好的品质。这些品质在教学过程中会潜移默化地影响学生,逐渐引导学生养成良好的行为习惯,塑造良好的人格。

三、成长型思维教师的案例与分析

【案例 5.1】成长型思维教师的四个特征

一、案例背景

刚接触班级时,徐老师发现班上有个叫小盛的男孩很特别。上课时,他的手永远在做小动作,不管怎么提醒,专注的时间总坚持不了几秒。偶尔,他也会很高兴地参与课堂、回答问题,但时间往往不会很长,更多时候就是沉迷于自己的小世界中。下课后,当别的同学们兴致盎然地玩耍时,他总是孤零零地一个人坐在座位上。徐老师的直觉告诉她,这个孩子并不普通。

经调查,徐老师发现小盛在各方面都存在问题。在学习习惯上,小盛注意力不集中,写字速度非常慢,字迹模糊,书面看起来也是脏兮兮的一片。在语言表达能力上,小盛基本能听懂话语,但他说话口齿不清,面对课堂上老师的提问,小盛大部分时间也是一声不吭。在动手能力上,小盛表现得比较糟糕,他的抽屉、桌面总是乱糟糟的,书包里还藏满了碎屑。

二、案例分析

(一)关注与尊重——唤醒学生的信心

不管学生的最初学习成绩、表现与能力如何,具有成长型思维的教师会给予每个学生相同的时间和关注,对学生一视同仁。他们不会因为学生较差的课堂表现,就将其贴上"差生"的标签,减少对他的关注;也不会因为学生表现出来的天赋,就将其贴上"优生"的标签,重点关照他们。反过来,学

---

① 德韦克.终身成长[M].楚祎楠,译.南昌:江西人民出版社,2017.

生们也会因为教师的一视同仁,感受到自己得到了关注与尊重,获得学习的自信心,进而全力以赴地学习。以下是一节数学课后徐老师与小盛的一次谈话,充分体现了徐老师对所有学生的关注。

1. 案例呈现

徐老师:小盛,你感觉数学有意思吗?

小盛:有时候还是很有意思的。(小声回答,低垂着头,小手攥着衣角,眼睛看着脚尖)

徐老师:那你想学好数学吗?

小盛:想。(坚定中透露着不自信)

徐老师:你喜欢数学课吗?

小盛:喜欢。

徐老师:那今天这节课你学到了什么?说说你记得的内容。

小盛:(点头,小声地回答)今天学了画角。

徐老师:是呀,你能说说画角的具体过程吗?

小盛:(不好意思地摇摇头)

徐老师:那你能具体操作怎么画角吗?

小盛:(点头,开始画角)

小盛在操作画角的过程中,会正确摆放尺子,但是不会正确画角。

徐老师:看,你已经学会如何摆放尺子了,说明你的感觉非常好。你肯定能学好数学的,相信自己。(摸摸学生的脑袋)

小盛:(默默点头,眼中透露着前所未有的光芒)

2. 案例评价

作为班主任的徐老师关注全体学生,对学生同等对待。她认为一些特殊孩子其实更需要老师的特殊关注,需要老师的尊重和理解,需要花更多的耐心去发掘他们的闪光点,帮助他们树立信心。长期处于被遗忘角落的小盛没有受到应有的关注与尊重,处处体现着不自信。因此,在徐老师和小盛谈话的过程中,开始时小盛是紧张的、不自在的,害怕老师会批评他不够聪明、学了还不会;当老师表扬他能正确摆放尺子时,小盛内心对数学学习的信心被唤醒。具有成长型思维的徐老师引导小盛解开了认为自己才智有限的心结,打破他此前对自己的才智、天资与技能的扭曲设定,未来的小盛有无限可能。

(二)支持与帮助——给予前进的动力

具有成长型思维的教师相信学生拥有潜能,但是他们并不是简单地告诉学生"你可以做任何事",而是给予他们积极的反馈与帮助,帮助他们获取技能和资源,通过努力达到他们的目标。否则,"你可以做任何事"只是一句空洞的安慰,这是将责任完全抛给学生们,让他们觉得,如果没有达到目标,就是个失败者。[①] 为了充分发挥小盛的潜能,让小盛感受到通过自身努力可以达到自己的目标,徐老师采用课前、课中、课后、放学前不同时段的多样支持方法帮助小盛进步。

1.案例呈现

在课前,徐老师帮助小盛复习回顾上一节数学课的知识重难点,并让小盛把课本上的例题再写一遍,要求按规范和流程写清楚解题的过程;同时,徐老师还会为小盛简单地讲解下一节数学课的知识重难点,帮助小盛在课堂上更好地跟上大家的数学学习节奏。在课堂上,当提问一些简单的问题恰好小盛又举手时,徐老师尽量将回答的机会让给小盛,并在他回答后给予积极的肯定,帮助他树立自信心,让他愿意在同学面前展现自己。课后,徐老师专门安排一位积极耐心的同学做小盛的数学小老师,帮助他复习巩固上节课的数学重难点知识。小盛需要把课堂上学会的数学重点知识和难点知识讲给小老师听,由小老师进行点评,并帮助小盛纠正某些错误的理解。同时,小盛要在数学书例题的"做一做"模块中选择两道题目做一做,由小老师监督。最后,每天放学之前,徐老师会给小盛特别布置一些针对性的数学题目,让他拿回家去做,第二天早上再拿给她批改。经过一段时间的坚持,小盛在课堂上更愿意举手回答问题了,有时他甚至还有自己更好的见解,在数学学习上也有了进步。

2.案例评价

对孩子的信任与支持,犹如船只扬帆起航的助力,推动学生前进。一些特殊孩子往往只是缺点和坏习惯较多的孩子,他们更需要有效的支持与帮助。在平时,这些学生听到的大部分是批评与嘲讽,极少的老师会持续帮助与支持他们,久而久之,他们就会自暴自弃。案例中,徐老师用信任的态度支持小盛,从课前到课后实施一系列有效的措施帮助他,创设能够发挥他特

---

① 德韦克.终身成长[M].楚祎楠,译.南昌:江西人民出版社,2017.

色的环境，让他发展自我、表现自我。

（三）宽容与体贴——包容学生的缺点

具有成长型思维的教师善于营造友好、宽松的成长型思维模式的环境，在这个环境里，学生不会害怕受到批评，他们知道老师相信他们有成长的潜力，知道老师会全心全意地帮助他们学习。[①] 成长型思维教师的工作就是帮助学生茁壮成长，而不是去寻找学生不能成长的原因。在教育小盛的过程中，徐老师就营造了一个宽松友好的学习氛围，用宽容的态度对待他，激发其积极向上的动力。

1.案例呈现

在下一阶段的改进方案中，徐老师采取组内互助的方法。小盛的小组内共有四名成员，除了小盛，还有给小盛专门配备的小老师和其他两位普通同学。四名小组成员分成两队，小盛和小老师一队，剩下两位同学一队，很多小组活动都需要两小队竞争或互助完成。每次小组活动之后徐老师都让他们进行自我评价和组员互评，首先是小老师评价，接着是其余两位组员评价，最后由小盛来评价，包括评价自己和评价同伴。虽然在小组合作的过程中，小盛仍然暴露出很多问题，比如解题速度慢、知识点没有深入理解、上课开小差等，但是小组成员仍然愿意包容小盛的不足，并细心、耐心地指导他，给予他有效的帮助与支持，使得小盛能够坚持也愿意坚持完成每次的合作任务。积极向上的小组学习氛围、友好和谐的伙伴关系，给予小盛极大的鼓舞。这极大地调动了小盛学习的主观能动性，逐渐变得有目标有方向，也慢慢地走向目标。

2.案例评价

世界上最宽阔的是海洋，比海洋更宽阔的是天空，比天空更宽阔的是人的胸怀。当老师敞开胸怀，积极包容学生的错误与不足时，学生将得到最有力的支持与理解。案例中，徐老师采取了小组合作的方式，这种方式有诸多好处。一方面，学生间能互帮互助，提高学习能力和学习效率，基础扎实的学生帮助基础薄弱的学生，两者的基础知识都能得到巩固与提高；另一方面，学生间自由、自主地交流和讨论，有助于形成民主、宽松的学习氛围，增进学生间的感情交流。在合作学习的过程中，小组成员用宽容、真诚的态度相互评价并改进，接纳与包容小盛的不足之处，相互帮助，共同进步。因此，

---

① 德韦克.终身成长[M].楚祎楠,译.南昌:江西人民出版社,2017.

小盛在这友好的环境中,更容易形成积极向上的心态,去接近自己的目标。

（四）赏识与鼓励——调动学习的自主性

具有成长型思维的教师教导学生热爱学习,教会他们学会自学和思考。[①] 在教学的过程中,徐老师运用了赏识和鼓励的方法增强小盛的学习自信心,提高他的学习主动性。

1. 案例呈现

徐老师采取赏识评价的方式,对小盛以鼓励表扬为主,让他觉得老师很器重他,每天都在关注他的点滴进步。有些数学题相对来说是比较枯燥的,如在学习解方程时,为了更好地调动学生的学习积极性,徐老师采用与学生生活相贴近的天平这一例子来导入。在帮小盛做课前预习时,徐老师先让他熟悉天平的原理。当小盛自己说出"当天平在一条直线上,是平的,就表示重量相等"时,徐老师就给予表扬,"真是一个善于观察生活的孩子"。再慢慢引导小盛,直到小盛了解"当天平平衡时,左右两边相等"。三天为一阶段,小盛独立完成三天的例题,当小盛全做对时,徐老师在班级面前表扬他,并奖励他一张绿星卡;连续三天能够主动完成回家作业,奖励他一张绿星卡;连续三天上课能够积极举手发言,奖励一张绿星卡;连续三天能够在课堂上认真听讲,奖励一张绿星卡。

2. 案例评价

通过赏识与鼓励的评价方式,小盛感受到每天付出得到回报的喜悦,也让他认识到自己的不足之处,找到了努力的方向,调动了学习的积极性,逐渐热爱数学学习。在这一阶段,小盛也能够不断尝试新的挑战,虽然有时候达不到预期目标,但是在这一过程中还是锻炼了小盛的思维能力,增强了他的主动性与自主性。

【案例 5.2】以弘通教育浇灌弘通少年

一、案例背景

浙江师范大学附属慈溪实验学校秉承"弘通教育"办学理念,勉励孩子们做一个身心健通、才艺精通、思维灵通、志向远通的"弘通少年"。"弘通教育"之于教师,即是"宽宏通达",以"弘通"浇灌孩子们的心灵,

---

① 德韦克.终身成长[M].楚祎楠,译.南昌:江西人民出版社,2017.

打开他们的弘通世界。学校"弘通教育"的办学理念也与成长型思维模式息息相关，从成长型思维模式的角度而言，"弘通教育"是教师对全体学生的理解与支持，让学生全力以赴，并促进学生各项潜能的开发，使之才艺精通、思维灵通；是教师对学生的呵护与关心，引导学生树立高远的志向和正确的价值观，使之身心健通、志向远通。罗老师是学校二年级某班的语文老师兼班主任，在教育教学的过程中，她始终以"弘通教育"的办学理念教书育人，她认为世界上的每棵树苗都不尽相同，就像自己的班级里，每一个孩子都有自己的独特之处。走在育人之路上，慢慢相处，细细挖掘，罗老师发现每个孩子都有闪光点，在他们的心灵深处都有"弘通少年"的星星之火，或清晰明朗，或若隐若现。

二、案例分析

（一）浇灌"理"的理念，点醒优秀却迷路的班干部

"弘通"对于孩子来说，是需要认知世界的一杆天平，有理走遍天下，无理寸步难行。"理"对于孩子来说，就是他们走路的鞋。同样，具有成长型思维的教师对学生的指导不仅仅在于分析和调动学生的学习积极性，使之成为优秀的学生，还在于对学生进行价值观和个性的正确引领，使之成为一个优秀人。[①]

1. 案例呈现

小清是一个学习优异、天资聪慧的孩子，是班上的语文课代表，还是上学期的校级"弘通少年"。早读课，罗老师进教室前，她就能把班级管理得井井有条。可是，最近有好几个孩子陆续向罗老师反映，觉得小清在管理时有些"霸道"。"老师，她不让我们比她早到教室，要我们说出充分的理由，说不出还不准我们坐下。""老师，她管人时声音特别大，大得过分。""她不以身作则，早读时她不让别人说话，自己却说。"……

事情虽然都是小事，但累积起来，已经给同学们造成不好的印象，没有起到榜样的作用。罗老师又找了几个性格不同的孩子及其他班干部进行询问，小清管理方式不当的情况基本属实。在早读和课间，罗老师默默观察她的言行。没想到，罗老师不在教室的时候，班级看似"风平浪静"，实则"暗流涌动"。于是，趁小清来办公室交作业，罗老师让她坐下来聊聊天，罗老师与小清的谈话如下。

---

① 德韦克.终身成长[M].楚祎楠,译.南昌:江西人民出版社,2017.

罗老师:你是个能干的小干部,把早读前的十分钟管理得秩序并然。据我了解,早读前你会问同学早来上学的理由,是吗?

小清:您开学时说过不能太早来教室,不然会有安全隐患。所以我在管理时让同学们不要太早来。

罗老师:你记性真好,记住了这句话。那他们早来的理由是什么呢?说给我听听。

小清:有的同学是因为爸妈上班时间早,还有的同学是因为哥哥姐姐在高年级,要比我们二年级早到校,所以父母只能将他们早早地送来。

罗老师:既然早来的都是那几个同学,你也知道了理由,都是合理的,那你还让他们站着,这么做……(停下来,看了看小清)

小清:(愣住了)有点无理。

罗老师:班干部管理时采取一定的教育和批评措施,需要合理正当的理由,公平公正处理,才能让同学们心服口服。同学家里有事早点来学校,认真早读,不随意走动就可以。(摸了摸小清的头)

小清:(羞愧地低下头)我不应该生比我早来的同学的气,以后我会负责任地管理好班级……(眼眶泛红)

罗老师:知错就改,以身作则,以理服人,才能树立班干部的威信,得到同学们的认可。我相信你会做得更好!

那周,罗老师班级的班会主题是"知错就改,以理服人",小清承认了自己的错误行为,及时改正;其他孩子也自我提醒,自我反思。罗老师告诉孩子们,即使是"弘通少年",也会犯错误,知错就改是一种难能可贵的品质,以理服人才能让大家心服口服。

2. 案例评价

在本案例中,具有成长型思维的罗老师认为知错就改的品质与真诚的态度比学习优秀更重要。面对学习成绩优秀、天资聪慧的班干部小清犯错,罗老师没有因为她在学习方面的优秀而忽视人格上的引导。她没有直接指出小清错误,严厉地批评她或是撤销她的班干部职务,而是与她面对面地深入交流,引导小清仔细分析部分同学早到学校的原因。小清在班主任循循善诱的引导下,终于认识到自己的错误,并在班会课上主动认错并改正,也明白了在管理班级中要以理服人、以理治班的道理。这样的做法既维护了学生的自尊心,也引导学生逐渐树立班干部要诚心诚意地为班级服务的思想。

（二）浇灌"心"的呵护，在意腼腆而用心的少年

"弘通"对于孩子来说，还需要理解，在意平常在"角落"的孩子，和孩子们像朋友一样平等地、敞开心扉地交流，相信他们会带来惊喜。同样，具有成长型思维的教师会平等地对待每一个孩子，关心"角落"里的孩子，因为他们认为每一个孩子都可以通过自身的努力获得成长，充分发展自身的潜能。

1. 案例呈现

小齐是一个性格腼腆、十分内向的男孩，个子高大，坐在角落。说话、走路、做事都是慢悠悠的，做作业尤其慢，组长催、课代表催、父母催，连老师催促的效果也不大。一来他性格如此，二来他写字是用左手，导致他速度更慢了。

一天晚上，小齐妈妈发信息过来，说小齐从学校带回家补写的生字抄写本，补到八九点还没写完，磨磨蹭蹭，拖拖拉拉，软硬兼施都没效果。罗老师心想，二年级没有书面作业，这是他在学校写了一半没写完的作业，其他同学早已认真写完，他不应该这么久还没写完呀！经过交流了解到，小齐妈妈曾经让他改回右手写字，孩子不乐意，但也没办法，结果右手写字依旧很慢，甚至比左手写得更别扭，母子俩展开了拉锯战，几个回合后又改回左手写字，变成现在这样。对此，罗老师一直在思考如何解决小齐的写字问题，由于第一次接触左手写字的孩子，罗老师也没有相关经验，便查找了许多相关的资料，准备找机会和小齐好好聊一聊。

持续观察小齐的写字情况，直到有次下课，罗老师发现他坐在座位上用左手握笔画画，画中线条和细节十分流畅，涂色也比较均匀。罗老师惊喜地说："原来你很擅长画画呀！"小齐紧张地放下左手中的笔，撇了撇嘴。罗老师走过去，坐在他旁边的座位上，问他怎么了。他悄悄告诉罗老师："老师，其实，我喜欢用左手画画，但是用左手写字很慢很慢，我不知道该怎么办？"听到小齐的困扰，罗老师的心咯噔一下，想了一会儿，说："你知道吗？老师刚教书的时候，面对整个班的小朋友们，也像你一样，不知所措。""后来呢？"他没有之前那么紧张了，睁大眼睛问道。罗老师像朋友一样，给他讲了自身的困惑经历和趣事，还列举了习惯用左手的好处，许多伟人比如科学家牛顿、爱因斯坦，艺术家达·芬奇都习惯用左手。最后，罗老师鼓励他："我知道你也很想把字写好，不着急，慢慢来。随自己的心意用左手写字，老师一直会支持你的，但你一定要用心！

边写边发呆，边写边做小动作，是写不好的。"小齐害羞地低下头，随后笑着答应罗老师。

在接下来的学习中，小齐的抄写本完成时间，从原来的一个多小时缩短到了半个小时。在语文核心素养考试中，他的字迹变得端正，不再歪歪扭扭，虽然是稚嫩的字迹，但却是他用心一笔一画写下来的。尽管这次过关，但他还是没来得及写完。罗老师鼓励他："比之前有进步了哦！再接再厉！"他嘟着嘴说："还是没写完。"看来，他是真的在用心，在努力。

令人欣喜的是，在期末考试中，小齐做完了语文卷子，第一个冲到办公室门口，向罗老师传递喜讯。"老师，我做完卷子了！"他脸上洋溢着的喜悦，快要溢满办公室。说这话时，罗老师一抬头，看见他整个人好像散发着光芒，发自内心地说了一句："真好！"

期末，罗老师给小齐颁发了班级的"弘通进步奖"，并告诉所有孩子，"弘通少年"并不仅仅是学习优秀的孩子，也包括每个平凡普通却一直在努力的孩子。是啊，如果能常常将心比心，换位思考，孩子、家长和老师之间便会多一些宽容和理解。给予"角落"的孩子更多的注视，往往能带给我们意想不到的惊喜，每个孩子都是具有无限潜力的"弘通少年"。

2. 案例评价

在本案例中，具有成长型思维的罗老师关注每一个学生的努力。小齐开始用左手写字时书写速度很慢，他自己也因此感到十分沮丧，罗老师关注到小齐的不良情绪，并用鼓励的方式给予小齐信心。她对小齐书写速度、书写工整的提升以及写完语文考卷的点滴进步进行表扬，培养小齐的成长型思维模式。在老师的关心与鼓励下，小齐逐渐相信通过自身努力可以带来进步。

（三）浇灌"情"的感动，保密无心犯错的恶作剧

"弘通"对于孩子来说，还需要真挚的感情，让孩子们体会到教师无私的爱和深切的关怀，体会到教师和同学们之间的亲切感和信任感。同样，具有成长型思维的教师对学生充满了关心和体贴，他们会包容学生的错误，并将错误视为学生学习和成长的机会。

1. 案例呈现

小凡是班上的调皮大王，对学习不上心，常常以恶作剧的方式吸引同学和老师们的注意力。一天，他闲来无事，又有了鬼主意。大课间，趁大家不注意,小凡把小任同学的铅笔盒藏在了同桌小陆的抽屉里。上课铃响了,小任准备书本和铅笔时,发现怎么也找不到铅笔盒,急得直挠头皮。罗老师走进教室,看到了坐立不安的小任正愁眉苦脸,还在喃喃自语。罗老师让其他同学借他铅笔和橡皮,先上课,下课再处理这件事,同时捕捉到了小凡脸上的一丝笑容,以及东张西望的脑袋。

下课了,罗老师先问小任有没有把铅笔盒落在家里,他连忙说数学课还在用的,明明放在桌子上的,怎么会不翼而飞呢?他在抽屉和书包里找了又找,还是没有。于是罗老师就发动周围的同学找,会不会是谁拿错了。后来在同桌小陆的抽屉里发现了,小陆急得要哭了,忙不迭地向小任解释不是他拿的,冷静下来才想起来下课时他俩一起在走廊上玩呢,铅笔盒难道长脚跑到了同桌的抽屉里?此时,小凡凑了上来,笑眯眯地说了句:"哈哈,你们都没有发现! 我开个玩笑啦!"周围同学们都发出了各种感慨声。小陆如释重负,小任也松了口气,只有小凡像个没事人一样走开了。

罗老师叫住小凡,心想抓住这个契机好好教育一番。在办公室里,罗老师和小凡面对面坐下,他感到紧张了。没等罗老师先开口,小凡说:"老师,我错了。"罗老师用狼来了的故事教育他,多次说谎,别人就不会相信了。开玩笑也是一样,偶尔的玩笑可以调节气氛,有的玩笑则是恶作剧。而这次的恶作剧涉及许多敏感的事情,比如一旦产生误会,可能小陆会被误会偷拿小任的铅笔盒,对他造成较为严重的影响。老师和同学也得大费周章地调查和处理,全班因此浪费了宝贵的学习时间。小凡不再嬉皮笑脸,紧张了起来,用手攥着衣角。罗老师告诫他不要再做这样的恶作剧了,他似懂非懂地点点头。

在一次针对特殊孩子的家访中,罗老师去了小凡家。小凡妈妈是一名化妆师,常常需要外出跟妆,爸爸则是厨师,大部分时间比较忙碌。小凡还有个弟弟,比他小三岁,两个孩子基本上都是由爷爷奶奶在家照顾。他的父母由于工作忙碌,疏忽了孩子。罗老师也是一位母亲,很能理解。其实小凡是需要父母更多的关爱和陪伴。家访中,罗老师更多的是了解他们家的生活状况、相处方式、孩子的性格等,也很少提到小凡在学校的顽皮,还夸他是一个机灵的孩子,希望父母多陪陪小凡。小凡在一旁,害羞地低下了头。罗老师还注意到,小凡很会照顾弟弟。

之后,罗老师找机会又一次和小凡沟通,关于学习上要好好努力的事情。罗老师讲的道理他都懂,父母一定也讲了很多很多,渐渐地他有些心不在焉了。于是,罗老师换了话题,真诚地说:"小凡,我在朋友圈看见你妈妈发的弟弟的书法照片,字迹可端正了呢!"小凡一愣,没想到老师会聊这个,顿时,他有些沮丧和失落。"其实,你用心写出来的字,一定会比弟弟好,老师相信你。""老师,我……我试试,要比弟弟做得好,我要做他的榜样!"真没想到,提到弟弟,小凡有了小男子汉的担当。"那我相信你哦,期待你的表现。""老师,谢谢你在家访时夸我,没有提到我的恶作剧。"说完,小凡吐了吐舌头。

在之后的学习中,虽然小凡偶尔还会继续他的小恶作剧,但是懂得了分寸,同学们也能包容。令人欣喜的是,他确实说到做到了,大部分时候的字迹,比之前端正多了,上课也比之前专心。罗老师与小凡之间的约定继续着,他要努力做弟弟的榜样,争当属于自己的"弘通少年"!

2. 案例评价

小凡的成长与具有成长型思维教师的教育方式有密切的关系。具有成长型思维的教师面对学生犯错时,不会批评,而会包容;不会评判,而会教导。[①] 当小凡藏了同学的铅笔盒后,老师没有直接将小凡评判为"学习差又令人头疼的捣蛋鬼",而是通过讲故事、说道理的方式引导小凡认识到自己的错误。在家访的过程中,罗老师也没有在小凡的父母面前为他贴上"调皮""捣蛋""学习不上进"的标签,而是包容小凡无心的恶作剧,夸奖小凡的机灵,看到小凡身上的闪光点。在第二次与小凡的交流中,罗老师明确表示自己相信小凡的书写能力,如果他用心书写,也一定能够取得进步,成为弟弟的榜样。老师的话帮助小凡坚定了努力用心就可以获得进步的信念。最后,小凡也逐渐由爱做恶作剧、书写不工整的孩子变成懂得分寸、书写认真的孩子。

第二节 反思性实践和教师的专业改进

基于技术理性中理论与实践相脱离的不足,美国教育哲学家舍恩(Schön)首次提出了反思性实践的概念。舍恩认为,反思性实践是专业工作者在行动中的思考方式,大致有三种:行动中认识(knowing-in-action)、行动

---

① 德韦克.终身成长[M].楚祎楠,译.南昌:江西人民出版社,2017.

中反思（reflection-in-action）和实践性反思（reflecting-in-practice）。① 反思性实践概念提出后，受到广泛关注，尤其在教师教育与教学领域影响深远。在教学中，具有反思性实践能力的教师会根据自己独特的教学情境，借助对教育教学相关理论的理解，自主思考教学过程中出现的问题，从而提升教学实践，有效促进自身的专业发展。此外，反思性实践教师具有探究性、情境性、敏感性、发展性的特点。

一、反思性实践概述

（一）反思性实践的提出

20 世纪以来，技术理性（technical rationality）主导着教育研究和实践领域。技术理性强调专业知识要以系统知识为基础，专精化、界限明确、科学化与标准化是衡量专业性的四项属性。② 技术理性认为理论与实践的关系遵循简单的执行—应用—操作的过程，这忽视了实践者的能动性和创造性，导致了理论与实践的严重脱节，阻碍了各专业实践的发展。20 世纪 70 年代，舍恩开始探讨专业实践理论与实践的关系，他于 1983 年出版的《反映的实践者——专业工作者如何在行动中思考》（*The Reflective Practitioner：How Professionals Think in Action*）一书是其代表作之一，他在书中对技术理性进行了犀利的批判。舍恩在第一章就尖锐地指出，我们正遭遇专业知识的信心危机，专业知识并非先于实践，高于实践，也并非"理论的实践化"的简单过程，实践也不是"一团可以随意雕塑铸造的黏土"。③ 因为实践的情境具有复杂性、不确定性、独特性和价值冲突性，这会让实践工作者手足无措，就如从情境和目标都清晰的"干爽高地"掉入了情境复杂多变的"低洼湿地"。而技术理性追求的正是"确凿性"，忽视了实践的情境性。基于此，舍恩首次提出了"反思性实践"的概念，来修补理论与实践的裂痕。

（二）反思性实践的概念

"反思性实践"概念的核心是专业工作者必须在行动中建构或重构实践

---

① 舍恩.反映的实践者：专业工作者如何在行动中思考[M].夏林清，译.北京：教育科学出版社，2017.

② 刘徽.思与行的纠结——舍恩《反映的实践者——专业工作者如何在行动中思考》评介[J].全球教育展望，2007(11)：92-96.

③ 舍恩.反映的实践者：专业工作者如何在行动中思考[M].夏林清，译.北京：教育科学出版社，2017.

经验。舍恩认为,专业工作者的能力提升不是来源于对理论的研究,而是在行动中对自己面临的复杂情境中的问题进行鉴别与思考,并运用不同的方法解释问题情境,从而改进行动。

舍恩认为,反思性实践是专业工作者在行动中的思考方式,大致有三种:行动中认识(knowing-in-action)、行动中反思(reflection-in-action)和实践性反思(reflecting-in-practice)。① 行动中认识是一种自动化的经验。以教师为例,由于课堂情境的错综复杂,教师的许多认识都内隐在行动模式中,"自发执行"就是教师在行动中认识的一大特点。此阶段教师的行动、认识和判断都是自发执行的,不是在事先或当时思考的。而且,教师常常会在无意识中学会了做某事,此阶段的教师认识属于内隐性的认识。比如"课堂意外"发生时,教师会运用教学机智处理课堂意外,这种教学机智不是"深思熟虑"的,甚至连教师自己也没有意识到如何调动出了教学机智。舍恩认为,专业工作者除了对自我行动有自发性的认识(knowing),而且还能在行动中进行反思(reflecting)。② 行动中反思是一种判断性的经验。舍恩提到"行动中的反思"是"寻找选择解决问题的方法"。③ 如教师面对某种教学方法不奏效时,会不断反思方法不奏效的原因,寻找解决办法。更为重要的是,他们会深入思考新采取的方法是否有效。反思性实践是反思中的最高水平。在这一阶段,实践者需要多次进入相似的情境,并能在相似的情境中找到合适的解决方法,把这种方法表达出来,最后对其进行总结与提炼,重构实践者的经验世界。

反思性实践概念提出后,受到各专业领域的广泛关注,尤其在教师教育与教学领域引起了极大的反响。很多学者也进一步阐释自己对反思性实践的理解和认识。甘正东指出,反思性实践(即反思性教学)是对教学经验的反思,指教师凭借其实际教学经验的优势,在实践中发现问题,通过深入的思考观察,寻求解决问题的方法和策略,以期达到自我改进、自我完善的目的。④ 李方安认为,反思性教育实践是教师研究的范式。从主体维看,反思

---

① 舍恩.反映的实践者:专业工作者如何在行动中思考[M].夏林清,译.北京:教育科学出版社,2017.

② 舍恩.反映的实践者:专业工作者如何在行动中思考[M].夏林清,译.北京:教育科学出版社,2017.

③ 舍恩.反映的实践者:专业工作者如何在行动中思考[M].夏林清,译.北京:教育科学出版社,2017.

④ 甘正东.反思性教学:外语教师自身发展的有效途径[J].外语界,2000(4):12-16.

性教育实践者即研究者;从过程维看,反思性教育实践是教师专业发展的过程;从模式维看,反思性教育实践是教师专业发展的一种模式;从方式维看,反思性教育实践是探寻和发现理论与专业实践之间强烈的个人联结的有效方式;从内容维看,反思性教育实践是以实践者的经验为出发点,关注教育教学中的问题。① 熊川武提出,反思性实践是教育主体从教育问题出发,通过假说与实验等自觉调节自己的教育思想与行为,不断提升教育实践合理性使自己获得更大幸福的过程。该过程至少有四个相互联系的特点:追问、批判、创造与调控。② 这些学者解释的"反思性实践"都是以教师为主体,以实践为依托,以解决问题为目标,以发展自我为目的。

"反思性实践"作为教师教育实践中的一种,要求教师根据自己独特的教学情境,借助对教育教学相关理论的理解,自主思考教学过程中出现的问题,从而提升教学实践。同时,"反思性实践"强调教师的主体地位,重视实践过程中"知"与"行"的统一,不仅能改进教育实践,还能有效促进教师的专业发展。

二、反思性实践的教师具有的特征

进行反思性实践的教师不会仅满足于将所学知识与理论进行简单、机械的传授,而更注重将习得的理论、知识、经验与教学情境相结合,并在具体的教学情境中自觉进行反思教学活动,致力于教学问题的解决和知识的实践运用。具体而言,反思性实践教师具有以下几点特征。

(一)探究性

舍恩强调用"反思性实践家"类型的教师代替"技术熟练者"类型的教师。"技术熟练者"类型的教师将教学看作是知识的简单传递过程,他们以为教师只是按照教案上的教学设计传输知识的搬运工、中介者。然而,教学不仅是传递知识本身,还需要根据教学情境以及学生的学习情况积极探索最适当的教学方法。因此,反思性实践的教师更具有探索性、主动性和创造性,他们关注具体的教学情境和学生的学习情况,积极探索与反思教学过程、教学方法,这也是教师的专业性所在。

(二)情境性

反思性实践的教师注重在具体的教学情境中反思教学活动。反思性实

---

① 李方安.教师研究的重新审视[J].教育发展研究,2006(24):41-46.

② 熊川武.论反思性教育实践[J].教师教育研究,2007(3):46-50.

践的教师认为学科教学知识与经验源于教学情境与实践。学科教学知识本身就具有情境的属性,同时学科教学知识也与个人的经验相联系。反思性实践的教师关注教学思考,特别是对不能用文字或语言表达的缄默性知识加以激活、评判、验证和发展。反思性实践教师能将实践性知识与教学的具体情境发生关联,以形成教学体验,改善更新教学知识,促进专业发展。

（三）敏感性

反思性实践教师具有敏感的教育直觉,他们对学生情感体验的敏感、对学科教学的敏感,让他们能及时察觉与把握教育时机。这样的教学直觉也可以被称为教学机智,范梅南认为"机智是一种智慧性行为、一种实践性的规范智能,它由洞察力所支配,同时又依赖于感觉"①。对教学敏感的教师,会对日常教学和经验保持一种深切的关注和思考,这使得他们在具体的教学情境中能及时做出恰当的反应,给予学生有意义的教育影响。

（四）发展性

反思性实践的教师不只凭借自身有限的经验进行简单的、重复的、直觉的教学活动,更注重的是对教学活动进行反思,培养反思力和形成反思习惯,进而促进自身的专业发展。反思性实践的教师认为,教师的专业性就体现在主体的参与问题情景同儿童形成活跃的关系,并且基于反思与推敲来提炼问题,形成选择、判断、解决问题策略的实践智慧。② 反思性实践的教师在教学实践中不但能自觉地丰富课堂教学所必需的知识和技能,而且能在具体的教育情境中,形成自己的专业选择和判断。

三、反思性实践教师的案例分析

【案例 5.3】反思性实践促进教师的专业发展

一、案例背景

王老师是一位具有丰富班主任工作经验的教师。她回首自己的班主任生涯后认为,去外地学习、参加培训、听讲座是一个开阔眼界、提升自我价值的有效途径。

其中,杭州师范大学的刘晓伟教授、浙江省德育特级教师方海东的班主任讲座和培训对她的班主任工作产生了重要的影响。王老师十分

---

① Manen V M. On the Epistemology of Reflective Practice[J]. Teachers and Teaching, 1995(1):43-44.

② 佐藤学. 课程与教师[M]. 钟启泉,译. 北京:教育科学出版社,2003.

赞同刘教授的观点,"课堂上,老师上课,学生听课,就像大家坐在溪流边上;你一句我一句地发言,就像你在溪流中注入一滴水,我也在溪流中注入一滴水。不管是清澈的水还是浑浊的水,同样会给小溪带来生命和快乐"。王老师认为,这是非常有意思的比喻。课堂不是呆板的、恐惧的,而是最自然的样子,不管学生的回答是对还是错,只要老师的言语中闪烁着思想的火花,就是有生命的,这也是课堂上的最佳表现。刘教授就课堂生成和提问做的一系列理论性报告,以及他在演讲时举的很多真实的教学例子,给课堂上犯难的王老师提供了解决思路。同时,在鄞州的一次班主任培训中,王老师有幸认识了浙江省德育特级教师方海东老师。方老师的演讲给王老师留下了深刻的印象,她立志要成为这样的好老师、好班主任。

在听课学习的过程中,名师的理论指导和实践支持,促进王老师的班主任工作从行动中认识走向行动中反思,从行动中反思走向实践性反思,这也推动了王老师从"新手"班主任到"熟手"班主任再到"专家型"班主任。以下是王老师在做班主任工作过程中的两个成长案例与分析。

二、案例分析

(一)从行动中认识到行动中反思

从行动中认识到行动中反思的进阶能帮助教师从"新手"走向"熟手",这也是教师专业发展过程中不可缺失的一个阶段。

1. 案例呈现

记得六年前,我的上一届学生读二年级的时候,我们的教室在后一排教学楼,虽然是老房子,光线不是很好,但是夏凉冬暖,房子结构很结实,隔音效果也不错。那是第三节语文课,我正在给大家上课。突然,一股爆米花的香味从远处飘进窗户,让人不由得垂涎欲滴。本想这种飘飘欲仙的感觉会转瞬即逝。哪知这香味越来越浓。有个学生忍不住低声说道:好香啊!好几个同学便偷偷看着我,似乎在等着老师的批评:上课怎么能随便发出声音呢?有的低着头嗤嗤地笑。上课的弦一下子松了。没想到,我竟对我的学生说:那就深深吸一下,品尝一下这久违的香味吧!话没说完,教室里一片呼吸声,我也很贪婪地狠狠地吸了口气,好闻,一下子提神不少。教室里静悄悄的,只有鼻子的呼吸声。听着这样的节奏,大家忍不住呵呵笑了起来,那是一种波浪式的笑声,因为大家内心的想法是一样的,确实好香,真想大口大口地吃那爆米花。心有灵犀一点通,这充满温馨的笑声,一下子拉近了我们师生间的距离。正如刘教授说的,利用好课堂生成,你的课堂就会锦上添花。如果当时我一声训斥,结果可想而知。

2. 案例评价

在此案例中,王老师经历了从"行动中认识"到"行动中反思"的过程。面对课堂上学生被爆米花的香气吸引而走神的课堂意外,王老师马上根据"经验",做出反应,让学生深吸一口爆米花的香味。在此过程中,王老师调动的"经验"是各种社会经验和教育经验的集合,而不是"深思熟虑"的,甚至可以说,连王老师自己也没有意识到自己运用了经验。王老师也初步认识到恰当处理课堂中的生成情况是非常重要的,这便属于王老师的行动中认识。在课后反思时,王老师意识到自己处理课堂突发事件的方法正是受到刘教授的影响,也得出了利用好课堂生成,教学就会锦上添花的道理,这便属于王老师的行动中反思。对教师来说,从行动中认识走向行动中反思是他们"职业成熟"的体现,课堂中的"意外"越多,他们从行动中认识走向行动中反思的机会就越多。

(二)从行动中反思到实践性反思

教师只有从行动中反思走向实践性反思,才能成为反思性实践家。教师在行动中形成自己的实践性知识便是成为反思性实践家的重要标志。

1. 案例呈现

回想我在胜西小学时任教的四(2)班,这个班级的孩子都是外来务工子女。我是作为支教对象,去胜西小学教了三年。第一次布置家庭作业,他们以全班30个人没有完成作业作为见面礼送给我;批改第一张学习检查单,全班又以10多个 D 等级以下的成绩作为无言的结局。此时,我深深认识到外地孩子的种种问题。其中,主要问题还是出在家长方面。方海东老师说,作为老师,要先拿下家长,因为老师是专业的。于是第二学期开学初我召开了四(2)班家长会。一些不想来学校或是找理由推辞的家长,我更是诚恳地多次打电话邀请。那一天,全班除了一位家长未参加(当然,实在没办法也只能妥协,但是他的大儿子作为家长列席了本次活动),其他家长都准时参加了。这让我倍感欣慰,因为之前我的辛勤准备没有白费,我的意见都传达给了家长们,希望我的讲话对他们有所帮助。

此次家长会的效果是显而易见的，学生的家庭作业告诉我，班上除了一两个孩子确实因为学习能力问题而无法完成作业，其他学生基本能完成作业。我暗暗欣喜，家长的作用充分发挥出来了。我还得加料，我要求家长在家校联系本上每天写一句或是几句话语送给孩子。几天后，惊喜再次出现，班上的李广硕爸爸和韦伊宁爸爸的寄语写得特别好。我当堂在班级里表扬，我说李广硕的爸爸有一双善于发现孩子优点的眼睛，有其父必有其子，表扬后李广硕当天的上课积极性就特别高；我说韦伊宁的爸爸简直就是诗人，要不怎么写出"文字是有生命的，你的错别字就是谋杀它的生命"的句子。家长也需要鼓励，特别是在外打工的家长们，他们的内心需要大家的认可。一段时间后，我在家里批改第二单元的学习检查单，结果要比以前好很多。这次班上除了两个孩子没有得到 D 等级以上，其他孩子都在此等级以上，而且有 10 个孩子得到了 A。孩子们的进步离不开家长的力量，接下来的时间，我要做的是搞定孩子们的心。

2. 案例评价

王老师的故事很好地诠释了反思的第二种进阶过程，即从行动中反思到实践性反思。在教学过程中，王老师发现外来务工子女在学习上存在的种种问题，归根究底主要是家长对孩子教育的关注度不够。这是王老师分析班级学生的上课表现、作业情况、学习效果、家长的参与度等多方面的因素后得出的结论，是一种行动中反思。这种行动中反思促进王老师采取有效的措施、在具体的教育情境中行动。为了改善班级中不良的学习情况，王老师采取的第一项措施就是积极联系家长，召开家长会。实践表明，家长会的效果立竿见影，学生的作业情况得到了极大的改善。紧接着，王老师采取的第二项措施是家长在家校联系本上写每日家长寄语，目的是增强家长与孩子的沟通以及家长与老师的沟通，更好地促进家校合作。实践这项措施后，学生的学习积极性和家长的参与度都被王老师充分地调动起来了。通过解决此问题，王老师也慢慢获得了自己的实践性知识，即在教学过程中，良好的家校合作对学生的学习与成长是非常重要的。

这种实践性知识是她通过对解决外来务工子女学习积极性问题的整体反思和行动获得的，并且她能够将此过程的教育经验清晰地表达出来，是一种符号化的经验。同时，这个经验又是"通约"的，是教师针对调动学生学习积极性这一同类事件的凝练和领悟，是王老师的一种"新"的经验。

在上述案例中,教师的反思水平在具体的课堂教学情境中经历了从行动中认识到行动中反思,再到实践性反思的过程,实现了从低水平的反思进阶到高水平的反思,促进了教师的专业发展。

【案例5.4】反思性实践教师与学生共同成长

一、案例背景

注意力缺陷是一种在儿童时期较为常见的行为障碍。主要表现为难以将注意力持久地集中到某一事物上,容易受到外界环境的干扰。注意力缺陷的孩子在学习上存在较大的困难,如不及时进行干预,则会对孩子将来的生活、工作产生较大的影响。

南老师是一名新手教师,在她的班级中也有一位注意力缺陷的孩子——小宸。小宸是一年级的学生,自入学以来,乖巧懂事,但上课总喜欢做小动作,作业拖沓,本以为第一学期小宸还处在适应阶段,但第二学期的情况更为严重。经医院检查确认为感统失调,注意力缺陷。小宸的注意力缺失主要表现在以下几个方面。

第一,上课注意力不集中。一年级的学生自主性较弱,自我控制能力较差,即使是班级中上课听讲最认真的孩子,也不能保证40分钟都是全神贯注的。但小宸在听课时,只有他感兴趣的,或是课堂中的游戏环节,他才能专注听讲,其余时间总是在低头玩些什么。有时是在玩橡皮、尺子、校牌等等,还有时是用脚摩擦地面发出刺耳的声音。这些东西他总能开心地玩一节课,上课效率几乎为零。有时他的行为还会影响到其他学生。

第二,写作业注意力不集中。每天的校内作业总是无法完成,其他学生十分钟可以完成的作业,小宸需要一个小时或是半天的时间,有时其他孩子都完成作业了,小宸甚至还没开始动笔。刚开始,南老师以为是因为小宸上课没有认真听讲,所以在做作业上遇到了困难,不会做。但后来南老师慢慢发现每当其他同学在认真写作业时,小宸的注意力总是不在作业上,有时候是发呆,有时候是整理课桌,还有时候是玩铅笔、橡皮。其他同学稍有动静,他总会在第一时间关注。需要家长和老师不停地提醒。

第三,选择性注意集中。对学习的兴趣不够浓厚,甚至存在一些厌学的心理,在学习方面的注意力存在问题,但遇到自己感兴趣的事情,积极性较高,而且愿意投入较多的注意力。例如,喜欢观察动植物,对这些事物注意力的持久性较好。

小宸的问题在第二学期更为严重,小宸妈妈对孩子的情况较为关注,对孩子的现状较为焦虑,采取了药物治疗和心理咨询。作为小宸的班主任,在与家长进行沟通后,南老师制定了一些干预方案,帮助小宸改善注意力缺陷的问题。

二、案例分析

(一)对症下药——反思性实践教师的敏感性

1. 案例呈现

在与小宸相处了一年以后,南老师发现小宸是个比较要强的孩子,每次老师提到表扬时,他总会坐得端端正正,也只有这个时候他的眼睛会发光。于是南老师试着去发现小宸身上的闪光点。他喜欢植物,于是老师任命他为班级的植物管理员,让他细心呵护班级中的植物,小宸对学校也不再抗拒;他乐于助人,喜欢帮助老师和同学,于是每次收发本子,老师总会请他帮忙,在与其他同学相处的过程中,小宸逐步建立自信,变得乐观开朗。南老师改变了点名提醒的方式,当他注意力不集中时,也不再当着全班同学的面去提醒他,老师会走到他的旁边,轻轻摸摸他的脑袋,或是用手指头点点他的桌子,用仅有南老师和小宸两个人知道的方式来提醒他,引起他的注意。采用这种提醒方法后,小宸上课注意力不集中的次数也逐渐减少了。

2. 案例评价

敏感的教育直觉是反思性实践教师具有的特征,他们会随时关注学生的情绪、兴趣、感受等,及时把握教育时机。比如,通过平时的教学观察,南老师发现小宸只有在受到表扬时眼睛里才有光,是一个比较要强的孩子。南老师的这种认识是行动中的认识,无需经历复杂的技术分析手段,也无需经由他人告知,是当事人可以立刻获得的感受,属于自发性的认识。认识这一特点后,南老师调动原有的关于注意力缺陷儿童的相关理论和教育实践经验(即舍恩所谓的"经验库")去思考解决方案。南老师进一步寻找小宸的优点后认为,要抓住小宸的闪光点来突破注意力的问题。她发现小宸喜欢植物、乐于助人、渴望表扬、不愿意当众受到批评,就对症下药,采取相应的措施,最终取得了良好的教育效果。在此过程中,南老师充分观察、调动认知、及时采取措施,也经历了行动、认识、再行动、再认识的过程。

(二)教育改进——反思性实践教师的发展性

1. 案例呈现

　　南老师与小宸妈妈沟通后发现,小宸注意力问题越来越严重的一个主要原因是,小宸觉得老师注意不到他。班级中的孩子较多,所以当小宸在课堂上出现开小差、做小动作的时候,老师可能并没有注意到这个问题,没有进行及时的制止,导致小宸的注意力缺陷问题越来越严重。在得到这个反馈后,南老师也对自己的课堂进行了反思,有时候忽略了一些小细节,没有留意孩子的细微变化,但正是这些细小的动作,恰恰对孩子造成较大的影响。老师的不留意,不加以制止,才导致孩子的问题越发凸显了。因此,在接下来的课堂教学中,南老师开始细心观察小宸的情况,在上课时也多次请小宸起来回答问题。南老师欣喜地发现,两个月时间以来小宸上课的专注力提高了很多,一开始叫小宸起来回答问题时,小宸总是会愣住,不知道问题是什么。但几次以后,南老师发现小宸开始认真听讲了,能够回答出老师的随机提问了,甚至慢慢地开始举手发言了。每次只要小宸举手,南老师必会请他回答,不论对错,给予肯定和鼓励。慢慢地,南老师发现小宸的学习积极性变高了,作业正确率提升了不少,变得更加自信开朗。这份变化是让老师和家长欣喜的,但作业拖拉的问题却仍没有改变。

2. 案例评价

　　反思性实践教师更注重教学活动过程中的反思,会积极采取措施提高自己的教育教学水平,促进自身的专业发展。在此过程中,南老师通过对话反思法,即教师与小宸家长间的有效交流,获知小宸注意力问题越来越严重的原因,并进行反思。同时,南老师也采取了反思总结法,即对自己在教学实践过程中的教学缺陷进行有效的反思。她意识到自身关注了教学方法和规章制度,却忽视了学生的反馈。通过有效的反思和观察后,南老师采取了在课堂上多请小宸回答问题的办法,进行主动实验。在多次实验过后,老师发现该方法具有一定的效果,即小宸上课学习的积极性变高了,作业正确率也大幅提升。这种解决注意力缺陷问题孩子的方法又融入教师原有的教育教学经验中,促进教师的专业发展。

　　(三)寻找方法——反思性教师的探究性

1. 案例呈现

　　代币法是我们班级中常用的管理方式,奖励是由孩子们自己挑选的,所有孩子对该项制度积极性较高,小宸也不例外。但是由于小宸的注意力缺陷问题影响了小宸的学习和生活,所以小宸的分数总是很难达到奖励的额度,因此代币法对小宸的效果不佳。针对这一情况,南老师为小宸个人额外制定了另一套加分制度,由小宸的妈妈和所有任课老师共同监督完成。当小宸表现较好时,立马给予奖励,努力让小宸养成良好的学习习惯。针对小宸虽然在行为习惯上有了明显的提高,但在写作业时还是存在注意力不集中的问题,南老师实施了以下几步措施:第一步,陪同写作业。每次写作业都由老师或父母陪同,当小宸注意力不集中时,老师或父母随时提醒小宸。同时,不论小宸作业写到多晚,老师或父母陪着小宸直到作业完成为止。第二步,陪同计时。这次的陪同和先前的陪同不同,老师和父母的作用不是管理和说教,而是帮助计时,设置一个规定的时间,让小宸在规定时间内完成,只要完成便进行奖励。第三步,自主计时。在第一步的基础上,小宸的自控力有了一定的提升,会为了奖励而试着静下心来,提高写作业的效率。南老师给小宸买了一个计时器作为奖励,每次写作业前,小宸需要根据作业预判时间,自己设定时间,没有家长和老师的监督,自主完成。如果可以达到目标,则给予奖励。

在结合心理治疗与家校合作后,小宸的情况有了较大的变化。上课时小宸能够做到大部分时间认真听讲,偶尔积极举手发言,手上的小动作也少了许多,写作业时虽然还存在一定的注意力缺陷,会出现玩橡皮、玩铅笔、发呆等情况,但最近一段时间他总能在放学前做完语文作业,争取不带语文作业回家。虽然这些进步还比较微小,但对小宸来说是巨大的改变,也使家长对孩子的发展再次充满希望。

2. 案例评价

反思性实践教师具有探索性,他们会根据具体的教学情境和学生的学习情况,积极探索与反思教学过程、教学方法。在教师教育中,教师也可能获得过"以学生为中心""因材施教"这样的陈述性知识,但是这些知识如何与学生的个人情况结合,许多教师并不清楚。通过这次改善小宸注意力的事件,南教师不断丰富对提高注意力方法的认识。在这个过程中,南老师认识到适用于大部分学生的代币法并不适用于小宸,统一的规章制度对部分存在问题的孩子来说并不公平,久而久之,会让他们失去兴趣。有了这样的认识以后,南老师根据经验进行调整,给小宸个人额外制定一套加分制度,这是行动中反思的水平。同时,针对小宸写作业注意力不集中的问题,南老师别出心裁地制定了陪同写作业、陪同计时、自主计时的矫正方法。通过此次事件,南老师获得了自己的专业性认识:"对学生的激励措施和行为矫正措施要因人而异。"这种认识不是师范教育中的陈述性知识,而是有了"情境注脚"的实践性知识。这种实践性知识是南老师通过对事件的整体反思获得的,是南老师经验中一种新的领悟,是属于她自己的教育理论。

【案例5.5】反思性实践老师对于学生困惑的探究和指导

一、案例背景

　　教师的反思性实践过程包括创设情境、发现问题、沟通交流、实践检验和总结五个环节。教师在具体的教学情境中发现问题,在此基础上通过与学生交流的方式积极寻找解决问题的方法,并在实践中检验,最后进行总结。

　　彭老师是一位新手语文教师,她在教学过程中发现学生存在难以有效地检查作业的问题,由此展开思考,并实施相应的解决措施,进行反思与总结。此过程充分体现了教师进行反思性实践的过程与反思性实践教师所具备的特点。以下是彭老师的语文作业检查方法的指导案例。

　　作为老师,最让我们烦恼的不是学生题目不会做,而是由于不会检查或者不想检查,导致明明会的题目也出错。因此,指导学生正确的作业检查方法具有重要意义。第一,它可以夯实学生的知识基础,巩固和检验所学知识的掌握程度。因为检查不仅仅是原来方法和思维方式的机械式重复,而是需要利用所学知识进行验证性回答和对题目进行本质上的再判断。第二,检查有助于提高学生的自我控制能力。检查不仅是对题目的再次"回答",更需要对"回答"进行判断,因此学生需要付出更大的耐心和毅力,这就需要学生不断提高自我控制能力。

　　作为一名年轻的语文教师,学生不会检查曾一度让我很困惑。每次在做作业时,我总是会不厌其烦地提醒学生:"认真读题,仔细检查,不要写错别字……"可是效果却不尽如人意,还是会出现各种各样的错误,比如:随意添字或者漏字,写错别字,标点忘记……我往往把学生出现这些错误的原因归结为态度不够端正,直到上学期开学初的一次评估练习改变了我的看法。学生小陈平时的成绩不是很稳定,在班级中处于中下游。三年级第一学期开学,我发现他在学习上铆足了劲,非常努力。一个星期二的上午,第一单元评估练习结束后,我在讲台上批改练习卷,小陈第一个围了过来,紧张地问我:"老师,我的练习改好了吗?有没有错啊?"我见此状,心里不禁暗喜:三年级了,学生开始有上进心了。于是,我找出他的练习开始批改。可是,批改结果令我和他都很失望,他的书写错误还是很多:错别字有五个,添字有两处,漏字有一处,甚至有个句子还没有写完。我把练习给他,还是那句话:下次要仔细,多检查几遍。他接过试卷转身回到座位上,嘀咕道:"我都检查了三遍,怎么还错啊?"不经意的一句话却久久萦绕在我耳旁。是呀!学生已经检查过了,这么简单的错误为什么没有检查出来呢?于是,我开始仔细观察他们是怎么检查的。

一个星期四的上午,我们班级进行第二单元语文评估练习。我在教室里巡视,仔细观察学生是怎样检查的。学生小俞第一个做完练习,做完练习后,她环顾四周,见其他同学还在做,她很自豪,翻到第一页开始检查。检查一页后,有一位同学完成放下了笔,小俞听到声音后,抬头看看,然后继续检查,在第一遍检查过程中,小俞抬了三次头。在第二遍检查过程中,小俞抬了两次头,其中一次时间较长。练习结束后我把她叫了过来,通过谈话我了解到,原来小俞在心中暗暗记录谁第几个完成练习,其中抬头时间较长的一次是在数一共有几个人完成了。学生小磊速度较慢,做好后急忙翻到第一页检查,不过检查的速度很快,只见他用手指快速地划过每一行字,不到五分钟,就检查了三遍。学生小赵是一个认真仔细的孩子,她做完后就翻到第一页开始认真地检查,只见她用手指着自己的答案认认真真地读了好几遍,可错别字就在眼前却没有发现。以上三位学生看似都在检查,但效果都不理想:学生小俞检查时容易分心,外界的任何动静都会打断她的检查,等她回过神来,往往不知道自己检查到哪里;学生小磊根本不会检查,检查时"一目十行",看似检查了很多遍,其实都没有效果;学生小赵没有掌握正确的检查技巧,没有把读、看和想结合起来,只是读答案,没有对题目和答案进行再次思考,只是对题目和答案进行了一次复述。

上述三种现象其实是三年级学生三种心智发展水平的不同表现。从三四年级开始,随着知识复杂程度的增加和个体发展水平的不同,学生心智的发展水平开始出现差异性。如学生小磊的表现,说明该学生心智发展层次较稚嫩,完全没有意识到检查的重要性,敷衍了事。学生小俞的表现,说明该学生心智发展水平已有了成熟的萌芽,比如对成功和获胜的渴望,对作业比别人写得快的渴望,有了一定的竞争意识,但是受制于发展水平，还不能完全静下心来检查作业。学生小赵的表现，说明该学生心智发展水平较同龄人来说成熟，已经意识到检查是使作业更加完美的重要途径，是一个良好的习惯，但对于具体的检查方法还比较茫然，需要教师适时加以指导。

了解了学生在检查方法和习惯上存在的盲点后，结合低年级学生的心理特点和认知发展水平，我在方法的指导和习惯培养上，主要采取以下措施。

第一，授之以"渔"，教授方法。正确的检查方法，应该是"看"和"思"的结合。不仅要读题目和自己的答案，更重要的是对题目和答案进行再次思考。要读清楚题目的意思，并思考题目到底要求回答什么。读自己的答案时，不仅要检查是否有添字、漏字、错别字等情况，句子是否完整，标点是否正确，更重要的是要思考自己的答案是否符合题目的要求，答题方式是否正确。

此外，检查的时候注意力要集中，按照题目序号依次检查，不能出现跳题、漏题等现象。检查的时候也要灵活，不会做的题目或者不确定的题目可以用铅笔在题号处做好标记，等到其他题目检查好后再仔细思考。

第二，兴趣为先，激励为主。兴趣是最好的老师，鲁迅先生曾说："没有兴趣的学习，无异于一种苦役；没有兴趣的地方就没有智慧和灵感。"低年级的学生在行为习惯的养成上缺乏自觉性和自律性，也很难有持续性，这就需要老师通过多种形式激发他们的兴趣。

一是采用语言激励法。结合低年级学生的心理和认知发展特点，我采用了一些充满童趣的语言。当学生做好练习开始检查时，我会对学生说："做好了别忘了检查，看谁'火眼金睛'，能把那些让你扣分的'妖怪'找出来。"当我在巡视过程中发现有学生检查出错误后，我会马上进行表扬："×××真厉害，任何小错误都逃不过你的眼睛，加油！""×××也很厉害，也检查出了很多错误，老师真佩服你啊！"……被表扬的学生听后信心大增，检查更加认真仔细，其他学生也不甘落后，纷纷效仿。渐渐地，做完练习的学生不再抬头东张西望，而是低着头认真检查。

二是鼓励学生"学当小老师"。低年级的学生对老师有一种崇拜心理，在许多行为上喜欢模仿自己的老师。根据学生的这一心理和认知特点，我以两人为一组给学生指定了"学习伙伴"，在简单的听写或者默写作业完成后,让学生当"小老师"互相检查。当"小老师"发现对方有错误时,就用蓝色的笔圈起来让对方进行订正,然后我再进行批改。如果"小老师"检查出了"学生"的全部错误,就奖励给"小老师"一个笑脸。通过"学当小老师"这个活动,学生从模仿老师的过程中获得了一种体验的满足,当他们检查出"学生"的错误时,他们也得到了一种成功的体验,这些都极大地激发了学生检查的兴趣和积极性,同时也在不知不觉中掌握了正确的检查方法,养成了良好的检查习惯。

通过以上措施,学生检查的兴趣、积极性提高了,也在检查中认识到了检查的重要性,获得了一种成功的体验,这种认识和体验进而又促进了学生检查的兴趣和积极性,形成了一个良性的循环。学生在成功的体验中掌握了正确的检查方法,养成了良好的检查习惯。一学期下来,我发现学生作业的正确率越来越高。家长也向我反映,孩子在家里做完作业后都能自觉地检查,再也不用家长帮忙检查了,而且回家作业的质量越来越好。

二、案例分析

在教学实践活动中,情境创设是教师进行反思性实践的基础。教师在创设的情境中,与学生进行有效的互动交流,从而可以在实际的教学环节中发现问题所在,找到自身教学实践反思的关键问题。[①] 在本案例中,学生小陈虽然自认为认真检查了作业,但仍有不少书写错误,这令老师和小陈都非常困惑,学生不知如何检查作业的问题情境引发彭老师的思考。

教师进行反思性实践的首要任务就是发现问题。发现问题后,教师要积极寻找解决这一问题的措施,从而提高自己的教学质量。学生是教师进行反思性实践的研究对象,因此,教师与学生间的有效交流与沟通是解决问题必不可少的步骤。案例中,彭老师认真观察了学生检查练习的不同表现,并由此分析学生检查作业效率不高的原因。学生小俞在检查的过程中多次抬头,彭老师与小俞交流后发现,她检查不出错误的主要原因是注意力不集中,只顾着排名——谁是第几个完成练习的;学生小磊检查作业的速度快,一目十行,其实是根本不会检查;学生小赵虽然认真,但是没有掌握检查作业的正确方法。彭老师在具体的情境中,准确地找出学生检查作业的问题,并结合学生的个性和心智发展水平来分析学生检查作业问题的原因,进而抓住最根本的问题,保证反思性实践的有效性。

---

① 潘琰.教师教育的反思性实践[J].科教导刊(上旬刊),2014(3):63,91.

寻找到解决问题的措施和方法后，教师需要对方法的实践成效进行检验，并及时反思总结，促进反思性教学实践更具科学性和合理性。针对以上问题，彭老师一是教授给学生检查作业的正确方法，二是用语言激励法、"争当小老师"的方法巧妙地调动学生检查作业的积极性。实践表明，学生检查作业的兴趣和积极性极大地提高了，也获得了成功的体验，他们初步养成了检查作业的良好习惯。

第三节　行动研究和教师的能力提升

行动研究（action research）是由美国社会心理学家勒温（Lewin）提出，他强调行动与研究间的密切关系。在教育领域中，行动研究主要表现为行动与研究紧密结合、主体与客体的重置、创新与改进相促进的特点。此外，行动研究是一种螺旋循环的反省过程，每一次螺旋循环都包含计划（planning）、行动（acting）、观察（observing）和反省（reflecting）四个基本阶段，按此螺旋循环进行，不断推进研究的进程。行动式研究对教师能力的提升具有重要作用，主要表现为行动式研究有力促进教师对教育行为的反思、教师对教育理论的学习、教师教育实践能力的提升及教师教育研究能力的提高四个方面。

一、行动研究的概述

（一）行动研究的概念

行动研究是一种研究和工作的方法。行动研究起源于 20 世纪三四十年代的美国，由美国社会心理学家勒温（Lewin）提出。他在其《行动研究与民族问题》一文中，首次提出"没有无行动的研究，也没有无研究的行动"，正式提出"行动研究"的概念、功能和操作模式。[①] 勒温最初提出的行动研究主要指专家与实际工作者针对实际问题而进行的合作研究，随后，行动研究广泛地运用于教育领域。

国外研究者们从不同角度对行动研究进行定义。大部分学者认为行动研究是为了改进实践的批判性反思过程。如澳大利亚学者凯米斯（Kemmis）指出，行动研究是由社会情境（包括教育情境）的参加者，为提高

---

① 勒温.行动研究与民族问题[J].陈思宇,等译.民族教育研究,2019(2):129-135.

对所从事的社会或教育实践的理性认识,为加深对实践活动及其依赖的背景的理解而进行的反思研究。① 又如卡尔和凯米斯(Carr and Kemmis)在《国际教育百科全书》中提出的定义,行动研究是一种情境的参与者,为提高对所从事的社会或教育实践的理性认识,为加深对实践活动及其背景的理解而进行的反思研究。② 其中,最明了、最广为接受的定义由行动研究的积极倡导者艾略特(Elliot)提出,他认为行动研究是对社会情境的研究,是从改善社会情境中行动质量的角度来进行研究的一种取向。③

20 世纪 80 年代以后,行动研究逐渐引入我国,受到我国众多学者的关注。陈向明认为,行动研究是一种重置实践者与研究者身份的重要研究手段,倡导实践者对自身实践情况做出判断,辅以研究者的合作帮助,从而采取行动改善所处环境。④ 崔永华综合各家观点,指出:"教师行动研究是这样的一种研究理论:它以改进教学过程、提高教学质量为研究目标;以教师实施的课堂内外教与学的行动为研究对象;以教学行动的实施者(教师)为研究主体;以研究行动与教学行动的互动为研究方法基础。"⑤

简而言之,行动研究主张"行动"与"研究"合二为一,是以教育工作者为研究主体,以解决教育工作中特定的实际问题为导向,以改进教育实践为目的的研究方法。

(二)行动研究的特征

英国学者麦克尼夫(McNiff)认为行动研究的核心特征有参与性、合作性、系统性、实验性。⑥ 刘良华指出行动研究具有参与、合作、改进、系统这四个基本特征。⑦ 综合前人的观点,行动研究的特点主要概括为以下几个方面。

---

① Kemmis S,McTaggart R. The Action Research Planner [M]. Victoria:Deakin University Press,1982.

② Carr W,Kemmis S. Becoming Critical:Education,Knowledge and Action Research [M]. Victoria:Deakin University Press,1986.

③ Elliott J. Action Research for Educational Change [M]. Milton Keynes and Philadelphia:Open University Press,1991.

④ 陈向明. 什么是"行动研究"[J].教育研究与实验,1999(2):60-67.

⑤ 崔永华.教师行动研究和对外汉语教学[J].世界汉语教学,2004(3):89-95.

⑥ McNiff J. Action Research:Principles and Practice[M]. London:Mcmillan Education,1988.

⑦ 刘良华.行动研究的古典精神及其转化[J].集美大学学报(教育科学版),2002(3):11-16.

1.行动与研究紧密结合

行动研究要求研究者在行动与研究之间建立密切的联系。首先,教育研究者是为行动而研究,研究的目的在于解决教育教学中存在的问题。其次,研究情境和研究方法是在行动中研究,将理论与实践紧密结合,以理论指导实践,以实践促进对理论的认识。最后,课题的研究对象是行动者本身,这是行动研究的独特之处。

2.主体与客体的重置

在传统的研究方法中,研究主体是专家,研究客体是教育情境中的具体问题。但是传统的研究方法面临着专家的理论成果无法恰当地应用于教学实践的难题。同时,教学实践中产生的问题又难以运用合适的理论解决,导致理论与实践的脱节。在教育教学领域,行动研究中的教师既是研究者,也是实践者,兼顾了主体与客体的角色,能有效地提高研究的成效。

3.创新与改进相促进

行动研究是一个不断循环和螺旋上升的动态研究过程。通过不断探究与思考实践过程中的问题,结合相关教育教学理论,从而改进教学实践。实践改进的过程也是新知识生成的过程,研究者在此过程中积极推进行动、持续反思实践,创建适用具体教育情境中的动态理论,从而实现创新研究与改进实践的统一。

(三)行动研究的步骤

勒温被称作"行动研究之父"。他认为行动研究是一种循环连续的反省过程,并且每一种螺旋循环都包含计划(planning)、行动(acting)、观察(observing)和反省(reflecting)四个基本阶段。行动研究在经历一轮的"计划—行动—观察—反省"之后,又在此基础上建构新一轮的"计划—行动—观察—反省",按此螺旋循环进行,从而不断推进研究的进程。计划、行动、观察、反省四个环节的基本内容与要求如下。

计划应具有弹性,足够灵活,能够适应未曾预料的情况,并在教育实践中根据现实情况及时调整。因此,从这个角度而言,计划是暂时性的、具有尝试性的。这使研究者能更轻松、更谨慎地在更大范围内行动。

行动是指经过缜密考虑、将计划付诸实践的过程。行动是观察和反思的基础,是后来阶段的发展阶梯。由于行动是在真实的环境中进行,面临各种情境制约因素。因此,行动也需要灵活机动,随时根据实际情况做出相应的调整。

观察指在行动的过程中,认真观摩、察看实践中存在的问题,搜集相应的资料,以便为接下来的"反思"环节提供真实可靠的材料。因此,观察应该根据研究目标,有步骤有计划地进行,并随时记录未曾预料的情况。

反思是对行动的效果进行反省与思考,并在此基础上进一步计划、行动,再次推进行动研究。这时,研究者要对观察阶段记录下的行动过程、疑惑、制约因素等进行反思,尝试找出解决问题的方法,从而改进教育实践。

二、行动研究对教师能力提升的重要性

(一)行动研究有力促进教师对教育行为的反思

大部分教师只有在每学期的重要考试结束后才会去分析总结教育教学过程中的问题与经验,在平时的教学中很少主动去思考与探讨如何改进教学、提高教学效率。通过行动式研究,教师不断进行"计划—行动—观察—反思"的行动研究过程,他们在行动中分析教学,系统反思教学行为,改进教学过程,这种反思与总结对教师教学能力的提升至关重要。

(二)行动研究有力促进教师对教育理论的学习

行动研究中的教师需要兼顾理论与实践,他们既是行动者,也是研究者。教师在行动研究的过程中,若想要深入地剖析问题、进行反思、改进实践,就需要扎实地钻研教育教学理论知识,用理论知识指导实践。这有力促进了教师带着教育教学实践问题自主地、有针对性地学习相关教育理论,加深了教师对教育理论的理解,起到了事半功倍的效果。

(三)行动研究有力促进教师教育实践能力的提升

行动研究的过程是教师教育实践和教育反思紧密结合的过程。教师在行动式研究的过程中,不断反思教育行为,不仅加深了对教育理论的理解和认识,还可将所学理论运用于日后的教育教学实践中,使教育教学实践更加科学、合理、有效,从而实现教育理论与教育实践结合效益的最大化,有力提升教师的教育实践能力。

(四)行动研究有力促进教师教育研究能力的提高

随着教育改革的深入发展,教师不仅要善于教学,而且还要善于开展教育教学研究。由于一线中小学教师的日常工作就是教育教学,不可能像专业的研究者一样开展规模性的教育调查和教育研究。而教师开展行动式研究所面对的研究对象就是本班学生,研究对象取样方便,研究规模适当。结

合教育实践进行边行动边研究的方式,不仅适合教师,而且能有力提升教师的教育研究能力。

三、行动研究的案例分析

【案例 5.6】用"爱"点燃"角落"学生的希望之光

一、案例背景

　　黄老师是班主任兼语文老师,在担任班主任的过程中,黄老师边行动边研究,不断探索解决"角落"学生(被老师和同学忽略的学生)心理问题与学习问题的方法,并总结出自己的德育经验与心得。对于身处"角落"的学生,黄老师认为教师要多给他们一些理解与关注。这些孩子大部分是因为家境贫寒,内心自卑,缺乏自信,而不善于表现自己,他们只是希望得到老师和同学的关注。教师的一个微笑、一句鼓励,甚至是一个充满信任的眼神,都有可能重新激发他们的希望之光。以下是黄老师在任教过程中的一个案例,他用"爱"的钥匙,打开了这些学生的心灵之门,走进了他们的内心深处,唤起了他们对学习的希望。

　　因工作需要,我接任五年级的班主任工作。对我来说,学生是全新的,我需要熟悉了解他们,获得他们对我的信任和尊重。

　　一次午饭过后,我去教室里转悠,一个黑黝黝的高个子女生引起了我的注意。她衣着朴素,安静地坐在座位上写练习卷。引起反差的是,此时绝大部分孩子在教室里玩闹、聊天。而且,她做的这份练习是她自己课外买的。我问她的名字,她有点羞涩地告诉我,她叫小涛。小涛给我留下的初步印象是刻苦上进。

　　从其他任课老师的评价中,我了解到小涛是一名默默无闻的学生。她来自云南,和母亲生活在一起,她的哥哥也在这边打工,家庭生活条件比较差。可能是这些因素造成了她的自卑心理,所以她比较文静内敛,不善于表现自己,生怕自己出错,遭到同学嘲笑。久而久之,小涛也慢慢成为班级中的"角落"学生。但是,这个孩子能吃苦,有上进心。因为她深知,唯有通过自己的努力学习,将来才有可能改变命运。

　　为了更好地激发小涛的学习动机,帮助她树立自信心,我在当周的班队课上大力表扬了小涛同学课间发奋学习,让同学们以她为榜样,学习她的这份刻苦、自觉与上进。当我看向她时,从她的眼神中,我读出了一份欣喜和喜悦。

　　从此,她更喜欢语文,在课堂上总能积极发言,课后作业最先完成的也是语文。而且，每次放学，她都会特意来办公室门口和我道别。我明显感觉到了这个孩子已经对我产生了信任和尊敬。因为她认真刻苦，而且在语文学科中表现出色，所以我让她担任了小组长。

一天中午，她偷偷跑到我的办公室，告诉我班长没有完成作业，而且已经不是第一次了。听到这个事情后，我很惊讶，惊讶于班长会偷懒，更惊讶的是，她居然如实向我汇报情况。因为小涛和班长是形影不离的好朋友，而且这个班长有点霸道，无人敢惹。

我问："她是你的好朋友，而且她是班长，班级里没人敢报告她违反纪律的事，你为什么愿意站出来说这个事？"

小涛说："因为她已经多次不交作业了，我不想让她一直这样下去，而且您既然让我做了组长，我就不应该瞒着您。"

我没有想到，这个孩子身上有这么强烈的正义感和责任心。从这以后，我就更喜欢她了，对她的关注也越来越多。第二个学期，因为课代表严重违反纪律而被撤职，我就把这个极其重要的工作交给了她。

孩子进入青春期后，就会遇到很多成长的烦恼。进入六年级后，小涛也遇到了她的成长烦恼。

小涛的作业质量开始下降，课堂注意力也不集中，单元练习的成绩非常不稳定，处于下降趋势。而且，我发现她的眼神总是处于游离状态。以前她的眼神充满了对知识的渴望，眼里总是闪着上进的火花。可是，现在她的眼神失去了这种光。

为了查明小涛同学最近学习不在状态的真正原因，我通过观察、访谈、家访等多种方式进行了解。经了解，她的问题主要出在以下两个方面。

第一，沉迷手游。通过了解，我发现小涛迷上了手机游戏。她回到家后经常偷偷地玩手机游戏，作业都是敷衍了事，更不可能再像以前一样找课外的练习做。

第二，早恋。通过观察，我还发现她和我们班的一个男生走得很近。这个男生个子高高的，长得白白净净，不论外貌还是体型，都很讨小女生喜欢。但是，这个男生学习能力较弱，写作业动作慢，常常留晚学补作业。每次这个男生留晚学的时候，小涛就会悄悄地留在教室里做作业；轮到该男生值日时，她也会默默地留在教室里或是在远离教室的走廊上等他。有时我让小涛早点儿回家，她就悄悄地在校门口等着该男生。

为了帮助小涛解决成长中的困扰,不沉迷于手机游戏,正确与异性交往,我采取了以下行动。

一是班队课心理辅导。我给孩子们上了"不沉迷手机游戏"和"如何处理青春期和异性同学之间的关系"为主题的班队课。在班队课上,我的眼睛多次扫向小涛,她也明白我上此次班队课的用意,面露羞愧,低着头不敢看我。

二是以心换心,平等交流。孩子们都怕被叫到办公室谈心,因为老师们往往会居高临下,盛气凌人。我知道,对于小涛这样的孩子,她更需要的是理解和帮助,而不是一味地指责和说教。所以,我常常把她叫到花坛边或操场上,和她边走边聊,让她放下心中的芥蒂,感受到我对她的尊重。我没有捅破早恋的这层窗户纸,只是旁敲侧击地说,让她安心读书,不要把精力花在其他地方,只有现在努力学习,将来才有可能成为更好的自己。

这学期的期末成绩出来了,小涛没有考到优秀。虽然这是我预料之中的事,但是我仍有点痛心。因为她的能力远远在这个成绩之上。我不禁怀疑自己,难道我在她身上使用的教学策略是无效的吗?

晚上,她用 QQ 给我发来一条消息:"黄老师,我这次没考好,以我的成绩不再适合担任课代表了,我想辞去这个职务。对不起,让您失望了。"

让我出乎意料的是,这个孩子居然有这么大的勇气,能主动和老师发信息承认自己的不足,而且因为愧疚,想辞去课代表的职务。我立马给她回复了一条信息:"我当初选你做课代表,不单单是因为你的成绩,更重要的是你认真、刻苦,还有那份正气。这次没考好,不代表你不行。我们应该认真查找原因,改正缺点。希望你下学期好好努力,不负青春,不负韶华。"

毕业的那个学期,她依然不在学习状态。毕业考试成绩发布后,让人大失所望。举行典礼那天,她没有来学校。但是她给我发了条信息:"老师,对不起,我辜负了您对我的信任。我要回云南老家读初中去了,我一定会好好努力,不辜负您对我的信任。"

往后几年的教师节,我都会收到她的祝福短信,其中有一年的信息让我倍感欣慰:"黄老师,您教我的那句话我依然记得,是您让我学会了做事认真、仔细。感谢您当年对我的信任和关怀,让我能更加自信地坐在教室里学习。现在,我的语文成绩进步很大,每次测验都在班级前五名。而且我再也不讨厌数学了，小学时拖后腿的数学，也慢慢赶上来了。我一定会好好加倍努力，当我下次再见您时，一定是一个更优秀的我。"

二、案例分析

在此案例过程中，黄老师不断进行"计划—行动—观察—反思"的行动式研究过程，他在行动中发现问题，分析实践效果，反思德育方法，提高自身德育教学能力。

黄老师先是进行了课间观察，观察是行动研究的中心内容。黄老师具有一双敏锐的眼睛，善于发现学生身上的优点。他在课间发现认真做课外练习题的小涛，并找到小涛身上"刻苦上进"的闪光点。黄老师还根据任课老师的评价，分析该生心理自卑形成的原因。黄老师认为，家境贫寒是该生产生自卑心理的主要原因，并计划采取一定的措施帮助小涛树立学习的自信心，激发其内在学习动力。黄老师马上行动，他在班队课上大力表扬了小涛同学的积极上进，并倡导同学们向她学习。采取行动后，黄老师开始观察行动的效果。黄老师发现，小涛的语文学习积极性大大地提高了，不论是语文的课堂表现，还是课后与老师之间的交流，都表现出强烈的积极性，与老师之间的关系也更加亲近了。同时，小涛同学还勇敢地向班主任说明了班长不交作业的情况，这是小涛同学信任、亲近老师的表现，也进一步说明了黄老师对"角落"学生的关注与友爱是具有一定的成效的。

小涛进入青春期后，在学习上开始表现得心不在焉、敷衍了事，不如以前上进刻苦了。她遇到了成长中的困惑。这时，黄老师敏锐地观察到了小涛同学的问题，并探究出现问题的原因，这是黄老师在行动中的观察。查明小涛同学的问题后，黄老师针对小涛同学存在的问题采取了有效的措施，一是心理辅导，二是真诚交流。但是期末考试成绩出来以后，小涛的分数仍然不是很理想，远远没有发挥出她应有的水平。这促使黄老师反思自己的教学策略是否存在问题，进行行动中的反思。虽然一直到小涛小学毕业，黄老师也没有寻找到合适的教学方法切实地提高小涛的成绩。但令人欣喜的是，正是黄老师对小涛默默的关注、信任、理解与关爱，才让她更有信心去面对以后学习中、生活中遇到的困难，对她的人生产生了深远的影响。

黄老师在行动研究的过程中，积累了解决"角落"学生心理问题与学习问题的方法，加深了对教育本质的理解。黄老师在反思中写道：教育的本质是一种灵魂的唤醒，是激发学生内在的学习动力。这也进一步推动了黄老师的专业发展。

【案例5.7】教师的"一小步",学生的"一大步"

一、案例背景

小学一年级是学习生涯的重要起步点,学生在入校后会经历一个较长时间的心理调适过程,其适应性能力的发展对小学阶段的学习至关重要。程老师通过对一个单亲家庭孩子的应激情绪反应的研究,分析其应激源产生的背景,运用心理引导、情绪控制、家校互动、参与集体生活等方法,帮助其改变旧有认知,消除不良情绪,达到稳定情绪的目的,最终融入集体学习和生活。

程老师是一年级六班的班主任,为了对学生和家长有一个全方位的了解,为下一步工作做好充分的准备,开学初程老师对全班学生进行了家访。在家访中,小豪的情况让程老师印象特别深刻。小豪是单亲家庭的孩子,妈妈忙于生计,没有太多的时间陪伴他,而他比较活泼好动,思想上也比较独立,但是在妈妈的严厉管教下,他很害怕妈妈,对妈妈言听计从。家访后,新的学期就开始了,平日里看得出来,小豪的家庭并不宽裕,他的穿着都是亲戚家孩子的旧衣服,与周围同学亮丽的衣服形成了鲜明对比。第一学期,班级里的学生普遍还是比较乖巧听话的,家长也很配合支持班级的工作,一切看上去风平浪静,六班也被公认为好班级。

在中午的自修课上,全班同学在班干部的管理下,完成了语文朗读作业。小豪因学习态度不端正,被班干部点名批评。没想到小豪拔出拳头重重地打在班干部身上,接着两人扭打在一起,由于小豪个头小,丝毫不占上风。等程老师从隔壁班级匆匆赶来,发现小豪周边的几张桌子已经被他掀翻,地上到处是课本、作业本和文具,现场一片狼藉。这时,小叶同学好言相劝,他立马抢夺小叶的文具盒,一个精致的文具盒瞬间被砸得粉碎。对于程老师的制止,小豪仍是挥拳相向,而程老师的劝说,换来的只是他的吼叫。同学们第一次见到"发了疯"的小豪,吓得瑟瑟发抖,有人大喊:"小豪发神经病了!"出于无奈,程老师马上联系家长,他妈妈却表现得异常淡定,她给的建议是:面对这种情况谁都没有办法,让他在门外嚎叫,等他消磨光了力气,自己便会停下来的。另外,她也没有时间来学校配合做工作,她还要上班干活,即使下午马上要进行期末的面试考试,她也表示无能为力,并让老师自己看着办。

班级学生在程老师的安抚下,安安静静地开始复习,班级秩序得到了恢复。一小时后,小豪嚎叫得精疲力竭,果然如他妈妈所说,经过一段时间的释放，他自己消停了，于是程老师让他喝了点水，和同学们一起排队，出发去参加期末的面试。

考试后，程老师和小豪在走廊上进行谈话。

程老师：小豪，之前的事情班干部有没有冤枉你？

小豪：没有。

程老师：那你为什么要把桌子掀翻，还把小叶同学的文具砸碎？

小豪：她们都看不起我。

程老师：她们怎么看不起你了？小叶也只是劝你要冷静啊。

小豪：她们说我就是看不起我。

程老师：那你在家里也会这样做吗？

小豪：一般不会。妈妈的男朋友很凶，要砸东西，骂人，打人，很危险，我不敢。

程老师：那你生气的时候，妈妈会安慰你吗？

小豪：要看她心情的。老师，这件事你不要告诉我妈妈，她会不要我的。

程老师：老师会保密的。

通过这件事情，程老师发现小豪的问题还是比较严重的。一个单亲家庭的孩子，很小的时候父母离异，和妈妈相依为命。妈妈平时对小豪的行为，常用"大喜大悲"的简单粗暴的教育方式。只有小豪表现好的时候，才会给予表扬和奖励。小豪平时比较好动，一旦犯错误时，妈妈总是会用"我不要你了"这句话来威胁他。对一个生活在单亲家庭的一年级学生来说，妈妈是他的全部依靠，如果连妈妈都不要他了，他就无法在这个社会生存。所以，这句话对他的伤害力巨大，在他幼小的心里会造成随时被遗弃、被抛弃的不安全感。而他妈妈也错误地认为，家校间压根就不存在配合的问题，学校里的事跟她没有关系，老师对学生就是有教育的义务和责任。他们的家庭氛围并不和睦，妈妈男朋友性格暴躁，有时可能还有暴力倾向，可能会在无形中影响小豪的性格，使他错误地认为通过大声嚷叫、打砸物品，表现出愤怒的情绪，可以让同学们屈服。综上分析，小豪具有单亲孩子的一些显著特征，如自卑、敏感、有攻击性、遇事易冲动等特点，这类学生情绪不稳定，易失控，容易产生不良应激情绪。既然发现了小豪的问题，程老师就开始琢磨，如何尽最大可能将其"引入正轨"，让其融入集体生活，建立一个稳定的情绪。因为"不放弃每一个学生"，是人民教师的职责和使命所在。

"迟日江山丽，春风花草香。"在春天的呼唤中，学校迎来了第二学期。班级各项工作有条不紊地进行着，同学们经过一学期的学校生活，渐入佳境，越来越像小学生了。唯独小豪，明显和其他同学不一样，非常敏感，常常因为一点小事，冲出教室，跑得无影无踪，搅得任课老师非常头疼，常常因为他影响其他学生正常上课。等到他的情绪发泄完，他又会像没事人一样坐在教室里继续上课。同学们对他无缘无故发脾气的行为，非常讨厌，其他家长了解情况后，私底下也都很有意见。而小豪妈妈不接电话，不回复微信，经常处于失联的状态，完全不关心小豪的在校情况，导致家校间也难以沟通。

全校进行运动会彩排，小沈提醒站在他前面的小豪排直队列。结果小豪回转身，对小沈一顿暴打，小沈不敢还手也没有逃跑。同学们知道小豪的脾气，也都不敢劝架，怕引火上身。程老师发现后马上制止他的暴力行为，结果他还在那挥舞着拳头，一定要打到他觉得心满意足为止。程老师见势赶紧示意小沈离开队伍，避开他。

小豪躺在地上开始鬼哭狼嚎，又开始了"疯癫"表演，其他老师这时也都过来安慰劝说他，但根本没有效果，谁的话他都不听。直至运动会彩排结束，他自己站起来，拍干净身上的灰尘，"挥一挥衣袖"，和同学们一起排队返回了教室。

虽然小豪妈妈很难联系到，但是程老师还是抱着试一试的想法，再次联系了她，并成功与她取得了联系。联系上后，程老师就约见了当事学生和家长。

（程老师和小豪、豪妈、小豪新爸等在马路边的一次谈话）

豪妈：程老师，这段时间给你添麻烦了，小豪很不听话。

程老师：开学以来，小豪经常破坏班级秩序。我无法联系到你，就不能及时把问题反馈给你。再这样下去，后果会很严重的。

豪妈：沈妈也批评了我，是我的家庭教育方式出问题了。

程老师：对，你以后不要说"不要小豪了"之类的话了，这会让他没有安全感。

小豪新爸：小豪遇到事情，你应该帮他分析对和错，而不是放任他发泄。

程老师：他闹的目的是引起我们的关注，他缺乏关心和安全感，你们家长要多关心关心他。

小豪：我以为同学们都看不起我。

程老师：他们不是看不起你，而是你自己经常乱发脾气，你再这样闹下去，同学们是不会跟你玩的。

小沈：你只要不打我们，不乱发疯，我们还是好朋友。

沈妈：小豪，这次你打小沈的事我们不再追究了，但是你以后千万不能再打同学了，同学间要互相团结，只要你不打人，没有同学会看不起你的，他们也不会孤立你。

小豪、豪妈、小豪新爸再三保证小豪不会再打人、再乱发脾气了，遇到事情会跟老师交流，家校间也会多联系的。

经过马路边的谈话，小豪第二天精神状态焕然一新，从不参与集体活动的他主动提出要打扫教室卫生，这让程老师感到非常欣慰。在以后的一段时间里，经常可以看到小豪为班级做好事的身影，让人刮目相看。在班干部选举会上，同学们看到了小豪的进步，而他的学习成绩也名列前茅，大家纷纷推举他当学习委员助手。看着手臂上的"一杠"，小豪的心里美滋滋的。为了让新任班干部有危机感，程老师设置了一个月的考核期，在考核期内必须表现优异，否则随时随地会被撤销荣誉。

在一次美术课后，程老师发现小豪无故离开座位绕着教室转圈圈，程老师正想批评他时，发现他在地上找来找去，还偷偷地抹眼泪，不停地扯自己的衣服，表现得异常焦虑。当得知是他新买的彩色笔丢了后，程老师赶紧安慰他，并发动同学们一起帮他找彩色笔，终于在一个不起眼的角落找到了彩笔，小豪又眉开眼笑了。

小豪的问题依然存在，但是症状在逐渐减轻，失控的次数在逐渐减少。可能应激源达到一定的极限时，他就会爆发。应激源是指环境刺激威胁到个体的重要需求和应对能力时，所产生的一类特殊心理、生理反应。应激源的产生具有不确定性、未知性等特点，加之小豪具有对事敏感、易怒、情绪易变、过度反应等特点，在行为上以自我为中心，有攻击性，易冲动，要稳定其情绪并不容易。所以解决小豪的问题，不可能一蹴而就，程老师要经常开导他，并时刻提醒他，作为学习委员助手，手臂上的"一杠"，既是荣誉也是鞭策，要树立为班级服务的责任心，让其以积极的面貌面对挑战。给小豪的"一杠"，是同学们对小豪的肯定，也是程老师对他的鼓励，有助于让小豪做到自我约束，这是程老师解决问题迈出"一小步"的升级版。

对小豪的情绪反应和稳定性问题的研究过程，是程老师在教师成长过程中的一笔宝贵财富。情绪是衡量人心理品质和身心健康的一个重要指标,在小学生的成长之路上更是扮演着重要的角色,积极稳定的情绪反应有利于小学生的健康成长。经过这次相对成功的教育干预,程老师的教育思维和教育视野开始发生转变。

二、案例分析

第一,家校互动是重心。人的情绪应激反应是生物属性和社会属性相互作用的复杂过程。因此,需要对学生的先赋性因素进行了解。家长对学生的影响永远是第一位的,家庭教育不能缺位,让家长对学生情绪的影响从消极转变为积极,是解决问题的重要一环,必须施加一定的教育干预。

第二,情绪引导是关键。教育点的取向要随着问题的发展随时发生变化,单纯的批评教育、就事论事显然不能解决问题,反而对应激情绪"火上浇油",大多数时候会适得其反。而鼓励、奖励为主的温和的教育方式更加有效,通过行为的正确引导,进行正向激励,久而久之就会取得意想不到的效果。

第三,对症下药是秘方。学生隐藏于内心的潜在消极情绪并不容易发现,每个学生都是有个性的,情绪是人的天性,既要尊重每一个学生的个性发展,对不良情绪要有所控制,对消极情绪要进行纠正,注重个性差异,多个角度、多种思维处理解决问题;对于积极的情绪则要正面引导,使积极情绪成为主流,从而为社会培养心理和人格健全的学生。

程老师的"一小步",让小豪跨出了"一大步",这必将为他人生增添浓墨重彩的一笔。他积极上进并不断变化的过程,也为程老师自己上了重要的一课。"路漫漫其修远兮,吾将上下而求索",小学生情绪反应和稳定性研究是一门很深的学问,必将伴随程老师今后的教师生涯,激励程老师不断创新,不断探索。

程老师边行动边研究,促进了其教育理论的学习,提升了教育实践能力,还提高了教育研究能力。

在第一个事例中,程老师第一次接触到情绪容易激动的小豪。小豪和班干部打起架来后,连老师的好言相劝也难以发挥效果。程老师与小豪妈妈沟通后才知道,小豪需要自己释放情绪。果然,小豪自己释放情绪后就恢复了平静。接着,程老师与小豪进行了交谈,进一步了解小豪的情况。在交谈中,程老师知道小豪的家庭氛围不和睦,他妈妈常常采用"大喜大悲"式的教育方式,家校之间也不存在合作,这都阻碍了小豪的身心健康发展。程老师认真观察小豪的表现,并分析小豪存在的问题。同时,程老师也在不断地思考,应该用何种方法稳定小豪的情绪,让他融入集体的环境中。此过程丰富了程老师对稳定易冲动学生情绪的教育实践,也促进程老师为下一步的行动计划做准备。

在大闹运动会彩排的事件发生以后，程老师依据上次处理小豪"发疯"事件的经验，任由小豪发泄情绪。在事后，程老师采取了与家长积极沟通的方式处理问题。在沟通中，豪妈深刻地认识到自己的教育方式存在很大问题，也意识到"不要小豪了"这句话对孩子的伤害力巨大。小豪新爸也表示要和豪妈一起教育好小豪。同时，小豪也清楚了自己乱发脾气是不对的行为。通过这次沟通，程老师认识到在了解学生情况的基础上，家校互动的方式也有很大的成效，进一步丰富了程老师的实践性知识。

小豪由此开始主动参与打扫卫生，为班级做好事，学习成绩也在稳步提升。虽然有时也会情绪失控，但是失控的次数慢慢减少了。在此过程中，程老师也不断地学习与补充情绪控制的相关理论知识，用理论指导实践。程老师认识到小豪由于家庭的影响，变得敏感、易怒、情绪易变，以自我为中心，有攻击性，易冲动，当他的应激源达到一定的极限时，情绪就会爆发。针对小豪的特点，程老师循序渐进地采取措施，帮助小豪逐步稳定情绪。

总之，此德育教育案例过程中的行动式研究，促进了程老师教育实践能力的提升。程老师将教育情绪不稳定学生的实践与反思相结合，不仅加深了情绪相关理论的理解和认识，也在此过程中总结出自己对于稳定学生情绪的三点教育心得：家校互动、情绪引导、对症下药。这是程老师提升教育实践能力的有效证明。在此过程中，程老师的教育研究能力也进一步得到提高。程老师观察、分析教育实践中的问题，结合相关的理论思考解决方案，并据此采取一系列行动，边行动边研究，促进了教育研究能力的提升。

第六章　更上层楼：以评价促进教师专业发展

教师评价之意义在于为教师工作发挥监督、导向与激励作用的反馈，最终应指向教师的专业成长与发展。在各方坚持不懈的实践与探索之下，当前慈溪实验学校已初步构建较为完备的教师评价制度。基于科学先进的评价理念的指导，学校建立了系统全面的教师评价体系并积极投入实践，主动寻求评价方式的突破，不断探索评价内容与标准的变革，在逐步调适中，借助创新性的评价手段与路径取得了显著成效。

第一节　评价理念——多元、动态、生长

理念是实践的重要方向指引，积极主动革新评价理念是高效开展教师评价工作的必要前提。慈溪实验学校始终秉持多元、动态、生长的评价理念，致力于从全面性、公正性、科学性等多维角度对评价理念进行全方位的更新，为进一步优化教师评价制度提供坚实的理论保障。

一、坚持发展评价，动态评估专业贡献

2018 年，中共中央、国务院相继出台《关于全面深化新时代教师队伍建设改革的意见》《深化新时代教育评价改革总体方案》等文件，提出应"推动

教师评价理论创新与实践改进,切实提高教育教学质量"。① 教师是教学活动的组织者和引导者,教师教学评价不仅是提升教师教学质量的关键途径,同时也是促进教师专业能力发展的重要保障机制。随着时代的不断发展与教育改革的不断深入,教师教学评价体系在学校治理体系现代化的进程中也发挥着愈来愈重要的作用。传统的教师教学评价侧重于结果评价,即重点关注教师的教学成绩,这不仅难以调动教师教学的积极性,也不利于学生的全面发展与学校的可持续发展。因此,创新有效、科学的教师评价体系势在必行。发展性教师评价作为一种综合性评价,具有过程性、动态性的特点。它在关注教师的教学行为与教学质量的同时,更加注重对教师专业能力的提升和未来发展潜力的评价,指向教师、学生、学校的可持续性发展,符合当下教育评价体系改革要求。② 它以教师的发展为核心,提倡以人为本的评价理念,侧重于形成性评价而不是结果评价,尊重与信任教师,反映的是教育管理者对教师的人文关怀。③

基于此,学校革新评价理念,树立发展性教师评价观,动态评估教师的专业贡献。通过开展以教师课堂教学为对象、以学生为核心的发展性教学评价,旨在优化教学质量管理并促进学生的全面发展。在此过程中,坚持评价主体多元化、评价内容多维度等原则,逐步完善教师教学评价体系的革新与建构。

就评价主体而言,学校在传统教师自评、同事互评和学生评价三个维度的基础上,进一步延展评价维度,邀请校内外优秀教师、专家对本校教师进行定期教研指导。同时,专设一支高质量的校级专家评审队伍,对教师进行多元内容的动态评价。评审队伍主要由具备丰富教学经验、过硬教学技能与高度责任感的骨干教师组成,包括专家教师、教研组长等。评审员利用观察记录册,定期记录每一位教师的课堂教学与班级管理情况,并围绕育人成效、教学效果、专业水平、教研成果、职业操守等方面,对其课堂教学质量、教育教学情况展开评价。就评价内容而言,单一的教学评价维度缺乏科学性,

---

① 中共中央,国务院.关于全面深化新时代教师队伍建设改革的意见(中发〔2018〕4号)[Z].2018-01-20;中共中央、国务院印发《深化新时代教育评价改革总体方案》[N].人民日报,2020-10-14(1).

② 谭健烽,蔡静怡,褚成静.基于发展性评价的高校教师教学评价体系构建[J].教育教学论坛,2021(42):9-12.

③ 司福亭.论发展性教师评价与教师专业发展[J].教育理论与实践,2009(24):37-39.

不仅不利于教师的专业发展,还有可能导致教师教学效能感降低、教学情绪消极、教学质量下降等不良后果。教师作为能动的主体,需要从不同的维度对其进行教学评价。为此,学校重构教师评价体系,积极推动评价内容的多维度开展。学校的教师发展性评价以多方联动协调为基础,以可持续性发展为宗旨,以教师素养、教学期待、教学支持、教学能力为评价维度,不仅关注过去,更着眼于未来①。发展性评价既关注教师的教学成效,也侧重于对师风师德及专业发展进行评价,旨在实施科学化、人性化的教学质量管理。除此之外,新的评价体系还能够帮助教师制定明确清晰的职业生涯规划,激发教师的内在动力和教学生命力,为提升教师的育人实效提供强有力的保障。

截至目前,学校的发展性教学评价实施已取得初步成果。一方面,评价主体与评价维度的多元化推动构建了更为公正、客观、科学的评价体系,各类评价主体基于各自不同的评价视角与维度,对学校教师展开了更为真实客观的评价;另一方面,学校已经形成了以教学过程为主线,以"评教"和"评学"为双内核的动态、扩展、包容性的评价方式,初步做到了对教师专业贡献的动态评估。其中,"评教"主要包括对教师教学策略和教学能力的评价,"评学"则侧重对学生学习状态和学习效果的评价,二者共同促成了评价体系内"教"与"学"的相互渗透与交融。

二、立足整体评价,提高教师教学效能

2021 年 6 月 19 日,上海师范大学举办了"第二届全国教师教育发展论坛",论坛以"新时代教师评价"为主题,期望通过集体讨论、互动交流等形式对"教师评价改革"达成共识和有效的对策。可见,教师专业评价已成为当下教育界关注的热点之一。② 一方面,当前我国的教师教学评价内容包含大量班级平均分、教师科研成果等硬性指标,这些指标往往与教师的最终绩效考核紧密相关,导致教师只关注现实利益相关的评价,而忽略了教学态度与教学效能感等隐性内容。在这一过程中,评价体系也丧失了促进教师可持续性发展的诊断、监督与激励作用。另一方面,在传统的评价过程中,评价者容易只见树木,不见森林,仅片面地基于自己在意的维度对教师做出最终

---

① 谭健烽,蔡静怡,褚成静.基于发展性评价的高校教师教学评价体系构建[J].教育教学论坛,2021(42):9-12.

② 汪珊珊,王洁.迈向新时代的教师评价——第二届全国教师教育发展论坛述评[J].比较教育学报,2021(5):132-140.

评价。这样的评价方式失效、失真，容易造成盲人摸象的后果，不利于教师对自我的全面认识与反思。可见，当前传统教学评价存在着"强调局部评价与忽视整体评价、强调结果评价与忽视过程评价、强调横向评价与忽视纵向评价以及强调单一评价与忽视多样评价"①的缺陷。究其根本，都是因为未能从整体视角进行评价而造成的。

因此，慈溪实验学校的教师教学评价体系摒弃传统的局部评价方式，以整体性思维为引导，以发展的眼光看待教师，为教师提供良好的专业成长环境。整体性评价旨在客观、准确、全面地对教师开展评价，不仅关注教师的以往行为，同时更注重教师目前的行为改变以及未来的行为倾向。此外，整体性评价提倡立足教师工作的多方面评价进行综合考量，强化评价对教师教学质量、师风师德的促进效果和影响水平。具体而言，慈溪实验学校坚持整体性教师评价观，从教师过往行为、目前状态和未来倾向这三个方面出发，通过相互结合、彼此参照、互相对比来进行整体考量，在此基础上形成关于教师的总体性评价。与此同时，重视过程、重视变化并重视整体，做到不偏颇、不片面，力求以客观全面的评价推动教师个体的持续成长。

有学者认为，教师整体性评价可分为始节点评价、段过程评价、终节点评价、段总体评价这四个维度。② 就始节点评价而言，其通常发生在职初教师阶段，学校主要通过对职初教师的知识储备情况、教学效果、职业认可度及未来的专业发展空间等方面的考察和评估，对教师进行形成性评价。段过程评价主要对教师的教学质量进行评价。教学质量是教学的生命，是学校、家长、社会关注的重点，也是达成教育目的的关键。它不仅关系到教师自身和学校的长足发展，更直接影响着学生的全面发展。学校在对教师进行教学质量评价时，不局限于结果，而是更注重教学过程评价，以期在促进教师专业成长的同时使学生身心获得健康全面的发展。终节点评价意为在某一个节点上评价中小学教师在过去一段时间内的教学成果和实效。终节点评价主要是总结性评价，包括教学效率评价和教学效果评价。③ 最后，实施段总体评价。段总体评价是指在始节点、段过程和终节点都评价后，对这三者的对比性评价。经过长期的日常观察，结合期末成果，总结教师在经历过三种评价之后所取得的改变与进步、进步的程度以及在改变过程中依旧

---

① 李子华.和谐发展取向的教学评价[J].课程·教材·教法,2007(5):21-26.
② 吴振利.论中小学教师之整体性教学评价[J].教育科学,2019(2):51-55.
③ 吴振利.论中小学教师之整体性教学评价[J].教育科学,2019(2):51-55.

存在的问题,旨在帮助教师自我反省与自我提升。

总体而言,学校以整体思维为主导,树立整体性教师评价,划分出不同阶段的评价维度,关注教师动态的发展与改变,以便更为及时地了解教师的教学素养发展。同时,以发展为导向开展评价,为教师未来提升教育教学水平和教学效能提供支持和保障。

三、开展适性评价,促进多元主体评价

所谓适性评价,是指以教师为评价对象,依据学校整体发展目标和学生成长目标,适时调动教师评价标准的综合性评价方式。它通过多元主体对教师评价的方式,促进学生学习提高、教师发展,其最终目标是促进学校发展目标的实现。[①] 适性评价关注教师教学过程的整体行为,以教师教学的内部指标、行为过程指标、动态指标等为评价依据,连接教师的动态成长。

基于以上理念,学校积极开展适性评价。首先,适性评价强调通过对教师师德师风、教学质量等方面的评价来促进学校教学质量的整体改善。以此为指导,学校注重把践行教书育人的成效作为教师评价的重要内容,在人才引进、职务晋升、工作考评中将师德师风、教育教学和人才培养情况作为评价的重要指标,进而推动师德师风建设常态化、长效化,以期更好地实现学校发展目标。其次,适性评价强调多元主体互动评价,注重同事、学生、家长、社会多元参与、多向互动对教师展开评价。当前,学校对教师评价的主体比较单一,仅限于校内,校外评价主体如家长、社会、企业等参与较少,存在第三方评价缺位的问题。因此,建立一个系统完善、相互配合的评价主体体系十分必要。基于此,学校充分调动校内外相关主体,尤其是家长群体,积极参与教师评价。多元评价主体有利于关照教师评价的多样性,能够给予教师更为公正的评价。最后,适性评价注重教师教学过程和学生学习成果。学者比希(Bichi)认为:"对教师表现的评价需要使人了解教师在课堂中如何履行其作为学习促进者的角色,从而转化为学生的学习成就和教师朝着所需技能和能力的方向努力。"[②]传统的教师评价以学生学习成果为导向,以学生获得最大收益和成就满足感为主旨,一定程度上忽视了教师教学的过程性评价,难以反映教师的教学能力及学生学习情况的全貌。鉴于此,学

---

① 刘翠航.批判和改进:21世纪美国教师评价思想及实践的矫正[J].教师教育研究,2021(4):115-121.

② 蔡敏,冯新凤.美国密歇根州中小学教师评价探析[J].世界教育信息,2016(7):54-58,62.

校融合适性评价理念,在对教师的评价过程中不仅关注学生的学习成效,追求超越与卓越,以实现学生的可持续发展,同时也关注教师教学实践的完整过程,关注教师如何设计支持学生的学习、用何种方式实施这些设计方案以及分析教学对学生学习的影响。其评价结果能够作为具体的教学反馈,有助于提高教师教学素养,促进教师教学实践的优化。

总体而言,学校所实行的适性评价是一种对教育投入、教育过程及教育结果进行全面系统评价的方式。多元评价主体基于明确标准的专业判断,以直接观察与间接观察结合的方式,评价教师在真实教学情境中的技能运用和问题解决能力,做到了公正、灵活地评价教学行为与教学成果,真实有效地促进了教师成长与学生发展。

四、提倡激励评价,唤醒教师成长自觉

教师是学校发展的人才力量,其精神状态和工作态度是影响学校组织兴衰的关键。教师对教育事业的忠诚及其对本职工作的热忱,深刻影响着学校发展的生命力。2000年9月,教育部等八部门联合下发《关于进一步激发中小学办学活力的若干意见》(以下简称《意见》)。《意见》指出,要强化专业发展的激励机制,帮助教师诊断改进教育教学问题,提高教育教学能力,促进教师专业成长。[①] 就定义而言,"激励"是指主体根据自身的需要,在动机的驱使下采取一定行动去努力实现所期望目标的一系列过程。[②] 人的行为受其动机影响,动机是引发人行为的内在动力之一。美国哈佛大学心理学家詹姆斯研究发现:一般情况下,人的积极性和能力只发挥了20%～30%,而在受到充分激励的情况下,人的能力可能发挥到80%～90%。激励评价理论认为,外部评价激励能激发人内在的需要动机,从而激励其为预期的目标而奋斗,一旦其取得成就,就会反过来进一步激励人们,从而形成积极情绪的良性循环。[③]

基于此,学校深刻践行激励评价理论,主张把对教师的评价同激励联系起来,通过定期读书会、国旗下讲话等多样途径,对教师的工作成果和能力表现进行表扬与鼓励,满足教师的内在心理需求,激发教师的工作动机,唤醒教师的成长自觉,从而促使教师的工作潜能得到进一步发挥。首先,学校

---

① 教育部,等.关于进一步激发中小学办学活力的若干意见[J].云南教育(视界时政版),2020(10):27-29.

② 王俊柳,邓二林.管理学教程[M].北京:清华大学出版社,2003.

③ 马仁杰,王荣科,左雪梅. 管理学原理[M].北京:人民邮电出版社,2013.

始终认为激励评价的重点在于优化工作而非问责,评价必须考虑教师的专业成长规律。对一些青年教师来说,他们教学经验还不够丰富,在备课乃至教学中出现一些小问题实属正常,如果在评价时对教师"分分"计较,往往会使教师倍感压力和焦虑,最终容易导致教师与学生"分分"计较,既影响师生关系和班级生活质量,也不利于教师与学生的长远发展。学校所实行的激励性评价将"评价"引导为"诊断",淡化批判性评价,将"鼓励教师成长"作为评价初心,以期鼓励教师以研究的态度内省自己的问题,诊断和改进自身教育教学实践。其次,提倡激励评价过程动态化,全面关注教师的发展。[①] 一切事物都是在不断变化中向前发展的,教师的成长亦如是。学校坚持激励性评价,以积极正向评价的语言和温暖宽容的态度评价教师的不足之处,勉励其进步。再次,提倡教师在日常工作中多思考、多审视、多调整、多积累,随时记录自己在工作中的创新点和不足之处,并定期进行相互交流评价,充分发扬民主评价的正面导向作用,强化教师的自信心与专业素养,从而推动教师课堂教学水平的提升。

最后,侧重激励评价中的人本性价值导向,旨在通过评价促进教师个人的发展。[②] 传统评价制度大多带有浓厚的管理色彩。许多学校把组织的业绩(如学校的发展、学校水平的提升等)作为构建教师评价体系的出发点,把教师评价同教师个人的业绩相结合,并因此决定教师的职称和薪酬,从而推进组织业绩的实现,这种评价方式往往忽视了评价制度促进教师个人发展的功能,具有明显的功利主义特征。[③] 学校的教师激励性评价从教师本位出发,通过教师评价促进教师发展并激发其工作积极性;同时借助书写班级日记、举办班级管理经验讲座等方式,使教师形成专业发展的自我激励能力。在不同激励评价与激励措施的作用下,制定具体、明确的目标,引导教师将自身的发展、自我价值的实现与教育事业整合起来,满足教师发展的需求,发挥其自主创新能力。

优化和加强教师激励性评价,有利于激发学校的教师发展活力,为构建高质量教育体系提供坚实保障。实践中,学校立足于教师发展,通过激励性

---

① 刘京海.成功教育[M].福州:福建教育出版社,2007.

② 杨世玉,刘丽艳,李硕.高校教师教学能力评价指标体系建构——基于德尔菲法的调查分析[J].高教探索,2021(12):66-73.

③ 方征,张雯闻,梁迷.蕴含主观业绩评价的教师激励契约设计——基于委托—代理理论的多案例研究[J].教师发展研究,2020(2):36-45.

评价使教师感到温暖，充满希望，明确前进方向，同时帮助教师树立正确、积极的价值观念，提高工作效率，为学校的发展提供坚实的人力资源保障。目前来看，激励性评价已取得一定成效，校内教师的教学热情和进取精神有所进步，教师提升教育教学水平的自觉性有所提高。

五、技术赋能评价，创新教师评估范式

在信息技术融入教师评价之前，教师评价通常以口头或纸笔的形式。由于教师工作是一个动态发展并且持续推进的过程，这一过程中的教师评价难免会存在评价信息碎片化、片面化的问题，其所搜集的评价资料，因为难以反映教师工作的日常生活而缺乏可靠的观点支撑。[①] 因此，教师评价往往会陷入主观评价甚至偏见评价的泥潭，教师评价亟待呼唤新型评价范式。随着信息技术与教育的融合，人工智能、云计算、大数据、物联网等典型的信息化技术如雨后春笋般涌入教育领域，教师评价正走在以信息技术为手段的康庄大道上。在此背景下，学校积极树立"技术赋能评价，创新评价范式"的理念，具体表现为以下四点。

其一，立足技术，推动教师工作评价的公正性、有效性、客观性。一是学校依托互联网评价系统技术赋能的作用，为教师评价的各个模块进行科学赋分，以期得到量化、科学的评价结果，凸显了评价的客观性；二是利用技术快速收集与处理数据的优势，提高教师评价的效率。学校依托互联网大平台方便获取数据的优势，实时同步统计每一位教师的总分数以及各模块分数，以期有效提高教师评价的效率，彰显评价的高效性；三是利用技术实现多元主体参与教师评价，建立学生、家长、同事等主体共同参与的评价监督与反馈机制，积极开发教师学期工作综合评价、教研组考核评价、教学情况评价、课堂教学评价、教师评价量化表等。

其二，以信息技术为手段，创新教师评价新范式。杜威曾说："教育是生活的必需品。"[②]在新时代背景下，就整个教育系统而言，技术赋能教师评价也是教育的必需品，是大势所趋。一系列基于网络、人工智能等技术的评价方式随着现代信息技术的发展使教师评价工作展现出崭新面貌。这些基于网络、人工智能等技术的新型评价方式，不再依托以纸笔为媒介的传统评价方式，而是以互联网为基础设施和驱动要素，兼顾评价标准的制定、评价信

---

①　崔延强，权培培，吴叶林.基于大数据的教师队伍精准治理实现路径研究[J].国家教育行政学院学报，2018(4)：9-15，95.

②　杜威.民主主义与教育[M].陶志琼，译.北京：中国轻工业出版社，2014.

息的搜集与分析、评价结果的发布与应用。[①] 学校借助技术手段，如大数据库等数字评价系统，对教师工作进行零距离、跨时空的监督与评估，一定程度上带动和推进了学校管理变革，创新了学校的教师评估范式。

其三，规避关注技术本身，导向激励师生双向发展。在技术赋能评价理念下，学校将尊重人、关怀人、发展人贯穿于教师工作评价的全过程，注重发展技术赋能下教师自我反思及自我教育的能力。同时，有学者指出，应警惕陷入海量数据带来的技术迷失，牢牢扎根教师专业发展这一根本目的。在教师评价日趋信息化的时代背景下，规避过分迷信技术量化数据得出的清晰结论。[②] 我们应关注的是人本身而非冰冷的数据，因此评价者需要辩证地看待技术赋能评价，把握质性评价与量化评价之间的平衡度。为此，学校力求辩证看待技术赋能评价，努力追求质性评价方式与量化评价方式的有机结合。

其四，充分发挥技术赋能下评价的科学性与实时性。一是技术赋能评价凸显了评价过程的客观性与科学性。智能设备和相关软件利用高级量化计算方法，能够快速、系统地收集教师工作相关信息，并对其进行整合和深入挖掘，从而以图表的方式直观生成教师评价的信息数据，方便学校对教师进行横纵向对比评价，保障评价的科学性与客观性。二是技术赋能评价决定了评价过程的实时性与系统性。技术赋能帮助评价者对教师的工作成果和发展潜能进行实时评判与预警预测。学校一方面借助相关技术，全方位采集在校教师的备课、教学活动、班级管理、教研活动等过程性信息，并进行系统分类整理，促使教师评价数据由碎片化向系统化进阶；另一方面利用技术实时反馈的独特优势及时反馈个体评价信息，设计优秀教师的评价栏目与相关排行榜，引导教师自主调整自己的教学行为与教学策略，并鼓励教师自主制定专业发展的成长规划。

六、关注增值评价，保障考核公平公正

2021年3月1日，教育部等六部门印发《义务教育质量评价指南》，在评价方式中指出注重结果评价与增值评价相结合。[③] 随着教育大数据管理以及学校统计台账等技术的不断推进，增值性评价日益成为教育部门及学者

---

① 张娜，申继亮.教师评价发展趋势新探[J].河北师范大学学报（教育科学版），2012（8）：15-19.

② 胡卫平.教师教学能力评价初探[J].中国考试，2021（10）：12-17.

③ 教育部，等.义务教育质量评价指南[J].中小学信息技术教育，2021（5）：93.

们关注的对象。所谓增值性评价，是指以学生成绩的发展变化情况为评价对象，以学生的增值评价结果累加起来作为评价教师的客观依据的评价方式。其内核是从客观公正的角度评价教师的教育工作，从而激励教师教育教学的积极性，其目的是要求学校和教师公平公正地对待每一位学生，并采取相应的教学措施促进学生的成长。[①] 学校贯彻落实增值性评价，关注学生与教师的动态增值成长，挖掘其独特优势。

第一，利用增值性评价激发教师创新活力。教师评价是一项面广任务重的工作，其范围小到教师考勤评价、教师日常班级管理评价、教师教育教学评价，大到教师与家长沟通合作评价、教师校本研修评价，这给教师带来巨大的工作压力；再加上教师劳动所具有的模糊性、复杂性、延时性等特性，进一步加剧了教师的职业倦怠。教师评价亟待呼唤新兴评价理念激发教师创新活力。因此，学校重点关注增值性评价具有其实际意义。一方面，随着现代信息技术的发展，大数据、"互联网＋教育"的推陈出新，运用增值性评价，公平公正评价教师工作已经成为可能。另一方面，增值性评价能够提高学校教师的竞争意识、创新意识与责任意识，有助于提高学校教师教育教学的效能，凸显评价促进教师发展的理念。

第二，增强增值性评价对于公平公正评价教师的作用与影响。[②] 一直以来，学校的教师评价偏向"唯结果"评价观，即根据学生学业成绩的年级排名来评价教师教育教学工作。这种"唯结果"的评价方式一方面完全忽视了班级学生学业基础水平、学生学习环境、教育资源不平衡等客观存在的差异；另一方面难以真正考察教师教育教学的实际能力，评价结果缺乏科学性和公正性，扼杀了学校教师寻求提高教育教学水平的活力，往往很难起到评价促进教师专业发展的作用。[③] 增值性评价弥补了"唯结果评价"的弊端，在很大程度上保障了教师评价的公平公正性，具体表现为：一方面，在价值取向上，增值性评价是一种客观公正评价教师教育教学工作的评价方式，它以学生学业成绩发展变化为评价对象，通过特有的计算方式，剔除了学生学习环境、学生学业水平差异、教育资源分布不均等影响学生学业成绩的客观因素，客观地评价教师对学生学业成绩的影响，立足于教师评价公平公正，进

---

① 王斌华.教师评价：增值评价法[J].教育理论与实践,2005(23):22-25.
② 马晓强.探索增值评价,我们在顾虑什么？[J].中小学管理,2020(10):5-7.
③ 张雅楠,杜屏.增值评价在美国教师评价中的运用和发展[J].全球教育展望,2017(1):67-78,89.

阶发展教师教育教学才能;[①]另一方面,在评价方式上,增值性评价的评价方式是依据每个学生的学业水平的发展变化来计算学校或教师对学生学业发展的影响,它更加关注学生的进步和成长,尤其是学业水平薄弱的学生发展,而非成绩的绝对水平[②],其显著特性表现在以量化评价的形式呈现教师教育教学工作的相关数据,给教师评价工作以数据支持,其评价的科学性由此显现。科学性评价为公正客观评价学校教师教育教学工作提供持续的动力,是学校教师教育教学工作评价的源头活水。

第二节　评价体系——全面、系统、创新

评价体系是慈溪实验学校教师评价制度的核心部分,充分彰显了学校一以贯之的评价理念,表现出全面、系统与创新的特点。具体而言,学校教师评价体系的全面性主要体现于评价方法的科学性、评价内容的系统性及评价主体的多元性。

一、双线并进,实现评价标准科学化

2002 年 12 月,教育部发布《关于积极推进中小学评价与考试制度改革的通知》,指出教师评价的目的是促进教师专业发展和职业道德的提高,评价的内容要多元、方法要多样,既重视质性评价,也注重量化评价。[③] 具体来说,学校既要重视学生成绩、教学目标的完成度以及教师的出勤达标率等,又要全面考虑教师在教学过程中取得的成就,考虑到教师在各方面包括教学工作、学生工作和家长工作等方面的付出。基于此,学校采用质化与量化评价相结合的方式,双线并进,以期实现评价标准的科学化。

(一)量化考核,精准定位

学校在教师评价活动中主要采用量化的评价指标,对教师的教学、科研和社会服务等进行量化评价,以此作为教师考核、职称评定和薪酬分配的重

---

① 王维臣.绩效制背景下美国教师评价的改革及其启示[J].外国中小学教育,2011(10):27-31.

② 张莉娜.考试评价改革背景下的增值评价[J].基础教育课程,2021(Z1):102-108.

③ 教育部.关于积极推进中小学评价与考试制度改革的通知[EB/OL].(2002-12-18)[2002-12-27]. http://www. moe. gov. cn/srcsite/A26/s7054/200212/t20021218 _ 78509. html.

要依据。同时，学校将校内评价与校外评价相结合，针对不同评价主体对教师进行不同方面的评价，促使评价过程更具有客观性和针对性。

就校内评价而言，学校的评价主体主要包括学生、同行、教师本身及管理者。其中学生评价主要针对教师教学能力开展，具体分为"师德表现及廉政建设、教学能力、教学效果、作业布置及批改、课程辅导、教育管理"六大类，每个项目中都设立了详细的评价内容和分值。其中，教学能力占比最大。业务校长和教研组长对教师的评价内容较为综合，主要从职业操守、专业水平、教学效果、育人成效、教研成果五个方面进行考量，每一项目所占比分相同，均为 20 分。教师互评主要针对课堂教学进行评价，从"教学目标、教学过程、教学内容、课堂管理、教仪教态"五个角度切入，根据详细的评价内容，给出相应的分值。在此基础上，学校考核小组还会对教师学期工作进行综合量化评价，设置"德、能、勤、绩"四个 A 级目标，在 A 级指标下又设置了 25 个 B 级指标和 49 个 C 级指标及所占比例，让评价环节层层细化。此外，学校还积极引入校外评价，主要包括家长对各科教师师德师风、教育教学情况的调查，具体涉及教师作业布置情况、教师与家长沟通情况、教师对学生的态度等。

为进一步落实学校的评价制度，调动教师工作的积极性，促进师风、班风、校风建设，努力培育一支适应学校教育发展需要的教师队伍。学校还结合实际，制定了一些教师奖励制度，具体包括中考奖励制度、弘通班主任评选方案、奖励性绩效工资分配方案等。

中考奖励制度由班级集体奖和教师学科奖两部分构成。其中班级集体奖将主要根据学生升入中学的类型进行奖励，教师学科奖则根据学生的学习进步情况对教师进行奖赏。

弘通班主任评选方案主要从师德师风（10 分）、履行职责（30 分）、业务素养（15 分）、工作绩效（45 分）四个方面进行。师德表现要求教师无违反师德承诺要求，班级管理零投诉，好评或满意率达 90% 以上。履行职责包括班主任工作手册记录及各类表格填报情况（10 分）、家校合作育人（10 分）、特色化班集体创建（10 分）、业务素养（15 分）的评价依据是德育培训。工作实绩（45 分）包括"四项竞赛"评比（10 分）、德育教研（10 分）、德育科研（15 分）、德育工作交流展示（5 分）。每学期期末按照此"评定要求"进行评定。各成员根据评分细则先自评，然后由评定领导小组进行综合考评，并交由学校行政小组审核通过，全校公示三天。

奖励性绩效工资分配方案具体包括考核奖（占 45%）、考勤奖

(占 25％)、超课时津贴(占 10％)、教育教学成果奖(占 20％)。考核奖主要由考核小组进行,以学年度绩效考核结果为主要依据,经考核小组评定后确定考核等次,考核等次分"优秀""合格"和"不合格"三类。考核优秀人员奖励 800 元,不合格人员不发考核奖。考勤奖主要根据《浙江师范大学附属慈溪实验学校考勤奖考核细则》进行考核,考勤奖标准为每月 500 元。教育教学成果奖主要包括群体性创建活动奖、安全文明奖、师德考核奖、教学五认真考核奖。

(二)质性评估,个性发展

随着新一轮课程改革的开展,质性评价在教育评价中得到提倡与重视。质性评价有着全面、深入、灵活等优点,可以弥补传统的量化教师评价的不足。学校开展质性评价的方式主要分为以下两种。

1.教师教学反思报告

教学反思也称反思日志或教学日志,用于记录教师教育教学工作反思的一种文字性资料,也是记录教师自我评价信息的一种常用手段。教师将自己的教育教学工作作为认识的对象,自觉地对教学工作进行计划、检查、评价、控制,对于改进教育教学、提高自身工作能力、促进专业发展而言有着重要的作用。

2.教师档案袋

教师档案袋,又称教师成长记录袋或教学档案袋。学校积极引导教师自我反思、与人合作,系统收集自己工作的信息资料,以此记录教师在专业发展过程中的感动与感悟、困惑与收获、情感与知能、他人评价与自我评价的信息,进而培养教师善于发现、勤于思考、乐于分享的自我学习习惯。

二、综合考察,促进评价内容多样化

教师评价是评价者依据一定的评价标准和程序,采取多种方法搜集评价资料,对教师个人的资格、能力及表现进行价值判断的过程。[①] 教师评价内容的设计应以促进教师素质全面发展为目标,切实反映教师在教育教学工作和自身专业发展中的各项诉求。为此,学校通过多样化的评价内容促进教师在课堂教学、课程能力、教育科研、师德师风等多方面的发展,深化落实"以评促教、以评促学"的教师专业发展理念,充分发挥评价功能。

---

① 申继亮,孙炳海.教师评价内容体系之重建[J].华东师范大学学报(教育科学版),2008(2):38-43.

（一）教师课堂教学评价

课堂教学指的是以有计划、有目的、有系统的方式促进学生知识、情感与技能成长的一系列事件，它包括对教学的计划、实施、评估、反馈与调整的过程，也包括对教育政策、教育对象与教育材料的理解，学习氛围的创设，课堂环境的布置，等等。课堂教学能力是教师专业素质的集中体现，也是教师评价的重要内容。

学校针对教师课堂教学评价设置学校备课、听课、评课专项制度，主要从教师在课堂教学整体过程中的教学理念、教学目标、教学内容、教学方法、教学过程、教学效果等六大维度展开综合考察与评价。

其一，教学理念评价。教学理念是教师对教育教学活动认识的集中体现，体现了教师对教学活动的基本态度和思想观念，是指导教师开展教育教学活动的精神追求和理想信念。学校开展教学理念评价主要评议教师在课堂教学过程中是否遵循了新课程改革的基本理念，是否做到重视学生的主体地位，是否注重教学过程的生成性与发展性，是否体现有效教学、深度学习等科学理念，是否真正落实从"教师教"向"学生学"的积极转变。通过开展教师的教学理念评价，有助于激励教师与时俱进，紧跟时代的步伐，不断学习先进教育理论知识，在理论指引下不断精进课堂教学技能。

其二，教学目标评价。教学目标是教师在具体课堂教学活动中所要达到的预期结果和标准。学校开展的课堂教学目标评价主要评议教师是否基于学生学情和教材特点设置明确的课堂教学目标，重点、难点、教学点是否清晰到位，重要的评价指标在于教学目标的设置是否有价值，且具有清晰性、平衡性、适宜性。开展教师课堂教学的目标评价，有助于教师把握学情，增进对教材的理解，有的放矢开展教学工作。

其三，教学内容评价。教学内容是教师在课堂教学中传授给学生的知识、技能、技巧、思想、观点、信念、言语、行为、习惯等的综合。教学内容是教师开展课堂教学的主体和基本，它解决的是教师教什么和学生学什么的问题。学校开展教师课堂教学内容的评价包括教学内容的准确性、教学容量的适度性、教学结构的合理性以及教学内容的思想性与科学性的统一性等。开展有效的教学内容评价是教师课堂教学质量的重要保障。

其四，教学方法评价。教学方法是课堂教学活动中教师和学生为了完成教学任务所采用的手段和途径的总称。它是教师教的方法和学生学的方法的统一。采取科学的教学方法能够激发学生的学习兴趣和求知欲望,对课堂教学有事半功倍的效果。学校针对教学方法的评价主要包括两个方面:一是教法运用的评价,评价者需要评议教师在课堂教学中运用的教法是否符合学生年龄特点,是否有利于学生能力的培养,是否能调动学生学习积极性。二是学法指导的评价,主要评议教师在课堂教学中对学生学习方法的指导情况。

其五,教学过程评价。教学过程是教师课堂教学的实施过程,是教师有目的、有计划地指导学生积极主动地掌握系统的文化科学基础知识和基本技能,发展学生的智力、能力、体力,并形成一定的思想品德和审美的过程。学校针对教师教学过程的评价重在关注教师教学的整体流程,评议教师在教学活动组织中教学环节的安排是否合理,教学组织形式是否科学,教学整体结构是否严谨,教学节奏是否得当,等等。强调教学从重“教”转向重“学”,鼓励学生广泛参与,满足全体学生获得尊重、信任、公正待遇的需求,注意教学过程中教学方式与教学内容、教学方式与学生需求、教学任务与学生发展之间的相互适应。

其六,教学效果评价。教学效果是通过课堂教学活动后所产生的教育结果,重点关注学生所产生的变化与发展。学校设计了听课评课单对教师的行为是否有效展开评价,评议包括教学内容的完成程度、学生对知识的掌握程度、能力的形成程度、思维的发展程度等。开展教学效果评价有助于教师进行教学反思,优化课堂教学实践,从而提升教育教学水平。

(二)教师课程能力评价

在我国,首次明确提出“教师课程能力”概念的是吴惠青、刘迎春。[1] 他们将教师课程能力界定为教师对课程这一特定领域的动作、驾驭过程中所表现出来的个性心理特征。[2] 随着时代的进步,教师课程能力的概念也逐渐发展变化,总的来说,教师课程能力是指教师在课程实践过程中表现出来的能够成功应对课程活动的能动力量,这种力量是教师自身知识、能力、情意、品格等要素的综合体。学校开展的教师课程能力评价主要包括认知性课程能力评价、实践性课程能力评价及研究性课程能力评价。正确有效地评价

---

① 李瑞,周海银.教师课程能力结构模型的建构研究[J].教师教育研究,2021(4):51-59.
② 吴惠青,刘迎春.论教师课程能力[J].高等师范教育研究,2003(2):68-71.

教师课程能力有助于增进学校教师的课程认知，优化课程实践，促进课程研究，进而实现教师课程能力专业发展。

认知性课程能力是思维、理念层面的认识，是开展课程实践活动的基础，影响教师的课程行为方式和课程价值取向。[①] 学校针对教师的认知性课程理念的评价主要分成两个维度：一是对教师课程认识能力评价，需要评价教师对课程的基本理论、课程改革的历史发展及课程改革的指导文件等前沿信息和思想的认识。二是对教师的课程理解能力的评价，评估教师是否正确理解课程理念、课程内容、课程本质及价值。认知性课程能力的评价是教师课程能力评价的基础。

实践性课程能力是指教师在课程实践中将课程目标转化为学生发展年龄和现有水平可接受的、实际上可操作的课程行为，并在这个过程中运用课程相关技术完善支撑、监控评价实施过程与实施结果的能力。[②] 学校评价教师的实践性课程能力主要包括四个方面，分别是课程设计能力评价、课程组织能力评价、课程实施能力评价和课程评价能力的评价。课程设计能力评价主要评估教师是否依据课程目标，科学规范表述具体的教学目标；是否能开发和选择符合课程目标与学生发展的课程内容及活动；是否能依据课程标准，制定科学有效的课程实施方案；是否能设计行之有效的课程评价方案。课程组织能力评价主要评议教师能否合理组织和规划已有课程资源以适应学生发展需要。课程实施能力评价主要考察教师在课程教学中执行课程计划的效果，评估教师是否能依据实际情况对现有课程实施方案进行监控和调试。针对教师的课程评价能力，主要考察教师能否评价课程标准、学科教材及课堂教学。总体而言，实践课程能力的评价是学校教师课程能力评价体系的关键内容。

研究性课程能力是教师在课程实践中对自身的课程行为自主审视与反思并服务研究的能力，是教师课程能力的最高层次。学校开展研究型课程能力评价主要从两方面入手：一是开展课程反思能力评价，通过考察教师的教后反思及学期工作总结，评价组对教师的课程反思能力展开评价，评议内容包括教师是否能对课程设计、课程实施及课程效果开展反思。二是开展

① 常珊珊，李家清．教师课程能力评价指标体系的建构研究[J]．教育科学研究，2021（4）：30-35.

② 朱超华．新课程视角下教师课程能力的缺失与重构[J]．课程·教材·教法，2004（6）：13-16.

课程研究能力评价,评议教师是否具有基本的课程研究能力,可以考察教师对课程标准、学科教材、课程实施的研究情况,即教师是否能够辩证看待学科课程标准和学科教材,提出改进和使用建议,是否能够审视和评价课程实施中的理论和实践问题并提出改进策略等。

(三)教育科研工作评价

教育科研能力指教师通过教育教学理论与实践的结合,对教育教学中出现的问题主动思考、不断探索和研究的能力。在中小学,教育科研工作日益受到重视,传统的"教书型""实践型"的教师形象正逐渐被"专家型""研究型"教师形象所取代。教师的日常工作不限于课堂教学,更强调超越日常教学的教育科研工作。通过开展教师的教育科研工作评价,有利于培养教师的教育科研意识,提升教育科研专门知识与技能,积累教育科研实践经验,获得教育科研情感体验,最终实现教师教育科研素质的全面发展。

为此,慈溪实验学校制定了《教研组考核制度》(见表 6.1)、《学校校本教研制度》等教育科研相关的学校工作规章,构建层级管理制度,建设生态化教研机制。通过引导教师形成正确的教育科研观,优化教育科研组织形式,激发教师从事教育科研的热情。同时,慈溪实验学校以教育科研创新为平台,加强团队建设,重点支持创新教育科研团队,特别是青年教师教育科研团队,建立健全教育科研团队工作制度,保证研究队伍的教育科研经费的投入,为教师从事教育科研提供保障。

表 6.1　浙江师范大学附属慈溪实验学校教研组考核评价

学校(章):_____　教研组名称_____　填表人_____

考核项目	考　核　内　容	自评	考核组评
团队建设 (8分)	全组成员为人师表,教书育人,无违反师德规范的行为;组风正,出勤满;教研组成员无特殊情况,全员准时参加教研组活动(5分)		
	有明确的教研组建设目标,并得到认同;教研组长有一定的威信,组内成员团结和谐,教师满意度高(3分)		

续　表

考核项目	考　核　内　容	自评	考核组评
教师培养 (15分)	对新教师的培养有具体措施,新教师进步明显;能落实师徒挂钩制度,被指导教师每学年至少听指导教师八节课以上,随时接受听课,并有记载(4分)(少一次扣1分)		
	对骨干教师的培养有计划、有措施、有过程记录、有成效;组内有一定数量的区级及以上教坛新秀、骨干教师(2分)		
	对教师的培训有计划、有措施、有过程记录、有成效(4分)		
	组内教师积极参加继续教育,学分达标(5分)(90学时提前学习可适当加分)		
教学管理 (20分)	开学制定切实可行的教学计划,计划目标明确,安排具体措施落实,符合实际,能够体现全组共同意愿和特点;期中有对教学工作的检查、期末有学期工作总结(3分)(缺少或不及时上交的酌情扣分)		
	隔周开展教研活动,每次活动不少于两小时,要求开展正常、富有成效;活动前有计划,活动中有记载,活动后有总结(5分)(缺少1次扣0.5分)		
	按《教学常规》对教师的备课(含教学计划)、听课、课堂教学(学生作业)等教学工作有具体要求,有检查、有记录(6分)		
	对本学科教学质量有具体的目标,每学期召开1~2次教学质量分析会,教学质量分析具体、措施有力(2分)		
	教研组档案、资料健全,器材设备专人管理,使用合理(2分)		
	能按时高质量完成上级教研部门布置的其他各项工作(2分)(没有特殊理由不得拒绝)		

续　表

考核项目	考　核　内　容	自评	考核组评
教学研究 （22分）	定期开展集体备课,有过程,有记录,实现资源共享;积极开展听课活动,每学期每人听课不少于10节,每学年公开课不少于1节(4分)		
	教学研究有主(课)题,研究活动有计划、有过程记录、有成果;定期组织理论学习和集体研讨,开展以教师为主体解决教育教学中实际问题的教学研究(5分)		
	积极参加各级教研活动和培训,并能在区级或以上各类教研、培训中承担公开课、讲座、经验介绍等任务,起到示范作用;教研组具备承担校、区级及以上学科教研活动的研究能力(5分)		
	每学年有一个以上课题在校级或以上立项并及时结题(4分)		
	积极引入各级教研、科研、培训部门的研究力量,每年有一次以上教研活动对外开放(4分)		
教学水平 （27分）	学科教学成绩良好,在区内有一定的知名度或者进步明显(7分)		
	教师整体课堂教学水平较高,课堂教学优质课较多,低效课少(6分)		
	积极撰写教研论文、教学总结、教学反思、教学案例等,在区级(或)以上发表、获奖;在各项竞赛评比中获得好成绩(6分)		
	扎实开展兴趣小组、研究性或综合性学习活动,有计划地组织学校各项展示、竞赛,培养有特长的学生;认真落实好上级部门认可的各类学科竞赛的组织辅导工作,并取得一定成绩(6分)		
	对教学资源的开发、积累有具体的措施,有成果;能积极参加区级及以上的教学资源开发工作(2分)		
学生辅导 （8分）	对学生作业批改、分析、指导有具体措施,有管理过程记录,有明显的效果(4分)		
	对学生学习情况的分析研究有措施、有过程记录,对不同学习水平的学生,特别是"特长生"和"学困生"的分层指导有计划和具体措施,有明显成效(4分)		

续 表

考核项目	考 核 内 容	自评	考核组评
特色加分 (1~5分)	特色描述:		
	总分		

在评价内容上,学校教育科研工作评价主要针对教师的教育科研活动及其成果展开。在教育科研活动评价方面,主要评议教师是否具有严肃认真、实事求是的教科研态度;是否积极参与学校教研活动和科研课题;是否主动进行或参与教学研究方面的改革和实验;是否能制定科研计划并按照计划开展实验或研究工作等内容。同时,学校还会定期评估教师的教育科研成果,包括专著、论文、经验总结、教学参考资料、教学实验仪器设备等多种形式在内的教科研产物。依据教师科研成果获奖的等级、论文发表的数量及质量、发表报刊的级别、出版的著作、科研项目的级别等指标进行具体评价。通过开展教育科研评价工作,不断提高学校教师的科研意识、科研能力和科研水平,培养专家型教师团队。

(四)师德师风规范评价

师德师风是教师在从事教育教学工作的过程中,道德理念、道德行为规范和道德品质等方面的综合表现。师德师风作为评价教师队伍的第一标准,是新时代教师队伍建设的必然要求,也是习近平总书记关于教育的重要论述的有机组成部分,对于提升教师队伍的政治素质、思想素质、道德素质具有十分重大的现实意义。[①] 学校依据《中小学教师职业道德规范(2008年修订版)》对教师师德提出了基本要求,从"爱国守法、爱岗敬业、关爱学生、教书育人、为人师表、终身学习"这六个方面开展师德师风规范评价。针对教师师德师风规范评价,结合学校实际,开展了"弘通班主任评选""教师师

---

① 王大广.简论"师德师风是评价教师队伍的第一标准"[J].北京教育(高教),2019(5):23-25.

德师风调查"等活动,进一步调动班主任工作的积极性,提高教师的教育管理水平,促进师风、班风、校风建设,努力培育一支具有高尚师德师风的教师队伍。具体而言,六大评价规范的要求如下。

爱国守法。指的是教师应当热爱祖国,热爱人民,拥护中国共产党领导,拥护社会主义。全面贯彻国家教育方针,自觉遵守教育法律法规,依法履行教师职责权利。不得有违背党和国家方针政策的言行。学校评价组主要评议教师从教过程中是否遵循《中华人民共和国宪法》《中华人民共和国教师法》等法律依法执教、廉洁从教;是否遵守学校规章制度及道德规范;是否受到学校或省、市等奖励;等等。

爱岗敬业。指的是教师应当忠诚于人民教育事业,志存高远,勤恳敬业,甘为人梯,乐于奉献。对工作高度负责,认真备课上课,认真批改作业,认真辅导学生。学校评价组主要评议教师在教育教学工作者是否做到勤奋工作,精通业务;是否认真备课上课,完成教学和科研任务;是否具有强烈教育责任感,做到诲人不倦;是否严谨治学,具有求真务实的治学态度;等等。

关爱学生。指的是教师应当关心爱护全体学生,尊重学生人格,平等公正对待学生。对学生严慈相济,做学生良师益友。保护学生安全,关心学生健康,维护学生权益。不讽刺、挖苦、歧视学生,不体罚或变相体罚学生。学校评价组主要评议教师在与学生交往中是否与学生建立民主、平等、合作、亲密的师生关系;是否能够公平地对待每一个学生,特别是后进生;是否能有效落实家校共育,家访工作到位;等等。

教书育人。指的是教师应当遵循教育规律,实施素质教育。循循善诱,诲人不倦,因材施教。培养学生良好品行,激发学生创新精神,促进学生全面发展。不以分数作为评价学生的唯一标准。学校评价组主要评议教师在教育教学中是否做到坚持立德树人,认真履行班主任工作职责;是否重视学生思想道德、行为习惯养成教育和心理健康教育;是否做到因材施教,培养学生做"四有"人才;等等。

为人师表。指的是教师应当坚守高尚情操,知荣明耻,严于律己,以身作则。衣着得体,语言规范,举止文明。关心集体,团结协作,尊重同事,尊重家长。作风正派,廉洁奉公。自觉抵制有偿家教,不利用职务之便谋取私利。学校评价组主要评议教师是否能够做到严于律己,率先垂范;是否语言文明,举止端庄,服饰得体;是否能协调各学科教师做好教育教学工作,团结同事密切合作;等等。

终身学习。指的是教师应当崇尚科学精神,树立终身学习理念,拓宽知识视野，更新知识结构。潜心钻研业务，勇于探索创新，不断提高专业素养和教育教学水平。学校评价组主要评议教师是否能不断学习先进教育和管理知识，努力提高教育教学水平和组织管理能力；是否积极参加业务培训，不断开拓创新教育教学内容、手段和方法；是否具有科学精神、创造精神；等等。

（五）教师绩效考核评价

学校以习近平新时代中国特色社会主义思想为指导，以鼓励敬业爱生、鼓励专业发展、鼓励业务拔尖为导向，以按劳取酬、注重绩效、倾向一线、公平公正为原则，通过科学的绩效考核分配，营造良好的教学氛围，强化教职工的敬业心和责任感，提高学校教育质量和办学效益。学校基于日检查、周考核、月汇总、学期评比的考察，针对包括教师工作考核、业务考勤、超时工作情况、教育教学成果等方面的实绩开展评价，形成了"个体自评报告、团队交流互评、综合评定上报、结果反馈奖励"的绩效考核评价工作流程。

针对教师工作考核评价，学校考核小组以学年度绩效考核结果为主要依据，经考核小组评定后确定考核等次，考核等次分"优秀""合格""基本合格""不合格"四类。针对业务考勤评价，学校制定《考勤奖考核细则》规范教师业务出勤表现，包括教师的迟到、早退、中途离校、病假、事假等情况。针对教师超时（工作量）情况，学校制定《学校、班级管理工作时间》等标准予以考核。上述工作均纳入基础性绩效考核评价，考核内容针对教师日常基础性教学工作提出详细指标，包括教师需要按照学校要求完成规定课时教学、课程观摩、教研活动、教师例会、集体办公、作业批改等基本工作。

此外，学校还针对教师教育教学成果设置奖励性绩效考核，设置了群体性创建活动奖，如先进教研组、先进班集体；设置安全文明奖，每学期根据《学校安全目标管理责任制》进行考核；设置师德考核奖，根据教职工师德考核结果按学期评价；设置教师教学业务奖，依据教师的业务荣誉、业务竞赛、论文评比、课题立项等情况进行专门的绩效考核评价。同时，在评价方法上，注意运用定量与定性、主观与客观相结合的评价方法；在设置绩效奖励时，采取精神奖励与物质奖励、长期奖励与短期奖励、团体奖励和个人奖励相结合的方式。科学合理的绩效考核评价体系是教师开展教育教学工作的基本保障，进而助推学校各项事业更加高效率、高质量发展。

三、多方参与，推动评价主体多元化

学校根据"以价值为导向，以共建为特征"的基本理念，要求评价相关利益方都参与其中，发表自己的意见，通过平等、合作的互动交流来建构统一的教师评价制度，深化教学改革，进一步推动教师队伍发展，创建教师发展共同体，进而实现教师教育教学水平的不断提高。基于此，学校形成了自我评价、学生评价、同行评价、家长评价及管理者评价为一体的多主体教师评价机制。

（一）自我评价

教师自我评价就是教师对自己的教学工作、专业水平和人际关系等方面进行的评价。[①] 学校积极推进教师评价的常态化实施，摒弃以往仅仅关注教师教学结果的做法，鼓励、督促教师依据个性化评价标准，加强自我评价和自我反思，即每周进行自我评价，每月进行月末小结，每学期进行期末总结，促进教师在对自我进行评价的基础上，结合学生评价及同行评价，对教学实践中的优点与经验、问题与不足等进行深刻反思，真正将教师评价融入教师的日常教育教学工作中。

自我评价活动的开展有助于教师不断反思、调整和改进自身的教学方式，进一步明确自身的教学优势，积极反省自己的不足，同时也鼓励教师追求终身学习，不断地进行教学研究，促进个人专业成长和进步。教师作为评价主体，主动描述自己的工作和状态，阐述自己的看法，可切实提高教师评价工作的实效性。

（二）学生评价

学生评价主要体现为学生对所学课程及担任该门课程的教师的情感、认识和行为倾向的综合反映，具体包括教师的授课水平、课堂气氛、学习收获等。[②] 与其他四个评价主体相比，学生评价不仅是最直接、最生动的评价方式，也是最有说服力的评价手段。作为课堂教学的"受教者"，学生若能对教学进行客观、全面、有效的评价，就可以对教学尤其是课堂教学质量起到

① 陈春莲，唐忠.教师教学评价体系的构建与实施——基于"五维一体"发展性评价的改革思路[J].中国高校科技，2020(10):29-32.

② 陈春莲，唐忠.教师教学评价体系的构建与实施——基于"五维一体"发展性评价的改革思路[J].中国高校科技，2020(10):29-32.

很好的检验和促进作用。

学校根据学生特点,采用等级量化评价办法,设计了学生评价用表。量表共设计了六个 A 级评价指标,其中教学能力占比最大,共 30 分;此外,教学效果占 20 分,师德表现及廉政建设、作业布置及批改占 15 分,课程辅导、教育管理占 10 分。学生对教师进行评价,一方面加强了师生之间的沟通,有利于师生关系的和谐发展;另一方面有利于教师及时改正自身的不足,使得教师的教学方法能够更契合学生的身心发展。

(三)同行评价

同行评价是指具备相似学科专业背景和教学身份的教师同行对教师教学态度、业务能力与教学水平进行评价。学校针对同行评价,设计了教师课堂教学评价量化表,明确规定了指标体系、评价内容、所占分值及得分标准。具体而言,指标体系主要从"教学目标、教学过程、教学内容、课堂管理、教仪教态"五个指标出发,其中教学过程所占比例最大,占 40 分。同时,为确保教师评价的结果更为精确,对量表的得分标准进行了细致的划分。同行评价可更准确、更专业地对教师教学能力和水平做出综合性评价,让教师更好地了解自身的教学情况,营造良好的教师专业发展氛围,提升教师教学的积极性和创造性,增强教师的"教学共同体"意识,同时还提升了教师教学与科研的互融度。

另外,学校积极吸引校外同行或评价专家参与评价并做好评价记录。基于此,学校设计了教研组考核评价表,对学校团队建设、教师培养、教学管理、教学研究、教学水平、学生辅导进行考核,并设置了特色加分,促进教师、学校的特色化发展。每一考核项目下还明确设置了具体的评分标准与扣分标注。例如,在教师培养项目中,量表明确规定了考核次数与考核形式,并指明缺席一次培训即扣一分,推动评价量表的可行性与易操作性。

(四)家长评价

近年来,家校合作一直受到教育学界的重视。家校评价一体化作为家校合作的重要组成部分,要求家长积极参与到学校的评价工作中来。基于此,学校建立了科学、简明的评价量表,同时为了保证评价结果的客观性与准确性,学校积极引导家长学习评价的具体方法,鼓励家长主动参与到教师课堂教学评价中。

　　家长对教师的评价内容主要指向师德建设、教学水平、教学管理及作业布置四个方面，其中教学水平所占比例最大，主要目的是促进教师教学能力的发展，推进学生学业成绩的进步。家长评价主要在"教学开放日"活动中进行，通过邀请家长与教师座谈、听教师的讲课情况、现场实地监督、检查教师的课堂教学等方式，对教师的德行、教学水平及教学管理进行实地考察并做出评价。① 同时，学校还通过线上问卷，对教师的师德与教学情况进行评价，具体涉及教师与家长的沟通程度、教师的作业布置情况以及相关补课收费问题，以期进一步提高教师的师德水平和业务能力。家长的评价意见一方面可以反映出教师教育教学存在的问题和不足，另一方面反映出家长对学校教育事业发展的重视和期待。

　　另外，构建家长评价教师机制还有利于促使教师对自己提出更高的要求，坚持学习教育教学理论、课程标准，深入挖掘教材，精心设计教案，从而全方位把握教材，提升自己的教学水平。同时，家长评价教师机制还有利于提高教师的沟通能力，推动家校关系、师生关系的和谐发展。

　　（五）管理者评价

　　学校管理者秉持着促进教师教学发展和个人成长为导向的评价理念，主要从加强与改进教学管理工作的角度，对教师的教学情况进行综合评价，从而引导教师将个人发展与学校发展相结合。与此同时，管理者评价还依据评价内容与成效，为教师教学能力提升创造了条件，如制定相应激励政策等。针对管理者评级，学校主要设计了两类量表：教师教育教学情况量表与教师学期工作综合量表，两类量表由不同的评价主体施行。

　　其中，教师教育教学情况量表由业务校长和教研组长进行操作（见表6.2)，对教师的职业操守、教学水平、教学效果、育人成效、教研成果进行等级打分。每个指标所占比例相同，均为 20%。量表详细写明了评价内容，共划分四个等级：A 级占 20 分，B 级占 16 分，C 级占 12 分，D 级占 8 分。此外，量表上还标注了扣分情况说明，使教师评价更具有针对性，以帮助教师更好地意识到自己的不足。

---

① 郭立娜.构建家长评价教师机制的尝试[J].吉林教育,2013(33):13.

表 6.2　浙江师范大学附属慈溪实验学校教师教育教学情况评价量化情况(业务校长和教研组长)

评价者＿＿＿＿＿　教师姓名＿＿＿＿＿＿＿　时间＿＿＿＿＿

评价 指标	评价内容	评价标准				得分
		A 等 (20 分)	B 等 (16 分)	C 等 (12 分)	D 等 (8 分)	
职业操守 (20 分)	忠于职守,教书育人; 工作认真负责,乐于承担工作; 尊重学生,无体罚或变相体罚 学生; 一视同仁,关心学生身心健康; 严格遵守学校规章制度,无迟到、 早退现象; 顾全大局,服从组织安排; 团结协作,尊重他人					
	扣分情况说明					
专业水平 (20 分)	基础扎实,刻苦钻研业务; 熟悉教材,教案水平较高; 教法多样,课堂气氛活跃; 善于启发,学生积极思考; 重视学生学习习惯和方法指导; 讲练结合,批改、讲评及时有效					
	扣分情况说明					
教学效果 (20 分)	学生对学习有兴趣,学习积极 性高; 学生善于学习,学习方法得当,学 习能力增强; 学生学有所获,各级别学生写作 能力都有提高; 学生思维能力强,想象力丰富,实 践、创新、团队意识强					
	扣分情况说明					

续　表

评价 指标	评价内容	评价标准				得分
		A 等 (20 分)	B 等 (16 分)	C 等 (12 分)	D 等 (8 分)	
育人成效 (20 分)	学生身心健康,全面发展; 班风、学风正; 学生学习、生活习惯良好; 组织各类活动多,班级向心力强; 有困难的学生得到尊重、关心和 爱护					
	扣分情况说明					
教研成果 (20 分)	承担公开课、试听课任务,师生反 映良好; 听课严肃认真,评课较有见地; 参与承担教研任务; 组织、参加各类竞赛,并有所 收获; 返学率、报名率高,名列前茅; 撰写总结、论文,有一定价值					
	扣分情况说明					
满分 (100 分)	(若有突出表现,如在主流媒体公 众号等做好正能量的宣传,或学 校教育教学工作理念的宣传等, 可酌情加分)					

　　教师学期工作综合量化考核主要由学校考核小组进行(见表 6.3),对教师德、能、勤、绩进行综合考量,其中"勤"与"绩"所占比例最大,达到 40%。在此基础上,学校还设置了 7 个 B 级目标和 40 个 C 级目标,将每一评价标准尽可能细致化、可操作化。同时,量表明确地写明了各个分目标所占的比例,清楚规定了评价要素标准及评价说明。

表 6.3 浙江师范大学附属慈溪实验学校教师学期工作综合量化考核(学校考核小组)

任教学科＿＿＿＿＿　教师姓名＿＿＿＿＿　评价时间＿＿＿＿＿

A 级目标	B 级目标	C 级目标	评价要素标准	评分说明	得分	加权得分
德 (10%)	政治思想品德 (100%)	政治思想 (15分)	政治素质 (8分)	坚持四项基本原则,遵守教师职业道德规范。积极进取,锐意改革,务实创新	根据表现给分		
			政治观念 (7分)	积极参加政治学习和政治活动,坚持做政治学习笔记(学习笔记五次且字数2000以上)	无故不参加政治学习和政治活动一次扣1分,无学习笔记扣4分。		
		热爱事业 (20分)	专业思想 (6分)	安心做教师工作,不搞第二职业	工作时间搞第二职业扣4分		
			工作责任心(7分)	主动协助学校工作,积极接受和完成学校、教研组分配的工作任务,完成本职工作	有拒绝接受和完成工作任务的现象一次扣3~4分		
			服从安排 (7分)	服从组织的人事调配和工作安排	不服从不给分,有情绪的扣2分		
		执行方针 (15分)	贯彻大纲 (5分)	认真执行教学计划,教学紧扣大纲,不乱订资料。无私自调课现象	有乱订资料现象扣2分,有私自调课现象扣2分		
			全面发展 (10分)	关注学生的全面发展,所任班级学生巩固率达到规定标准;进行培优辅差,有培优辅差记录	巩固率每下降2个百分点扣1分;无培优辅差记录扣3分		
		教书育人 (15分)	热爱学生 (8分)	关心爱护全体学生,不体罚和变相体罚学生	体罚或变相体罚学生造成不良影响的不给分		
			重视德育 (7分)	积极参与学生德育工作,充分渗透每一门学科的思想教育	管教不当者扣5分		

续　表

A级目标	B级目标	C级目标	评价要素标准	评分说明	得分	加权得分
德 (10%)	政治思想品德 (100%)	为人师表 (18分)	遵纪守法 (12分)	严格遵守国家法律,无违法犯罪活动,严格遵守学校规章制度,无违反教师廉洁从教"十不准"以及无其他违规违纪	有违法违规乱纪现象酌情扣4~10分		
			文明礼貌 (6分)	严格遵守"文明行为和文明用语",不在教室内吸烟,不在校内公共场所穿拖鞋、背心	有左述不文明行为一次扣2分		
		团结协作 (15分)	团结互助 (10分)	尊重领导和同事,不背后搬弄是非、扯皮拉筋,教师之间互相学习,共同提高	有背后搬弄是非,造成一定影响的扣3分;不顾班级大局,只顾所任学科而损害其他学科教学者,酌情扣5~8分		
			关心集体 (5分)	维护学校利益和声誉,主人翁意识强烈	酌情扣分		
		获得表彰 (2分)	获得先进 (2分)	获得各级党政表彰	以考评对象中最高者为满分算		
能 (10%)	文化专业知识 (40%)	继续教育 (15%)	专业知识 (5%)	有系统扎实的专业知识,教学无知识性、科学性差错	师生座谈了解。有知识性、科学性差错扣3分		
			业务学习 (5%)	积极参加业务理论学习,坚持做集体学习和自学笔记或学习体会(五次字数2000以上)	每次业务学习缺席一次扣1分、无学习记录扣1分		
			参加培训 (3%)	积极参加各级组织的业务培训学习活动,培训效果好	根据教务处掌握的情况给分		
			学历进修 (2%)	积极参加合格学历进修,学历达到所任教学段要求	45岁以上学历不达标又不参加学历进修的不给分		

续 表

A级目标	B级目标	C级目标	评价要素标准	评分说明	得分	加权得分
能 (10%)	文化专业知识 (40%)	教研意识及能力(17%)	教研任务 (8%)	积极承担、主动完成学校分配布置的教学研究任务	拒绝承担教研组分配布置的教研任务此项分扣完;敷衍塞责、不认真完成扣4分		
			说课 (4%)	能用理论知识阐述自己的教学行为	相关处室、教研组评定		
			看评课活动(5%)	看课达到教务处规定节数(10节次),且进行了认真负责的评课	每学期看课不少于10节,少一节扣0.5分;无认真评课每节次扣0.5分		
	教育教学能力 (60%)	计划 (5%)	计划制定及质量 (5%)	及时拟写,内容完整,能指导教学	常规检查评定		
		备课 (10%)	备课质量 (10%)	能吃透教材,抓住重点,重视学法,教学设计各项目内容完整	常规检查评定		
		上课 (20%)	语言板书能力 (10%)	使用普通话。语言清楚,表达准确,板书突出重点,简明扼要。朗读任务完成	随堂听课和检查朗读录音评分		
			课堂组织能力 (10%)	调控能力较强,纪律好	师生座谈		
		改作 (10%)	作业布置、批改(10%)	作业适量,注重思维成长,批改注意及时反馈,有激励性评语;无学生代改作业现象	常规检查、师生座谈评定		

续　表

A级目标	B级目标	C级目标	评价要素标准	评分说明	得分	加权得分
能（10%）	教育教学能力（60%）	现代教育技术（10%）	远程教育资源及执教公开课能力（10%）	在相应的电脑中建立了自己的文件夹，且各类记录和档案完整；在专用教室上课达到远程课表60%以上（以记录为准）；积极参与教育技术能力培训等各项活动；教育技术能力操作考试合格；能熟练利用远程教育资源，并具有承担公开课的能力，每学年至少两节，且效果好；能熟练应用计算机进行办公	由相关处室核定评分		
		总结（5%）	教学工作总结（3%）	内容实在，按规定时间上交	由相关处室核定评分		
			其他相关总结（2%）	内容实在，按规定时间上交	相关处室核定评分		
勤（40%）	工作量（20%）	任课（10%）	完成工作量（10%）	工作量达到规定课时，工作态度好，完成出色	由教务处核定评分		
		兼职（10%）	额外工作量（10%）	乐意接受额外工作，帮学校做事不计报酬	由学校根据工作安排情况核定评分，有推诿或不接受安排者此项不给分		
	履行职责（80%）	出勤（50%）	出勤率（50%）	上班、集会和各类活动坚持出满勤，无迟到、早退、旷工（会）现象	迟到、早退一次扣5分；旷课一节扣10分；事假一节次扣2分、一天扣10分（病假按有关规定扣分）		
		值周（20%）	值日工作（20%）	认真履行值日职责，无负责事故发生	根据检查记载评分，值日缺勤一次扣5分；值日不负责扣1～10分		

续　表

A级目标	B级目标	C级目标	评价要素标准	评分说明	得分	加权得分
勤 (40%)	履行职责 (80%)	资料 (10%)	资料上交 (10%)	各处室布置的计划、小结、表册等规范、及时上交	未按时上交每次扣5分		
绩 (40%)	教学效果 (95%)	一分两率 (95%)	全乡排位（起始连任）	按期末检测成绩各年级同科"一分两率"乡平均水平计算,具体按教务处相关规定计算	分"起始连任""中途接任"类别计算,"起始连任"教师直接按"一分两率"计算；"中途接任"教师与上期接任按该科"两率一分"的提高率计算		
		提高率 (95%)	全乡排位（中途接任）				
	教学教研成果 (5%)	竞赛 (2%)	学科教学比武（2%）	参加学校及以上级别教学竞赛或比武	以考评对象中最高者为满分,依次下推,每下降一级少0.5分		
		辅导 (1%)	辅导学生获奖（1%）	辅导学生获奖、作品发表(主要指特长生)	以考评对象中最高者为满分,依次下推,每下降一级少0.5分		
		论文 (2%)	得奖或发表（2%）	必须是本人上报的并经学校相关部门批准认可的课题研究论文,或是同科教师均知晓认可并在教学中取得成效的研究探索论文	评分方法同上；同一课题用级别最高的一篇打分		
合计得分						

　　综上,学校的教师评价制度坚持"五维一体"的发展性教学评价,具体包括教师、学生、同行、家长和管理者五个评价主体,且各有不同的评价内容及权重。不同主体之间各司其职,各有分工,但又协调统一,相互贯通,形成了多元主体、相互融合、全面细致的教师评价制度。

第三节　评价实施——探索、变革、突破

就教师评价制度的实施操作而言，慈溪实验学校积极求变，主动探索多样评价方式、动态评价机制、信息化评价手段及梯度评价标准，为实际的教师评价工作探寻出了科学客观、便于操作的多元评价路径。

一、追求实效，鼓励多样化的评价方式

评价的最终指向是教师的专业发展和教学水平的提升。单一的评价方式难以指向教师整体素质的发展，将具有不同特色、理念的评价方式相结合，才能看到教学的多维性。学校利用成长档案袋、学习积分、随堂观测等方式，实践多元化评价方式，拓宽教师评价路径。

（一）成长档案袋

国内外多项实证研究表明，教师成长档案袋是促进教师专业发展的有力工具。[①]作为教师评价的重要证据，成长档案袋规范保存着教师教学、科研项目、进修或培训、教研竞赛等教师职业生涯规划中的全方位信息，是一种以典型的资料和反思意见作为教师评价依据的教师评价方式。成长档案袋能够真实反映教师在某一时期的教学动态，详细记录教师教学实施过程和教学成果。多年来，学校积极落实教师成长档案的撰写与整理，将其课前设计的教学方案、课后撰写的自我述评与反思日志、在专业参与中生成的合作材料以及丰富的学生作品都作为教师成长重要资料纳入成长档案袋中，使得教师评价证据真实丰富。它们呈现着教师专业成长的轨迹，是对专业"自我"的一种真实反映。通过档案袋，教师可以审思过去、分析当下、预测未来，逐渐养成终身学习、时时反思、用心研究的思维习惯。

（二）学习积分评价

学习积分指建立积分评价系统进行评价。学校将教师各项工作分为若干大类，如教学、班级管理、科研、竞赛活动等。每个大类下设观测点，如采用分项按工作量积累计分，按照一定的权重和比例对各大类及其子项目赋分。学习积分评价的特点在于将各项评价指标按照权重进行量化处理，使

---

①　许叶青.以教师档案建设为载体，促进教师专业发展的研究[D].上海：华东师范大学，2011.

得评价结果可视化。在这种评价模式下,教师能实时了解成长数据,增强"打怪升级"的趣味性,同时激励教师在兼顾工作各个方面的同时,抓牢工作内容中的重点。

（三）随堂听课评价

随堂听课面向的是常态课,要求教师在教学计划、教学环境、教学过程三个方面接受评估专家的随堂观摩。[①] 学校根据这三方面制定了相应的指标体系,按照制定好的课堂观察评价表对教师进行评价。评价人员通过课堂观察、信息记录、教师反思、教师面谈等方式深入了解教师的课堂教学水平。评价维度侧重于教师的教学基本功底,例如教师的语言表达、板书设计、对教材的处理等。另外,观察现场的师生互动情况,例如教师用何种方式引导学生主动参与学习,培养学生自我学习的能力。每次随堂评价结束后,听课的专家教师留下提升意见与改进策略,推动教师持续成长。随堂听课聚焦于教师课堂教学水平的提升,是一种致力于提升常态化教学效果的评价策略。

（四）表现性评价

教师表现性评价的出现是为了弥补传统教师评价无法反映教学能力及学习情况全貌的缺憾。它力求避免教师为评价特意做准备,而是以平常的、自然的教学活动为评价内容。[②] 表现性评价有两大特点:一是更加关注真实的教学情境中的教师表现;二是指向过程性的多元证据,倾向于依靠多种证据来源一次性测量教师多方面能力。学校采用多元方式收集凸显表现性评价,包括案例、表现演示、档案袋和基于问题的探究等途径。例如采用课堂观察和视频录像的方式收集教师的公开课实录、课堂经典课例等,保留教学的情境性,弥补传统评价方式脱离教学情境的不足,从真实的教学情境出发对教师进行评价。

（五）分类评价与综合评价

分类评价意味着设计符合教师实际工作特点和工作内容的评价方式。其中,分类评价的最大突破在于改变传统的单一评价方式,强调多元评价标

---

① 胡咏梅,施世珊.相对评价、增值评价与课堂观察评价的融合——美国教师评价的新趋势[J].比较教育研究,2014(8):44-50.
② 周钧,陈林.美国加州教师表现性评价研究:体系、特征及问题[J].外国教育研究,2020(10):66-79.

准,允许教师的差异化定位与差异化发展。学校根据各教师的实际情况,结合教师的岗位、学科类型、职称、执行任务种类,调整设计评价指标、比重设置多种评价项目表。例如教师参加的教学活动主要可分为教学类与学术类,教学类以教学素养作为主要评价内容,而学术类主要看重学术成果,分别制定不同的评价标准,保证评价的科学性与公平性。这样一来,不同类型的教师也能按照他们的发展方向得到合适的评价反馈,从而促进全体教师的发展。

综合评价关注教师的各方面素质能力,强调评价内容的多元与立体。学校的教师评价内容既注重绩效考核等量化指标,也纳入师风师德等质性内容,兼顾个人与团队考核。例如学校对教师评价时,在综合考察教师的教学态度、课堂教学成果、教学工作量、教学研究成果、教书育人的基础上,结合实际情况,制定综合全面的评价办法和评价体系。这样的评价方式,既增强了教师教学工作责任心和质量意识,也发挥了教师教学工作的育人价值。

二、关注过程,完善动态长效评价周期

传统的教师评价侧重对教师工作业务进行静态评价,较少关注工作过程。从管理角度看,这种评价方式效率较高,但实际上难以反映教师工作业务的真实水平,不利于教师队伍的可持续发展。因此,建立动态的评价机制十分必要。学校结合教师发展规律,确定合适的评价周期,关注教师过程评价,测出考核期间动态评价值。

(一)全程性评价

全程评价是指根据课程的教学进度,在多个过程阶段设置检测点进行评价。学校在开学初期、学期中、学期末等阶段,组织督导部门、专家教师等进行评价并给出指导建议,以便教师定期收到反馈后,明晰自己下一步的计划和行动。这种评价方式对教学过程有着修正作用,能促进最终的教学效果更为接近理想的教学目标。教师在根据建议进行及时调整的过程中,积累了宝贵的教学经验,清晰感受到了自身的进步,逐步激发自身发展的内在动力。

(二)动态化评价

"动态评价"包括时间、内容、过程、评价主体等多维度的动态评价。"动态"体现在横向和纵向对比,从纵向的评价结果中分析教学水平进步程度、各评价指标变化情况，横向对比则考虑各教师在时间、状态上的变化；[①]另外，评价数据的处理上需要充分发挥管理层的主观能动性，强调对评价数据实时跟进。学校充分收集教师多维评价数据，通过观测对比、调查分析发现教学不足，找出问题背后的影响因素，为教师提供科学的改进建议。在全程动态评价中，评价结果是动态生成的，每阶段的评价结果相对独立，充分尊重育人的复杂性和测评的科学性。

（三）嵌入式评价

嵌入式评价，主要是指在教师阶段性教学实践后的系统性反思以及针对反思的审视与评价。[②] 学校的嵌入式评价分为三个环节：首先，评价周期的前期，教师需提交工作计划（即预期成果），由学校评审小组对工作计划进行修订完善。其次，周期中段时间，学校对教师前期的表现进行系统性评估反馈，教师得到课堂教学、组织竞赛、家校合作等各方的具体建议，确保建议落实于行动。最后，周期末期，学校将对所有的实践成果进行检验和总结，最后形成整个过程的评价。学校的嵌入式评价兼顾了评价的系统性和全面性，真正实现以评促教，促进教师持续动态成长。

（四）增值性评价

新课标要求，教师评价应关注教师课堂教学过程，启示我们多维度对教师进行增值性评价。其中，同行专家的专业指导性评价以及学生的动态成长评价是评价的关键因素。增值性评价通常以学生的增长性变化作为评价内容，以学生的学习成效为评价核心，旨在通过对教学成果的增长性变化突出教师教学的成效。为准确采集增值数据，学校控制除教师以外如学生自身和班级层面的其他因素，从而准确分析教师的净影响。通过这种评价方式，教师直观感受到自身教学工作的价值，不用担心任教薄弱生源或问题班级而影响绩效考核，同时也不会因为生源优质而忽视教学能力的提升。增值性评价关注教师真正给学生带来的改变，帮助教师回归立德树人初心。

三、技术引领，构建信息化的评价手段

智能时代下，利用技术手段辅助教育教学已成为当下的新趋势。通过

---

① 马海燕，熊英，杨飞.高校教师教学全程动态评价体系的思考[J].教育教学论坛，2016(50):210-211.

② 陈光全，杨争林."实时"式评价与"嵌入"式评价——动态评价新探之三[J].基础教育课程，2014(15):56-61.

技术引领，构建信息化的评价手段，不仅能够丰富教师评价的渠道，而且能提高教师评价的科学性和有效性。

（一）支持不同形式评价以丰富评价渠道

为促进教师评价信息化和现代化，学校加强智慧评价系统的建设，增加了信息技术在教学、教研和教育管理等各个方面的应用。学校所使用的"灯塔教育大数据"智慧评价系统，支持电脑端、手机端等不同的评价方式，以丰富评价渠道，提高评价的便利性和高效性。同时，针对不同的评价主体，智慧评价系统还开设了学校端、学生端和家长端三种登录模式，以满足多元主体的评价需求。其中，电脑端评价需要通过指定网址登录，手机端评价可以通过 APP 和微信小程序的形式登录。智慧系统的评价页面包含课堂教学评价、教研工作、学期工作评价和问卷调查四大板块，具体评价内容会根据评价主体的不同而有所调整。利用信息化评价平台进行评价，评价信息会及时更新、综合反馈，有助于教师了解自身现阶段的教学状况和长期的综合表现。

（二）利用大数据分析以合理设置评价权重

教师多方面的综合发展离不开系统、全面评价的诊断和引导，有必要对教师评价的各项指标进行科学判断和合理设置。为此，学校组织专门的专家团队，商议评价参考标准和评价内容；同时利用大数据分析方法，对小规模教师队伍进行评价试验，最终合理分配各项评价指标及权重。以教师学期工作综合评价为例，"德、能、勤、绩"四个板块的权重占比分别为 10％、10％、40％和 40％。各个板块划分了具体目标的占比，如在"德"板块中，政治思想占 15％，热爱事业占 20％，执行方针占 15％，教书育人占 15％，为人师表占 18％，团结协作占 15％，获得表彰占 2％。依据合理量化的评价标准，最后的得分经过数据计算，能够客观、公正地反映出教师的学期工作情况。

（三）经过信息收集与处理生成分析报告

学校智慧评价系统为教师评价提供了一个信息化管理平台，既能够对线上的评价信息进行处理，生成分析报告，又能作为记录教师线下成长的成长档案袋。在专业化的分析评估方面，教师的课堂教学、班级管理和教研活动的记录情况经过信息处理后，会生成统计与分析报告，并通过电脑端或手机 APP 及时反馈给教师个体，提高了教师评价结果的反馈速度与指导的针对性。在教师个人成长的记录方面，智慧评价系统为学校教师建立了个人成长的电子档案袋，引导教师从自身反思中学习，同时，也凸显了教师评价的发展性和全程性。专业化的分析评估和全过程的成长记录，不仅丰富了教师评价的手段，而且为教师提供了一条不断反思、成长的专业道路。

四、科学分层，形成有梯度的评价过程

教师评价不应局限于单一的维度，而应综合考虑学校和教师方面的因素，形成有梯度的评价过程。科学分层下的教师评价，能够凸显教师在各个方面的优势，实现评价的激励性和发展性。

（一）依据学校办学定位制定评价标准

学校依据自身的办学定位、学科特色及发展现状，制定了针对性的教师评价标准。结合地方文化、社会需求和学校发展目标，学校确立"弘通教育"的办学理念，坚持全面育人，深化改革实验。在此办学理念下，学校注重发挥评价的诊断、激励和发展功能，不仅关注评价学生的水平和发展过程，而且重视教师评价的诊断性和发展性。

例如，每学期一次的弘通班主任评选，评价内容涵盖广泛，包含班主任道德规范和工作绩效的各个方面。在师德师风方面，要求教师爱岗敬业、为人师表、身正为范等；在履行职责方面，要求教师坚持立德树人，认真履行工作职责，关注学生思想道德、良好行为习惯及心理健康等；在业务素养方面，要求教师参加班主任工作交流活动，学习先进教育管理经验，更新教育理念，提升组织管理能力等；在工作绩效方面，要求教师班级常规工作到位，积极争创先进班集体等。在评选形式上，学校通过量化的分数考核，给予优秀班主任"弘通班主任考核奖"，公平且具有激励性。这一评价方式为学校扎根办学理念，培育一支具有现代教育观念、促进学校教育发展的班主任队伍提供了重要支持。

（二）依照教师职能分工设定评价要求

在结合学校的发展实际和教师成长的现实要求的基础上，学校依照教研和教学的工作差异以及教师在教研和教学上不同的职能分工，综合考虑教师的工作目标和发展方向，设定了科学的评价要求。第一，教研评价以新课程为导向，以推进新课程实验的实施及提高教师素质为目的，以"自我反思、同伴互助、专业引领"为核心要素，强化对教师队伍的评价管理。教研评价重在激发教师的积极性，要求教师积极参加活动并及时总结反思、分享经验，把研究贯彻落实到课堂及其他教育活动中。教研评价还关注教师个人

能力的提升,例如参加校本研训的教师要完成"三个一":听——每学期至少听课 10 节;上——每学年主上一堂高质量的公开课;读——每学期精读一本教育专著。第二,教学评价标准以"教学五认真"为核心内容,覆盖教师教学的各个环节,包含明确的教学要求和管理要求。"教学五认真"要求教师做到认真备课、认真上课、认真布置及批改作业、认真辅导和认真考核。对此,学校实行要求细致、检查灵活的教学评价制度,例如采用推门听课、定期检查与不定期抽查相结合的备课检查、学生作业检查等方式进行教学评价考核。对教师的职能分工划分不同的评价要求,有利于提高教师评价的针对性和有效性。

(三)根据不同教学环节定制考核标准

课堂教学评价是提升教学质量的关键,也是提高教师教学能力的内在要求。学校以育人目标为导向,根据教师课堂教学的不同环节,定制有层次有梯度的课堂教学考核标准(见表 6.4)。第一,课堂教学评价考核体系涵盖内容多,包含教学目标、教学过程、教学内容、课堂管理及教仪教态五个方面。第二,评价内容以总要求为引导,给教师提供具体的教学指示。例如教学过程中的这四个部分:联系阶段要求教学与教学目标相呼应,形式多样,符合学生年龄心理特征;建构阶段要求教师巡回指导,观察情况,发现问题;反思阶段要求教师启发引导学生得出结论;延续阶段要求与教学内容相呼应,形式多样。第三,评价得分标准有梯度,按照各梯度具体的要求表述划分为三至五个分数区间。以教学管理环节为例,课堂完整,但秩序混乱则为1~3 分;课程完整并且教学组织过程条理清晰、有秩序则为 4~8 分;师生互动、生生互动积极良好为 9~12 分;课堂气氛积极活跃则为 13~15 分。第四,附加分环节具有一定的开放性和鼓励性,可以对教师有特色的细节或表现给予加分。对课堂教学的具体评价体现着对各个教学环节的良好把握,旨在提高教师的教学质量和反思能力。

表 6.4　浙江师范大学附属慈溪实验学校教师课堂教学评价考核标准

评价人：＿＿＿＿＿＿　上课教师：＿＿＿＿＿＿　课题：＿＿＿＿＿＿

上课班级：＿＿＿＿＿＿　时间：＿＿＿＿＿＿

评价对象	指标体系	评价内容	得分标准说明					得分
课堂教学	教学目标（15分）	符合三维教学目标；教学目标的处理应紧扣教参中的活动目标，在此基础上进行具体化和拓展；教学目标明确具体，应考虑到学生的现有基础以及最近发展区	1～3分：有教学目标但无三维教学目标	4～6分：教学目标明确，三维教学目标俱全	7～10分：教学目标明确，三维教学目标制定准确恰当	11～15分：教学目标明确；三维教学目标制定准确、恰当，符合学生年龄特征；教学目标描述具体、细化		
	教学过程（10分）	联系　目的：情境创设，问题呈现，任务确定；时间：5～10分钟；要求：教与教学目标相呼应，形式多样，符合学生年龄心理特征	1～2分：只应用直白的描述，与学生无互动，无辅助教具，任务交代不详、不明确	3～5分：采用谈话、问答形式的互动，无辅助教具，任务交代不详、不明确	6～7分：采用有情节、有任务的故事情景，使用图片。实物为辅助教具，任务交代详尽、明确	8～9分：采用音乐、歌曲、韵律、动画视频的互动形式，使用多种辅助教具，任务交代详尽、明确	10分：采用符合学生心理特征的游戏为互动，综合使用多样辅助教具，任务交代详尽、明确	
		建构　目的：动手操作器材，按照任务要求完成作品搭建；时间：2～30分钟；要求：教师巡回指导，观察情况，发现问题	1～3分：无引导式提问，直接帮助学生搭建，无主动巡回指导，学生无法独立完成搭建	4～7分：应用演示式引导学生进行模仿式搭建，无个别指导，学生能独立完成搭建但作品单一	8～10分：应用引导式提问指导学生搭建，因人而异进行个别指导，学生能独立完成搭建且作品有特色			

续　表

评价对象	指标体系	评价内容	得分标准				得分
课堂教学	教学过程(10分)	反思	目的:发现搭建作品的得分问题与错误,改进、完善作品; 时间:10分钟左右; 要求:教师启发引导,学生出结论	1~3分:主动指出学生作品的错误之处,并手动帮助其改正。无引导学生对作品进行改进;对学生作品有评价,但评价过于笼统、不具体、不具有积极意义	4~7分:采用提问、交谈方式引导学生发现自己作品的错误或不足之处,并引导学生自己改进作品;对学生进行因人而异的评价	8~10分:采用实验的方式引导学生发现自己作品的错误或不足之处,并引导学生自己改进作品、得出结论形成概念;对学生进行有个性的评价,发现学生的优点和缺点	
		延续	目的:形成概念、知识迁移、能力拓展; 时间:20~30分钟; 要求:与教学内容相呼应,形式多样	1~2分:无明显形式的"延续"部分,将"反思"部分延长作为"延续";学生之间无交流与互动	3~5分:采用"教师讲,学生听"的方式组织学生进行集体评价、共同赏析作品;学生之间没有交流与互动	6~8分:采用"学生讲,教师点评"的方式组织学生进行作品的讨论与赏析,既有学生个人的表达,也有学生之间交流、互动	9~10分:采用情境创设,组织学生使用自己的搭建作品进行游戏、竞赛等形式的互动;学生之间有交流并且有团队协作;引导学生进行知识的迁移、应用
	教学内容(15分)		教学内容与教学目标相符合,遵循活动手册和教参; 根据学生实际程度对某些活动的难易程度进行适当的处理; 对某些不适当活动能恰当地改编	1~3分:教学内容符合教学目标,与活动手册和教参完全一致,无再加工	4~8分:教学内容符合教学目标,并在活动手册和教参的基础上进行增减、调整	9~12分:教学内容符合教学目标,难易程度调整符合学生年龄特征	13~15分:教学内容符合教学目标,难易程度根据学生能力不同因人而异,符合每个学生的实际情况,做到因材施教

续　表

评价对象	指标体系	评价内容	得分标准				得分
课堂教学	课堂管理（10分）	教学组织过程清晰、有条理,课堂有秩序; 学生积极参与课堂活动,踊跃发言、积极思考; 学生在课堂中的主体地位,师生互动、生生互动积极良好	1～3分:课堂完整,但次序混乱	4～8分:课程完整并且教学组织过程条理清晰,有次序	9～12分:课程完整并且教学组织过程条理清晰,有次序;师生互动、生生互动积极良好	13～15分:课程完整并且教学组织过程条理清晰,有次序;师生互动、生生互动积极良好;课堂气氛积极活跃	
	教仪教态（10分）	遵守教师课堂行为规范; 加强自身职业素养; 提高教学技能技巧	1～3分:形象整洁,无影响课堂教学的不良言行	4～6分:普通话标准,声音大小适中;语言表达准确、清晰、规范、简洁	7～9分:教态自然、亲切、大方,富有亲和力;教学语言生动、活泼,富有童趣,适合儿童心理特征	10分:形象良好语言得当,教态自然大方,肢体语言丰富、恰当,熟悉每一个学生的特征,因人而异采用不同的交流、互动方式	
	附加分	对有特色的细节或表现给予加分	（注明加分原因）				

		优点	不足	改进意见		总分
总评						

（四）按照教师学期工作划定评价要素

教师学期工作评价既是对教师一学期工作的综合评价,又是对教师工作成果的阶段性总结。学校结合自身发展实际和教师学期工作的具体情况,科学分层,划定三级目标,并制定了相应的评价要素标准和评分说明。

首先,三级目标层层递进,由高到低依次为 A 级、B 级和 C 级。A 级目标为总目标,分为"德、能、勤、绩"四大模块。B级目标对其进行细化,分为政治思想品德、文化专业知识和教育教学能力、工作量和履行职责、教学效果和教学教研等具体内容;C级目标更加细化,回归至各模块,共计40个细节目标。其次,评价要素标准与评分说明与C级目标一一对应,规定了教师各项目标的达标要求以及评分的细则。例如,一项C目标是政治观念,对应的评价要素标准是积极参加政治学习和政治活动,坚持做政治学习笔记(学习笔记五次且200字以上);评分说明为无故不参加政治学习和政治活动一次扣1分,无学习笔记扣4分。最后,评价结果以量化的分数显示,各项A目标的得分经过加权计算后得出总分,便于教师关注自身学期工作的总体情况和各部分的具体情况。学校对教师学期工作进行总体评价,是对教师阶段性工作的反馈和肯定,能有针对性地帮助教师找准不足、继续成长。

第四节　评价成效——发展、提质、高效

教师评价应充分发挥其诊断、导向与激励功能,并最终指向教师的专业发展与成长。为切实提升教师评价成效,学校创新教师评价方式与内容,推行兼具人性化与技术性的评价机制,力求实现评价促进教师专业发展、以评价提升教师职业素养、以评价推动教师队伍建设的多重效果。

一、以评促教,拓宽教师专业化发展空间

教师评价是一个系统性的过程,只有建构有效的教师评价方案,才能促进教师的教与学发展,拓展教师的专业化成长空间。[①] 学校坚持以评促教,落实推动教、学一体化的实践逻辑。通过设计评价量表实现以评促教、家校共评的评价初衷,制定符合学校教师发展的体系性教师评价和成长方案。

(一)借助评价量表,传递教师发展理念

针对教师评价,学校设计了《浙江师范大学附属慈溪实验学校教师课堂评价量化表》《教师教育教学情况评价量表》《教师学期工作综合量化评价表》。三个评价量表的建立使得教师逐步明晰怎样的课堂才能促进学生的发展,怎样的言行才能为学生树立良好的榜样,怎样的自我规划才能不断促

---

① 黄建辉,周路遥.构建服务于师生共同发展的评价体系——美国威斯康星州"教育者效能系统"教师评价实践及其启示[J].集美大学学报(教育科学版),2020(4):5-12.

进个体成长。

首先，课堂教学评价表清晰明确，以评价的方式建构了一套行之有效的教学实践标准，促进了教师在教学目标、教学过程、教学内容、课堂管理、教仪教态、教学细节和特色等方面的再认知和再发展，切实提升了教师的教学成效。例如，刘老师在多次评课改进后，分别参与校级、中线片区、慈溪市的公开课，并在区市中获得优异名次。其次，教师教学情况评价量表传递了教师发展的基础理念，即教书育人、言教行范、启发诱导、授之以渔的教学发展理念，学生全面发展、班风学风正向且有积极的育人理念，以及独立学习、主动学习的终身学习理念等各种发展理念渗透于评价当中。教师在评价中不断激励自我，在教学中践行教育理念。最后，在学期考核中，学校设计"德·能·勤·绩"的综合评价量表，从教师的师德、教学能力、职业规范、教学成效等方面设立标准、进行赋分并开展评价，以综合测评的方式促进和推动教师的全面发展，进一步拓宽了教师对专业的认识。总体而言，学校的各类评价量表鼓励教师更新自身理念，关注个体专业发展，提升自我教学素养。截至 2021 年，学校共 11 名教师被评为慈溪市骨干教师，25 位教师获得"慈溪市教坛新秀"称号，四位教师获"宁波市教坛新秀"称号，六位教师分别被评选为"宁波市四有好老师""慈溪市四有好教师"。

（二）依托教研考核，激发教师内驱动力

教育研究是发现教学问题，总结教学经验，改进教学方法的有效方式，教研组的设计和安排极大地影响着每一位教师的专业发展和内驱动力。为促进教师教研能力的发展，学校坚持以评促研，以研促教，设计了《浙江师范大学附属慈溪实验小学教研组考核评价表》，从团队建设、教师培养、教学管理、教学研究、教学水平、学生辅导等方面展开教研组自评和考核组评。24 项赋分的评价内容使教研活动更加明确，形成了新教师和骨干教师的培养方案，建构了体系化的教研活动和培训主体，使教师在教研中习得了关于课题、综合活动、资源开发、分层施教等教学方法。教研组的考核评价设计促进了教师教中学、教中研、教中思的发展研究能力的提升，促使教师的专业发展由被动接受变为主动参与，从外在要求变为内在需求，使得教师从外驱评价条件走向了内驱发展。教研评价极大地促进了教师队伍的发展，如学校数学教研组徐老师在教研中获得研制教具的启发，进行了自制教具的系列设计，在"宁波市中小学优秀自制教具展评活动"中获得三等奖。音乐教研组各教师研究小学生团队合作特点，组织学生参与合唱大赛和舞蹈比赛，在"慈溪市中小学生合唱比赛"和"慈溪市中小学生舞蹈比赛"中获得一等奖。在以评促研和以评促教的良好氛围下,教师和学生均成为教研活动的受益者。

(三)设计多样方案,实现家校联合评价

多元主体评价能够使教师更加明确自身教学投入、教学活动及教学产出的整体情况,为教师提供更加广泛且具有针对性的建议。为此,学校设计《学生及家长评价的教师量化评价表》《学校考核小组评价的教师学期工作综合量化考核表》《师师互评的课堂教学评价量化表》等系列考核量表,建构多主体评价体系。教师、校长、教研组、家长等多元主体为教师提供多维角度的反馈意见,助力教师专业成长的同时,也进一步实践了家校联合的评价理念。在具体实践层面,学校面向小学和初中生家长设计匿名问卷,调查教师师德师风和教育教学情况,家长普遍反映该问卷设计科学有效,并全力支持学校工作。家校联合的评价设计给予了家长更大的评价权利,教师由此获得了从领导到同事、从学生到家长、从他人到个人的全方位评价。在访谈中,徐老师认为自我评价的能力较为有限,学校所设计的多元评价能够激发教师多角度发现问题的意识,其中,小组评价最为有效。杨益杰老师认为,家校联合评价起到了查漏补缺的导向作用,帮助教师们发现问题、解决问题,在家校联合评价的督促作用下,教师们更能认真工作,保持热情,不断成长。此外,张老师在认可家校联合评价为其教学反思带来新认识的基础上,还批判性地提出根据教师的个人成长经历和专业性质制定差异性评价方案。

二、以评促德,提升教师的职业道德素养

教师承担着为国家培养人才的重任,不仅需要拥有坚实的学科专业知识、教学知识与教学技能,还要具备良好的职业道德素养,遵守教育教学规范,践行社会师德要求。《关于全面深化新时代教师队伍建设改革的实施意见》中强调要"引导广大教师以德立身、以德立学、以德施教、以德育德,坚持教书与育人相统一、言传与身教相统一、潜心问道与关注社会相统一、学术自由与学术规范相统一"。在道德影响上,教师职业道德对教师的教学工作有促进作用,对学生有教育作用,对人类社会的文明有示范作用。为此,学校以多元、公正、全面的教师评价为基石,将教师职业道德素养的具体要求细化、深化,力求潜移默化地提升学校教师队伍的职业道德素养。

（一）目标有所依，加强了职业道德认知

一方面，教育评价具有很强的目的性和规范性，是引导教师朝预定目标前进的努力方向和既定要求。因此，正确的教师职业道德认知是教师职业道德行为得以规范的基础。另一方面，道德认知能力是道德个体的动机得以外化为道德行为的工具，是道德实践得以落实的前提。为此，学校根据《中小学教师职业道德规范》，结合学校基本情况和教师队伍情况，制定了教师职业道德素养的工作目标，并根据目标明晰相关评价内容和标准，形成各类教师评价量表。

相关评价量表的条目正如一根"指挥棒"，对教师职业道德的发展起到了"定标导航"的作用。学校充分运用教育评价的导向功能，帮助教师明确发展方向，使得抽象的"师德"具化为一条条可以进行自我诊断的评价标准。如学校自主设计的"学期工作综合量化考核表"，将师德细分为政治思想、热爱事业、执行方针、教书育人、为人师表和团结协作六大 B 级目标和 13 个 C 级目标。评价量表不仅包括思想观念的要求，如"坚持四项基本原则，遵守教师职业道德规范"等，更有实践工作的要求，如"认真执行教学计划，教学紧扣大纲"等。评价量表对教师职业道德做出了细致的要求，这不仅为教师职业道德的发展指明了方向，也强化了教师对职业道德的自律落实。

（二）行为有所据，改善了职业道德行为

教育是一项杰出的道德事业。教师职业的特殊性，意味着教师的一言一行都蕴含着丰富的道德韵味。教师职业道德规范为教师的行为提供外在的底线规约，而教师自身的道德意识则是其道德行为的内在驱动力。因此，明确教师道德规范，激发教师道德意识，是提升教师道德素养的关键举措。学校立足"仁心育人、种善得善"的德育理念，设计了科学的教师评价体系，以教师道德为教师的日常活动提供行动指南，为教师约束和规范自我提供行为依据。

学校教师时刻以教师职业道德规范为自身行为的最高标准，依据领导评价、同辈评价、家长评价、学生评价等多元评价主体对自身的反馈，不断调整自身职业道德行为，贯彻立足良善的职业道德理念。在点滴育人日常中，身正为范，传递温暖。例如，胡老师始终以立德树人作为自己的教育目标，用爱心教诲学生，用真情培育学生。对于学生，胡老师公平公正、耐心细致，尊重、理解、信任每一个孩子；对待家长，她总是尝试"换位思考"，虚心接受家长们好的建议和意见，从而改进自己的教学和班主任工作。陈老师匠心独具,借助心理学知识缓解一年级学生厌学的情绪,帮助学生建立安全感、梳理自信心,用爱心和耐心陪伴着学生们成长……类似的优秀教师还有许多。可以说,学校绝大部分教师做到了言行一致、知行统一,将职业道德原则贯彻落实到育人行为之中,呵护学生健康阳光成长。

(三)结果有所思,激发了职业道德情感

教师职业道德情感能够激发教师工作的积极性、主动性和创造性,强化教师职业道德认知和行为,从而改正错误、补救过失,促使教师不断进行自我修养和自我完善,自觉做好教育教学工作。学校通过多元主体评价、质性评价和量化评价相结合的方式,针对性地反馈教师专业成长结果,引导其反思自身道德认知,激发职业道德情感,从而改进教学,提升职业素养。

总体来看,学校教师整体具备真诚的职业道德情感,能够做到发自内心地热爱教师事业,潜心钻研业务,反思自己的教育观念与教育行为。在与同事、学生和家长的沟通中,教师们多以平等、谦卑的心态来对待来自各方的反馈评价信息。美术教师裘老师就是一个典型的例子,她积极承担校示范课、观摩课等公开教学任务,谦虚听取来自同事、学生们的反馈意见,并在课后进行持续反思,力求及时发现、弥补自身不足,收获更多专业成长。多年来,裘老师对待教学一丝不苟的态度,使她的教学技能日益精进。在她的指导下,数十名学生先后获得全国、宁波市、慈溪市美术比赛奖项。因善于思考与积累,裘老师多次在《中国中小学美术》上发表论文,向专家型教师逐步迈进。教师评价反馈是教师提升自身素养的基石,评价所强调的职业道德情感使教师能够真心去理解、关心、爱护和帮助学生,同时也鞭策教师反思和锤炼自身专业技能。

三、以评促管,建设高质量教师发展队伍

教师评价是驱动教师成长的关键手段,也是管理学校教师群体、建设高质量教师队伍的重要方式。建构系统科学的教师评价体系,可助力提升学校管理效率,打造高质量的教师队伍。学校以"教师终身成长"为目标,贯彻"多元、动态、生长"的核心评价理念,创设以智慧系统为核心的教师评价平台,建构师生共同发展的教育生态。

(一)制度赋能:以学校评价制度驱动教师成长

首先,学校遵循"多元、动态、生长"的核心评价理念,开展发展评价、整体评价、适性评价、激励评价、技术赋能评价以及增值评价,为教师的专业成长提供了内在动力。其次,以"全面、系统、创新"为主旨,建构量化和质性评价相结合的双线评价体系，在综合考察教师"教、研、德、绩"的基础上，以多样化的评价内容推动了教师专业发展。最后，以"探索、变革、突破"为特征，推动多元评价主体评价实施，帮助教师全面认识自我、提升自我。由此，以发展为旨、多维立体的教师评价制度初步建立。

具体而言，学校利用教师成长档案袋评价、学习积分评价、随堂听课评价、表现性评价、分类评价等多样评价方式，实现对教师的精准化评价，将评价理念、体系与评价实践相贯通，使教、学、评成为教师的教学日常。评价制度目前获得了学校教师的一致好评。孙老师等均认为，在学校科学、合理、专业的评价下，教师个人专业得到了成长，教师教学素质、领导能力和发展积极性得到了提高。在评价制度的驱动下，教师与学校融为一体，成为共生共长的互助共同体。周老师、潘老师表示，学校评价制度针对性较强、尊重教师个体差异，过程性评价方式不再让教学成效等价于学生成绩，让教师有了更多班级建设自由。

(二)反馈增效：以尊重多元建议创新教师发展

学校建立了平等对话型的评价反馈模式，教师接受量化考核成绩与质性评价反馈的同时，也可对评价内容提出个人意见。教师与教师评价体系之间始终处于循环往复的动态更新的发展过程，教师的认知反作用于评价体系，而评价反馈促进教师发展，二者互相促进、彼此制约。教师发展的本质是教师自我价值的实现。学校立足教师发展、实施民主管理，充分尊重教师的话语权，通过访谈、问卷等形式听取教师对评价的反馈，并及时总结调整，从而使其更好地为学校教师发展服务。

依据教师对教师评价的反馈，学校逐步建立起了多种评价方式相结合的评价体系。坚持教师评价的价值取向多元化，把评价教师的目的从绩效分等、评优树先、职务晋升转移到促进专业发展上，把是否"爱学生"作为主要标准进行师德评价，既强调了对教师综合能力的评价，又突出了对教师核心素养的侧重。此外，学校充分关注教师的态度、情感与认知发展，着眼于激发教师的积极、正向的情感能量，赏识教师的个性与教学特色，尊重不同教师的独有风格，落脚于教师的专业发展和个人成长。学校相信，当教师在评价中获得关爱、欣赏和尊重时，就会产生愉悦感、幸福感和效能感，教师也就更愿意进一步寻求教育教学技能的突破、焕发教育事业的热情与激情，从而实现更高阶的教师专业发展。

（三）平台提质:以智慧评价系统引领教师建设

灯塔教育、智慧校园、智慧云服务等是学校智慧评价系统的核心组成部分。教育信息技术极大提升了教师评价实施的质量与效率,促成评价数据精确量化,为改进教学、改进评价、实践反思提供数据支持。学校的智慧评价系统具有科学性、客观性与专业性的特点,不仅能够对整个教育活动进行全面检测、全员关照,发挥数据收集、监督反馈、报告分析等功能,而且能够对评价对象进行个性化考量,这使得教师评价既能从整体上促进教师队伍建设,又能关注到教师个体发展的特殊需求,真正成为教师专业发展的"脚手架"。其中,系统所支持的"多元主体"云评价,可及时、全面地帮助教师认识自我,打造教师实践改进的学习共同体。教师表示,智慧评价系统的收集性强、及时高效,家长随时评、教师随时查,有利于教师高效办公,并在评价过程中自身专业发展逐步走向成熟。

第七章 保驾护航:专业发展保障体系

教师的专业发展除了自身的努力外,也需要一种有利于教师专业发展的外界环境和条件,而这种外界环境的形成、维护和变革需要有完善的教师专业发展保障体系。影响教师专业发展的要素很多,也很复杂。其相应的保障体系也就显得复杂而多样,对于九年一贯制新建学校,又是地方政府与高校合作办学的附属学校,教师专业发展既需要国家与地方政府宏观的政策引领和支撑,又要发挥 U—G—S 合作办学机制带来的优势,还要根据学校实际情况,形成个性化、特色化的教师专业发展策略,并加以实施。

第一节 国家与地方政府的政策引领与保障

在教师专业发展的保障体系中,国家与地方政府的各种教育政策无疑是最重要的因素。从我国教育事业发展历程看,教师的地位和教师专业发展的程度无不受到国家与地方政府教育政策的宏观引领。改革开放的前 20 年,我们是"穷国家办大教育",重点在于基础教育普及和义务教育的实施,教师专业发展提升以学历教育为主,学历决定教师资格,20 世纪 90 年代的"专升本"和成人自考成为主要的教师专业发展途径。随着国家经济实力的不断壮大,国民素质教育成为基础教育的主流,21 世纪初开始的基础教育课程改革,推开了我国基础教育发展的新局面,也迎来了教师专业发展的大好时期。

以浙江省为例,基础教育课程改革一开始,就十分重视教师队伍的建设,重视教师的专业发展。面对基础教育课程改革的新要求,进行了以全员的教育理念提升为主要任务的培训工作,保证了课程改革的顺利开展。接着就是系列性、不断递进的各类各级教师专业培训,2003 年开始的"5522 名师名校长工程"、2005 年的"3333 高级访问学者",接着就是"领雁工程"的学科骨干教师培训,再就是五年一轮的教师全员培训,包括 90 学时的省级培训,再到现在实施的"浙江省网络名师工作室""特级教师工作站和工作坊""浙派名师名校长培训"。同时,在高师院校开展了旨在提升职前教师专业水平的教师教育改革,围绕着师范生学科教学能力提升,进行课程与教学论课程改革,突出教师教育能力的培训,开展师范生学科教学能力大赛等。这期间,各地政府也开展了类似的各类教师专业能力提升的培训活动,并出台一系列政策、文件和法规,鼓励开展以校本研修为主体的校本培训。各地市教研室、教科院所、教师进修学校为政策的落地开展了大量的、具有成效的活动。20 年的回顾,可以清晰地看出,各级政府的政策、文件、法规的出台,为教师专业发展的目标制定、行动保障、考核评估起到了引领与保障作用。

一、政策目标:引领教师专业发展

为了促进教师专业发展,各级政府出台的各种教育政策、文件、法规中,往往会涉及教师专业发展的内容。如基础教育改革的政策文件,就有教师专业发展的内容。当然,各级政府也会出台专门针对教师专业发展的政策文件,如《关于加强和改进新时代师德师风建设的意见》《关于加强新时代乡村教师队伍建设意见》《浙江省关于加强教师队伍建设的意见》等。在这些政策文件中,根据我国教育事业发展的要求,对教师专业发展提出目标与具体的标准。这些目标和具体的标准,为教师专业发展、教师队伍建设,起到引领作用,也成为检验和考核教师专业水平和专业发展情况的政策依据。

《关于加强和改进新时代师德师风建设的意见》提出,一要思想铸魂。加强教师理想信念教育,用习近平新时代中国特色社会主义思想武装教师头脑。自觉用"四个意识"导航,用"四个自信"强基,用"两个维护"铸魂。更好掌握马克思主义立场观点方法,认清中国和世界发展大势,增进对中国特色社会主义的政治认同、思想认同、理论认同、情感认同。二是价值导向。准确理解和把握社会主义核心价值观的深刻内涵,带头践行社会主义核心价值观。将社会主义核心价值观融入教育教学全过程。弘扬中华优秀传统文化、革命文化和社会主义先进文化,培育科技创新文化。三是党建引领。建好党员教师队伍,争做"四有"好教师的示范标杆,成为践行高尚师德的中坚力量。四是课堂育德。充分发挥课堂主渠道作用，守好讲台主阵地，将立德树人放在首要位置，融入渗透到教育教学全过程，以心育心、以德育德、以人格育人格，在教育教学中提升师德素养。五是典型树德。树立阳光美丽、爱岗敬业、甘于奉献、改革创新的新形象。深入挖掘优秀教师典型，综合运用授予荣誉、事迹报告、媒体宣传等手段，充分发挥典型引领示范和辐射带动作用。六是规则立德。强化法治和纪律教育，以学习《中华人民共和国教师法》、新时代教师职业行为十项准则系列文件及《教师违反职业道德行为处理办法》等为重点，提高法治素养、规则意识，提升依法执教、规范执教能力。制定法治教育计划，强化纪律建设，全面梳理在课堂教学、关爱学生、师生关系、社会活动等方面的纪律要求。依法依规健全规范体系，时刻自重、自省、自警、自励，坚守师德底线。[①]《关于加强和改进新时代师德师风建设的意见》对教师师德师风建设六个方面的具体要求，对于教师自身的师德师风水平提升和学校开展师德师风建设工作，都起到了重要的引领作用。

教师专业发展需要政府的政策引领，有了目标和具体的要求，才能够激起教师为达成目标而努力学习和实践的内在动力；有了目标，才有发展的方向，才有衡量自身专业发展水平的标杆和尺度；只有明确了目标和具体要求，教师才能够更好地设计符合学校教育发展需求的教师个人发展规划。教师只有将个人的专业发展与国家和地方政府的教育发展要求相结合，才能够获得自身发展的最大空间，才能够争取到各种各样有利于教师专业发展的资源和机会。在教师专业发展的过程中，相关政策一直发挥着引领作用，帮助教师克服工作中的各种阻力，解答各种困惑，促进新的内生动力。

政府关于教师专业发展的政策，应该成为学校管理和日常行政工作的指导性文件。学校必须按照政府政策的要求去落实好教师专业发展所需要的各种条件，制定具体的措施去鼓励教师更好地实现专业发展。如在《关于进一步完善中小学校专业技术岗位设置管理的通知》指导下，慈溪市教育局出台了中小学教师编制和技术岗位设置的具体措施，其中就有初中高级岗位 35%、中级岗位 50%、初级岗位 15%，小学高级岗位 15%、中级岗位 60%、初级岗位 25%的具体标准。这样的标准一经出台，就成了所在学校教师的努力目标，也成了学校教师队伍建设的目标。学校就会为实现这样的

---

① 教育部，等.教育部等七部门印发《关于加强和改进新时代师德师风建设的意见》的通知[EB/OL].（2019-12-06）[2021-5-14]. http://www.moe.gov.cn/srcsite/A10/s7002/201912/t20191213_411946.html.

目标创造各种各样的条件,教师也会根据学校的实际情况来设计近几年的发展规划。如果教师在学校感觉自己的专业发展没有多大空间、没有什么希望,就不太可能有很大的动力去促进专业水平的提升,就容易产生"得过且过"的应付心态,从而影响教学工作,阻碍教师的专业发展。

政府的政策是国家和地方政府对教育事业发展的宏观需求所决定的。也就是说,政府出台的教育政策是我国教育事业发展的反映,是作为国家发展教育事业的基础和关键因素,是从我国社会、经济、文化、军事等发展对教育的需求而提出的目标。作为人民教师,其发展的方向和目标就必须与国家的发展目标相一致,为国家的发展目标做出应有的贡献。不可否认,每一个教师的专业发展目标有自己的个性化需求,会按照自身的实际情况来确定自己的发展目标。但是,只有当教师专业发展目标与国家的教育事业发展的目标相一致的时候,教师专业发展的目标才能够比较容易得到实现。2020年以来,我国大力发展职业教育,出台了不少有关职业教育发展的政策文件,包括职业高校和职业中学发展的相关政策,这对从事职业教育的教师来说,就是一个很好的发展自身专业水平的机会。所以,教师就应该关心和理解国家的各种政策文件的精神,正确把握好各种政策给予的专业发展的机会,积极配合国家教育事业发展的需求和政策导向,在国家教育事业发展中实现教师专业发展。

二、政策行动:保障教师专业发展

国家与地方政府出台的政策文件,除了有明确的目标外,还有达成这些目标和指标的具体的行动措施,这些措施是对政策落实的一种保障。尽管从表面上看,文件中这些行动措施还是比较宏观,不够具体,但这是针对所有的学校或教师提出的基础性的行动指南,各个学校和教师还必须结合实际情况,形成可操作的实践方案。政府的政策提出的行动措施,往往是从宏观维度,阐述应从哪些方面来开展怎么样的工作,起到引领和规范的作用。就教师专业发展的政策文件而言,这样的行动措施,对每一个学校和每一位教师来说,是一种政策的保障。知道该做什么、该怎么做、做成怎么个样子,就能够保证实践的方向性,提高实践的效率。如果没有这些具体的行动措施,学校与教师就只能根据自己对政策目标的理解开展工作,容易造成理解上的分歧,造成工作的失误,从而影响学校教师队伍建设和教师的专业发展。

在前面提到过的慈溪市中小学教师编制和技术岗位设置的文件中,除了明确各类学校的各级职称的目标要求外,还提出了教师专业技术职称聘任"县管校聘"的基本原则,根据学校办学程度、管理效率情况和办学质量,进行适度调整。这样的行动原则,明确了各级管理的权力与责任,也通过倾斜政策激励各个学校在办学、管理和教育质量方面,狠下功夫,争取到政策的优惠和倾斜。这样的行动原则既是专业技术岗位聘任的指导原则,又对今后的工作起到激励和引导作用。教师专业发展的期望和实现,与学校的办学水平、管理效率、教育质量息息相关,教师就有了努力的方向和动力。文件还对做好岗位聘任工作提出了岗位设置调整对象、岗位等级人数核定、组织实施聘任工作、教育岗位人数核准、岗位等级调整时间和工作时间安排六个方面的具体实施意见,特别是"组织实施聘任工作",介绍得十分具体。这样做的目的就是加强教师专业技术岗位聘任工作的指导,也是对教师专业发展的政策保障。

三、考核评估：促进教师专业发展

对于学校办学水平和教师专业发展整体情况的评估,教师的工作表现,以及工作中所表现出来的教师专业水平的考核,是政府政策与文件中的常见内容。通过评估与考核,促进学校的教师队伍建设和教师发展。

对于学校的教师队伍建设和发展水平,政府政策文件不仅给出了要达到的目标要求和具体指标,也给出了实现这些目标和指标的具体行动指导意见,然后,通过评估工作对学校在教师队伍建设方面的情况进行综合判断,为学校今后的教师队伍建设工作的高质量开展提出建议和决议。这是涉及学校发展和荣誉的重要事件,学校必定会按照评估工作的情况进行有针对性的调整,提出解决阻碍教师专业发展问题的对策和措施,从而保障了学校教师队伍的建设和教师专业水平的提升。

针对教师个人的专业水平提升而言,政府的各种评比政策,为教师专业发展指明发展方向和奋斗目标。如职称评定和岗位聘任、教坛新秀、优质课比赛、骨干教师选拔培养、新苗计划、省市春蚕奖等各种荣誉称号评比,这些文件明确规定了获得相关荣誉所需要的标准和指标,而这些指标本身就是针对不同层次的教师专业水平的标准和指标进行设计的。教师为了获得相应荣誉或取得相应职称,就会自觉地按照这些标准和指标来对照自己的情况,并为达成这些目的而制定出自己今后较长时间的专业发展计划,在日常的教学工作和研究中,努力地向着这些目标靠拢,从而促进教师的专业发展。这一类政策对教师专业发展来说,起到的是引领、激励、奖励的作用,是对教师专业发展所取得的成效的一种正面肯定。

政府关于教师专业发展水平的政策文件也有不少是纯粹的考核,如绩效考核、教学工作考核、班主任工作考核、师德师风考核等等。这种考核对于教师来说是强制性的,是必须达到的标准和指标,并不是像前面提到的鼓励性文件,教师可以选择放弃。这种考核,必须合格,如果被判定不合格,关系到的不只是专业发展水平的问题,而是涉及教师的工作岗位和聘任的问题,是职业和谋生的问题。面对这样的政策文件,每一个教师必将会十分重视,一定要保证自己在考核中能够达到合格。这样的政策文件,对教师的专业水平提升是一种指令和刚性要求,教师只要还希望继续在这个岗位上工作,就必须达到这些指标。这种促进作用是最基本的要求,是对学校教育质量的基本保证。当然,考核性的政策文件,也有激励和奖励的功能,对于考核成绩优秀的教师,会给予精神和物质上的奖励。对于优秀教师来说,是对其教师专业发展的一种肯定,使得他们能够在今后的工作中继续保持优良的行为。对于其他教师而言,则是树立了一个标杆,是他们身边实实在在的典型、学习的榜样,有很强烈的示范引领作用。不管是奖惩还是榜样,对于教师队伍建设和教师专业发展起到的都是保障作用。

四、具体个案与分析

为了全面提升青年教师专业水平,宁波市和慈溪市分别开展了"青年教师队伍建设的曙光工程",我们就以这个政策文件来分析和解释政府政策对教师专业发展的保障功能。

(一)"曙光工程"的培养目标

"曙光工程"力争通过五年的努力,显著提高青年教师队伍的整体素质,使青年教师具有良好的师德修养、先进的教育理念、娴熟的教育教学技能和相应的教科研与创新能力,基本适合宁波市基础教育发展对青年教师的需求。培训具体指标是通过培训,使新教师树立正确的教育观念,具有良好的职业道德;通过培训,使新教师掌握基本的教学原理和方法,熟悉所任学科的课程标准与教材内容,能独立编写规范教案,比较完整地完成课堂教学过程;通过培训,使新教师迅速提升教学素养,努力提升教学科研能力,具有管理处理教材内容和驾驭课堂教学的能力,能独立开展班主任工作,参与并承担课题研究。

这是文件关于"曙光工程"目标的解释,指向青年教师的专业发展。为了促进青年教师队伍的整体素质的全面提升,"曙光工程"的目标包括师德师风、教育理念、教学技能、教学研究能力和创新能力五个具体的指标要求。这样的内容就是教育主管部门对全体青年教师在专业发展方面的指导和引领，对于刚刚走上教师工作岗位，或者还在熟悉和适应教师工作岗位的青年教师来说，是一种很好的、及时的促进和鼓励。

（二）"曙光工程"的内容安排

岗前集中理论培训（教师职业道德规范、教育教学方法、教师职业规划、班主任工作策略、教师沟通艺术及情绪管理）、期初集中实践培训（新教师分组分学科到各实践学校参加培训，由骨干教师担任指导教师，负责 4～6 位新教师的培训。培训内容主要为：听指导教师理论指导、听指导教师上课，在指导教师指导下进行课标解读、教材教法梳理、课堂教学常规学习以及教学设计等）、在岗见习培训（听课 20 节共 20 学时，上公开课四节共 20 学时，教学设计、教学案例分析、学生作业分析、试卷设计、读书笔记、爱的体验日记各一份共 60 学时）。为深化课程改革，促进广大教师教学研究，提高课堂教学能力，搭建教师展示交流的平台，举行各类青年教师技能比武活动。

这是文件对于"曙光工程"开展的内容安排，从三个方面对新入职教师的培训工作做出安排和要求，既有集中的理论学习，又有指导教师带领下的教学实践活动，还有在岗见习和检验评比性质的教学比武活动。这样具体的培训内容安排，不仅保障了培训活动顺利、有序开展，保障培训活动的质量，还能够使每一个刚入职的教师明白本次培训活动的内容安排，为在培训中更主动学习做好准备工作，并争取参与到教学技能比武的活动之中。这三方面的内容安排，其实就是教育行政部门对新教师专业素养的具体要求。明白这种要求的存在，新教师就能够在今后的工作中更加重视这些方面的能力提升。这种心理和物质上的准备，对提升教师培训活动的质量，是必需的。特别是对刚入职的新教师，有生以来还是第一次参与这样的培训，除了对培训的期待外，心理上也肯定有一些忐忑不安，或者不知所措的焦虑。

（三）"曙光工程"的组织措施

首先，加强组织领导。教师所在学校与教师培训单位之间要建立健全协调沟通机制，及时研究解决入职新教师培训中的突出矛盾和问题，有计划、有步骤地推进入职教师的培训工作。各相关学校要在广泛听取意见的基础上，研究制定科学合理的教师培训计划，深入细致地开展思想工作，组织教师有序开展入职培训，努力帮助教师解决培训中遇到的各类困难。

其次，对于培训期间表现好、圆满完成任务的教师，在评优、职务聘任时,在同等条件下优先评定和聘任。没有按指标完成培训任务的学校,当学年度不得参评各级各类先进,不得授予各级各类荣誉称号,情节严重的将追究校长和镇(街道)教办负责人的责任。对于组织安排的培训任务,不参加或没有完成任务的教师,不得按时结束见习期,不按时转为正式教师编制,待下一年参与培训后再视情况转为正式编制。

最后,保障培训经费。各学校要加大教师培训的经费投入,依法依规保障教师培训经费,各中小学除财政安排的教师培训经费外,要按照中小学校年度公用经费总额10%的比例,提取为教师培训经费,实行专款专用。这部分组织措施其实就是入职教师专业培训的组织领导、经费来源、培训考核等方面的保障措施。这个保障措施明确了学校与个人的责任,落实了培训必需的经费来源,制定了培训过程中的各种奖惩措施,从而能够保证培训工作保质保量地完成,达成入职教师专业培训活动的目标。入职教师由于预先知道教育行政部门的规定,明白入职培训工作与自己今后的教师岗位和教师专业发展之间的利害关系,就能够更加重视培训任务,在培训中全身心地投入各个环节之中。

这是一个再普通不过的例子了,但是,我们也能够清晰地看到政府政策对教师专业发展的保障作用,从目标引领到具体的行动措施的设计安排,再到最后的考核和评估。有对学校教师队伍建设的责任要求,也有对每一个教师的具体指标。正是通过政府政策的制定、文件的发放,监督落实,教育对教师专业水平提升的需求才得以实现,才能有效促进每一个教师的专业发展。学校的教师队伍在这一过程中得到建设与完善,教师的教学能力和专业素养不断提升,教育质量得到保证。

第二节　U—G—S 模式的机制"智援"

20 世纪 80 年代开始,各个国家着手进行教师教育的协同改革探索,其中以美国的 U—S 教师教育共同体和教师专业发展学校最为典型。美国模式对英国、法国、澳大利亚、加拿大、日本、新加坡、以色列、希腊、中国等都产生了广泛的影响。2007 年,东北师范大学与辽宁、吉林、黑龙江三省教育厅分别签署协议,共建"教师教育创新东北实验区"。在总结以往"学校—政府"(U—G)合作经验的基础上,以实验区为载体,提出并实施了"高校—政府—学校"(U—G—S)的发展模式。三方遵循"目标一致、责任分担、利益共享、合作发展"的原则，在师范生教育实践、在职教师专业发展、教育课题合作研究、教育信息资源平台建设等方面开展协同创新，将师范大学的教育研究优势、中小学校的教育实践优势、地方政府的行政管理优势有机整合，共同参与教师培养全过程，逐步破解了长期困扰我国教师教育的诸多难题，为我国教师教育改革探索出了一条特色之路。U—G—S 基本理念是通识教育与专业教育的融合，学科教育与教师职业教育的融合，教育理论与教育实践的融合，教师职前培养与教师职后培训的融合，师范大学与地方政府、中小学的融合。2009 年，浙师大也开始进行 U—G—S 合作办学模式的机制研究与实践，慈溪实验学校就是 U—G—S 模式下的一所附属学校。U—G—S 模式下三方优势的发挥和互补，是其成功的主要根源。U—G—S 合作办学模式的机制为学校教师队伍建设和教师专业发展，提供了很好的保障功能。

一、组织保障：完善的机构建设

完善和健全的组织架构是任何有计划的行动的基本要求和保障。浙江师范大学从尝试开展 U—G—S 模式的合作办学开始，就十分重视合作办学的组织机构建设与完善，2009 年第一所合作办学学校——永康中学，开始挂靠在教师教育学院，由刚刚完成教师教育改革而产生的教师教育学院负责合作办学的相关工作，学校教务处和分管校长负责政策的制定和监督实施。学院成立合作办学办公室，分管院长具体负责各项管理工作。随着合作办学规模的快速扩大，2012 年开始研究与讨论合作办学章程，学校设立合作办学管理处和教育集团，专门负责 U—G—S 模式下的合作办学。

教育集团是合作办学的主体机构，下设集团办公室、课程与资源部、教育质量提升与监控部、学校文化建设部，由专职人员参与相关工作。其中办公室负责和附属学校之间的联系、信息沟通和公布、活动安排和服务等管理协调工作。课程与资源部负责合作办学相关的课程设置与开发、课程资源、兼职人员安排、特级教师工作站建设、学校教育研究等工作，其下还分设高中部、初中部和小学部。教育质量提升与监控部负责附属学校的学科教学质量的提升和评价，指向课堂教师的效率提升，指导教师的教学水平提升和学生的学习习惯养成与方法掌握。学校文化建设部负责学校办学的顶层设计、校园文化建设、学校宏观活动设计和组织等工作。

健全的组织机构建设，改变了我国长期的高校与地方学校合作办学的松散状态，使得合作办学的各项工作都有专门的具体人员来负责。这样的机构对于合作学校教师的专业发展，一种很好的保障。教师专业发展包括众多方面,既有教师的师德师风,又有教师的学科知识与能力,还有教师的课堂教学能力和课堂教学艺术,还包括教学的管理和学生的学习指导,以及参与学校各项活动的能力、学科教学的研究能力。现有的组织机构正是迎合了教师专业发展各方面的要求,能够为教师进行有针对性的、专门化的指导,避免了"泛泛而谈"的大教育培训,教师可以有选择性地提出要求,争取获得适合自身发展需求的指导和帮助。

明确的职责分工和通盘的合作,是这个组织得以高效率工作的关键所在。明确的分工,使每一个工作人员能够认真地研究和开展自己的工作,一线的教师也能够很容易地找到自己专业发展过程中所需要的帮助和指导。各部门之间的合作、交流和协调,能够提高工作效率,不容易出现相互推诿的情况。分工不分家,在很大程度上减低了资源的使用和占有,如一位或几位特级教师到附属学校开展特级教师工作站的工作,尽管隶属于课程与资源部门,但他们的工作肯定还是围绕着课堂教学活动来开展,结合课堂教学活动的教师专业素养的培养和提升,也会承担部分的教育质量提升与监控部的工作任务。同样,为了提升学科教学质量,保证课堂教学效率,也会就课程的设置、课程资源开发和利用等方面的工作开展活动,还会涉及学科的教学研究活动。所以,分工是为了明确责任,保证有人负责关心,合作有利于达成大家的共同目标。对学校教师而言,这样的机制使得他们能够得到多方面的帮助和支持,能够在一次活动中就使自己多方面的专业素养得到发展和提升,从而很好地保障了教师队伍的建设和教师专业水平的提升。

二、"法规"保障:合作办学章程

学校的章程是学校办事的内部"法规"。为了做到有"法规"可依,浙师大研究和制定了《浙江师范大学合作办学章程(试行)》,为合作办学的附属学校的教师专业发展提供"法规"层面的保障,在它的指导和规范下,合作办学有"法"可依,有"规"可循。

在《浙江师范大学合作办学章程(试行)》的"章程的理念与目标"一章中指出:"浙江师范大学根据双方自愿、互信、共赢的合作理念,走进学校、走入教师、走近学生,通过各种形式的理论引领、实践指导、合作研究、资源共享等方式来开展合作办学。在合作学校开展'新学校'发展项目,在新的历史时期,探索大学与中小学合作的新文化、新路径、新方法,用新的教育理念、新的服务方式、实现合作学校新的发展与飞跃。通过合作办学,服务基础教育,促进师资队伍建设,形成一支教育教学理论扎实,熟悉中小学教育教学实践,具有一定领导与管理能力的教师教育师资队伍。"其中多处直接提到以教师与教师队伍建设为重要目标,以基础教育的学科教学实践为服务对象。这就要求合作办学过程中,要将附属学校的教师队伍建设和教师专业发展列为重要的工作目标,合作办学要为教师专业发展提供足够的服务和支持。正是在这种理念和目标的引领下,保障附属学校教师的专业发展水平成为衡量合作办学成果与效率的重要指标。

在章程关于合作办学运行机制的表述中,规定"浙江师范大学给合作学校指定一位本校有较强的理论水平与实践指导能力的教师,作为'外派校长'或'常驻顾问',指导合作学校开展各项工作。根据合作学校的实际需要,组织各种类型的专家与团队,支援合作学校的改革与发展。根据合作办学专家指导委员会的意见,以及合作学校实际的需求,或迫切需要解决的问题入手,以点带点,推进学校的改革与发展工作,全面提升学校的办学水平。浙江师范大学通过'合作学校年度交流会议''合作办学通讯''各科学术期刊''外派校长月会'等,为合作学校建立经验交流、知识分享、宣传报道等平台"。外派校长或常驻顾问可以直接指导附属学校的各项工作,组织的各种类型专家团队;可以定期参与附属学校的教育教学活动,这些活动的主要目标就是指向教师专业发展和学生的学业水平提升。通过推进学校改革与发展工作,开展相关的教育与教学的研究工作,指导教师积极开展以教学实践为主体的教科研,促进教师的学科教学能力的提升,促进教师对自身教学工作的研究能力的提升,促进课堂质量的提升。同时,要通过交流会议、学术通讯、学术期刊等平台开展教师的教育与教学研究的交流与讨论,实现教师的共同发展目标。正是这样的合作办学运行机制的存在和实践,使得合作办学中附属学校的教师队伍建设工作,以及教师专业水平得到快速发展和提升。

在"合作办学的组织建构"一章中,强调"合作办学专家指导委员会,由浙江省各学科特级教师、名师、名校长组成。委员会成员采取定期聘任、适当更新的方式""合作办学质量评估委员会,由合作办学领导小组组长、副组长、合作学校校长、地方教育行政部门领导以及一定比例的特级教师、名师、名校长组成"。由各学科特级教师、名校长、学科教学论专家组成的专家指导团队和质量评估团队,他们定期地开展学科教学指导和学科教学质量的评价活动,对附属学校的教师队伍建设和教师专业素养的培养,都是很好的机会和保障。

另外,"合作学校的进入和退出机制"一章中,也明确规定了附属学校的教师队伍建设和教师专业发展方面的具体指标要求,附属学校和地方教育主管部门对学校教师队伍建设和教师专业发展就会高度重视,并制定各种有力的政策给予保障,为附属学校的教师专业水平提升提供更多的机会和资源,这就是章程对教师专业发展的保障。

三、实践指导:多组专家齐心协力

合作办学的组织架构和章程、政策制定的理念和目标,最终还是要通过具体的实践活动得以落实与实现。浙江师范大学教育集团为了保证实践指导的质量,经过近两年的努力实践,已经形成了多支高质量的专家队伍,在合作办学的实践中发挥着积极的作用,成为促进附属学校教师专业发展的中坚力量。

附属学校的教育与教学实践指导专家团队包括学校文化建设专家、课程与教学论专家、教学质量测量与评估专家、教育与教学研究专家等多支团队。学校文化建设专家有专门从事校园文化研究与实践指导的高校教授、博士,负责指导学校的办学理念、培养目标、学校发展规划的制定,提炼校训、教风、学风和办学特色,设计校园文化建设方案和指导方案的实施。课程与教学论专家团队由各学科在全省有较大影响力的特级教师,正高级教师,高校学科教学论教授、博士组成,这是一支强大的、学科教学底蕴深厚的队伍,多为参与浙江省学科教学指导意见研制和各市地考试大纲编制的专家,也有全国统编教材的主要编写成员,具有丰富的学科教学实践和学科教师专业发展培训的经验。他们负责附属学校的学科教学的全方位指导,包括学科教师的专业素养提升和学生学业水平的提升保障。教学质量测量与评估专家由高校长期从事教学质量测量与评价研究和教学工作的教授、博士组成,他们有的承担和完成国家级测量与评价的专项课题,有的参与过全国或浙江省的各种考试命题工作,由他们指导附属学校教师参与学生作业的编制和选择、测验与考试卷编制、学生学习信息的有效提取、学生学业水平的评价等工作。对于一线教师来说,其指导性和针对性是十分突出的,也是很受欢迎的,对于学科教学质量的提升也更加直接和有效。教育与教学研究专家由高校长期从事教育科学研究和学科教学研究的教授、博士参与,他们对教育与教学研究有系统的训练和丰富的经验,也已经取得了很好的研究成果,指导附属学校教师开展教育教学研究工作,对提升教师的教科研能力和水平有十分重要的意义和价值。

必须强调的是,教育集团的多支专家团队对附属学校和教师的指导是分工合作的,通过专家团队之间定期的讨论和交流活动,相互了解指导工作开展的情况和存在的主要问题与矛盾,对涉及学校教师队伍建设的多方面的问题,组织各专家团队进行联合协商研究,共同形成解决问题的方案,并从多个角度反复论证方案的可行性和针对性。这种团队之间的通力合作,在教育集团的统领之下,显得十分自然和协调,对附属学校教师的各方面专业素养的提升,都起到了很好的保障作用。

四、持续研究：提升促进动能

研究是任何工作的基础和前提条件。教育集团专家团队并不以现有的成就而骄傲自满、止步不前,而是积极开展有关合作办学工作的专题研究,不仅在遇到问题时开展针对性的研究,更多的是对合作办学工作的各个方面开展系统的研究。要研究国家对基础教育改革的政策,研究教育理论与教学实践的相关关系,研究提升课堂教学质量的具体措施,研究学校办学的特色和发展方案,研究国际和国内基础教育发展的方向和新成果应用,研究教师专业发展的有效途径和策略与方法,等等。只有在不断研究的基础上,才能保障指导力量,才能够寻找到合作办学和提升教师专业素养的有效方法与途径,为附属学校教师队伍建设和教师专业发展提供不竭动力。

教育集团有系统的研究制度,定期开展各种研究的学术报告和学术沙龙,定期组织指导成员学习国家的教育政策,通报基础教育改革的最新情况和动态,增订多种国内外的学术期刊和文献资料数据库,准备基础教育的各种教材和教学参考用书,并保证研究经费的供给,使合作办学的研究工作成为各组专家团队的日常工作和任务。在交流讨论的基础上,检查和监督研究的进展和成果,并通过各种考核制度,对合作办学的研究进行评价和奖励。

除了重视研究工作外,还必须重视研究成果的应用,使其在合作办学中产生应有的作用。基于附属学校的教育与教学实践,开展行动研究,边研究边实践,在研究中实践,在实践中研究。这样的研究成果不仅能够很好地促进符合附属学校实际问题的解决,也能够很好地带领附属学校教师领会教育研究和行动研究的真正要旨,增强他们的教育与教学研究能力和水平。在这样的研究与实践过程中,为教师的专业发展提供了有效保障。

教育集团在为附属学校教师专业发展的指导和服务中,特别强调各个层面的保障制度建设和落实。其中各部门的分工合作、教育与教学研究、定期交流研讨,都有明确的制度。专家团队的建设更是重中之重的事情,集团领导经常关注各类专家资源,联系和沟通,争取他们能够参与到合作办学的专家团队中来,为他们来集团工作提供各种各样的资源和保障。教育集团还重视网络资源的建设和开发利用,借助继续教育网络学院的优质资源,利用信息技术,为合作办学和教师专业发展,提供各种服务和资源。更重要的是保障合作办学的经费,有明确和规范的经费使用规定,为各项活动的开展提供经费支持。全方位的保障机制是合作办学取得显著成效的重要因素,也是附属学校教师队伍得以快速发展的关键所在。

第三节　学校个性化促进策略的落实

学校是教师工作的地方,也是教师开展教学研究和实践,实现自身专业发展的地方,学校基于自身发展需求,建立和实践促进教师专业发展的制度体系,研究和落实具有针对性的各项促进教师专业发展的政策和措施,是学校教师队伍建设和教师专业发展的重要保障。

一、达成共识:致力于教师专业发展

面对知识化、信息化和学习型社会转变带来的变革影响,以及教育民主化和教师专业化运动的开展,教师专业发展的研究范式发生了重要的"场域下移"转换,这也对学校的教师专业发展功能的承载力提出了新的挑战。我们尽管逐渐认识到学校既是学生学习的场所,也是教师发展的场所,学校除教书育人功能以外,也应具有教师专业发展的功能。但由于长期以来我国对学校功能的认识不够全面,学校教育表现出对教师专业价值的忽视,也使学校的教师专业发展功能在有效发挥上产生很大的滞后性。因此,学校作为教师专业发展实践活动的主要场域载体,对学校的教师专业发展功能研究和保障系统的建立,不仅有利于构建和丰富教师专业发展的理论体系,而且对我国的学校管理体制和机制改革具有重要推动作用。

在U—G—S合作办学模式和机制下,附属学校成立后就按照合作办学对学校教师队伍建设和教师专业发展工作的要求,开展对教师专业发展意义与价值、途径和措施、要求与指标、监督与考核、物质与经费保障等多方面的讨论和研讨,邀请教育集团的专家来校进行教师队伍建设和教师职业生涯规划的专题报告。多位特级教师结合自身的专业成长历程,介绍和阐述教师专业发展的意义、途径和措施,分享专业成长的快乐和经验。从思想和

理念上为学校教师专业发展提供了很好的精神食粮。我们首先在学校班子层面开展学校教师队伍建设的讨论，形成共识后，在教研组、备课组、骨干教师和学科带头人层面进行讨论，分析各自在专业发展中的实际情况，征求他们对学校关于教师专业发展的意见和建议。随后在全体教师层面开展教师职业生涯规划的讨论，每一个教师形成自己的专业发展中短期规划方案。这一过程为学校形成关于教师队伍建设和教师专业发展的具体政策和措施奠定了思想观念和舆论基础。共同的理念和认识，形成了促进教师队伍建设和教师专业发展的合力和凝聚力。

二、制度完善：实践教师专业发展

制度建设与完善，相关实践平台建设，从硬件和软件两个方面，为每一个教师提供了专业发展的机会和保障措施。学校在教育集团专家的指导下，根据教育行政部门相关的教师队伍建设和教师专业发展的文件精神，经过反复地讨论和征求意见，制定了学校教师队伍建设的中长期发展规划和近五年教师队伍建设方案。在近五年教师队伍建设方案中，根据新学校的教师年轻化、高学历的特点，制定每一年教师专业发展的具体指标，包括教师的数量和学科分布、教师的学历提升和职称晋升、教师师德师风建设、教师的学科基础提升、课堂教学能力发展、教学研究能力提升、班级管理、学生心理咨询、学校文化建设等一系列政策文件。为保证政策的落实，由校长主持负责教师队伍建设的工作，从资源和经费上保障教师专业发展所需。同时，借助教育集团的力量，成立旭升书院、特级教师工作站、校内教师师徒结对、校外联盟学校教学共同体、图书馆建设和图书资料供给、网络资源库建设等一系列教师专业发展相关的硬件与平台建设。完成教师专业发展的年度考核制度，将教师专业发展与绩效考核相统一，设立专门的教师专业发展基金，用于保障教师学习培训、奖励成绩突出人员，逐渐形成了一套相对完整的促进教师专业发展的保障体系。

与此同时，还形成了旨在促进教师专业发展和教学质量提升的教学与教学研究管理制度。这些制度包括教学常规管理制度、教学备课与听课制度、教研组工作条例、校本教科研制度、学生分层作业编制制度、学生作业批改制度、学生作业监督机制等教育与教学管理的制度，使教师队伍建设和教师专业发展有具体的实施与操作的依据。其中关于教学常规的管理制度——"教学五认真"，成为日常教学管理和教学秩序保障、提升课堂教学质量、促进教师养成良好的教学习惯的重要管理文件。作为教学常规管理的

"教学五认真"，从认真备课、认真上课、认真布置和批改作业、认真辅导、认真考核五个方面，对教学工作做出了详细的规定。

如"认真备课"是上好课的基础和先决条件，教师在备课方面要做到以下六点。

第一，学习课标。一是熟悉本学科课程标准，掌握本学科教学的总体要求。二是明确本学科学期、年段的教学目标、教材体系、基本内容和重点难点。

第二，钻研教材。一是掌握所教年级全部内容、知识结构、重点章节及难点、关键。二是了解并熟悉相邻年段的教材内容、知识结构。三是从整体到局部，再从局部到整体，精心钻研教材，认真阅读教材，理清教学思路。

第三，了解学生。一是了解学生本学科教学目标的落实情况。二是了解学生的智力情况、兴趣爱好、性格特征和其他学科的学习情况。三是了解学生前一堂课学习效果，吸取学生对改进教学的意见。

第四，设计教法。一是明确教材的重点、难点、知识点、能力点和教育点。按照"少、精、活"的原则，安排好每堂课内容的容量、深度和广度。二是精心安排教学步骤，优化教学方法，注重学法指导，发挥学习主体作用，善于运用现代化教学手段，谋求课堂最佳效果。

第五，拟定学期教学计划。提早制定好学期教学计划内容，包括教材和学生基本情况分析、教学目的要求、疑点难点、教学进度表、实施计划的措施等，在开学后一周内完成并上交至教研组长。

第六，制定课时教案。一是国家课程计划设置的所有学科及各学科不同类型的教学内容均要备课。二是课时教案内容包括本课教学目标、教学重难点、师生课前准备、教学步骤和方法、板书设计、作业设计和教学反思。三是教师备课时，对给学生布置的练习都应先做一遍，有示范动作或演示实验的（包括运用现代教学手段），都要亲自练习或操作一遍。四是超前一周（集体）备课，上课前进行二次备课，进一步熟悉教案并对教案进行修改、调整，准备好课堂所需教具学具。课后要及时反思教学得失，写好教学反思。

其他四个方面也有同样详细的具体要求。这是基于学科教学论的课堂教学规范技能，对以年轻教师为主的学校教师队伍而言，出台详细的教学要求，是对教师的一种培训，是对教师专业水平提升的一种制度保障，能够服务于学校的教师队伍建设和教师专业发展。

针对年轻教师多的特点，除了出台详细的教学常规要求的文件外，还必须及时对教师进行制度的学习和解释，指导教师的学科教学，规范各种教师专业素养。得益于U—G—S模式机制,常驻顾问能够利用旭升书院等教师学习平台,对每一个要求和做法进行详尽的讲解,并结合教师的备课方案、课堂教学实录、学生作业布置和批改、学生学习方法和学科知识辅导、考核过程等实际案例,采用专题讲座、学术沙龙、专题研讨、工作坊等多种形式,开展专家引领下的自主学习。利用特级教师工作站,对骨干教师进行有针对性的高级培训,让他们能够明白"教学五认真"要求的内在逻辑关系和实践价值,并通过他们创造优秀的教学案例,带领其他教师做好"教学五认真"工作。这种指导、学习和实践的机制,是制度落实的保障,是教师专业发展的良好途径,也是学校教学质量和课堂教学效率的保障。

好的制度需要保证其落实到位。学校对教师专业发展的各项制度的落实十分重视,将其作为学校日常管理的常态工作,如针对"教学五认真"的落实做出相关规定:"①作业量的监控每周一次,值周行政会抽查学生的家校联系本。②教导处组织教研组长每个月对任课教师的教案、作业批改进行一次抽查。每次抽查2个年级段(每个年段每学期一般有2次被检查)。③推门听课后,教案、作业本当场检查。④对部分班级、部分老师进行不定期抽查。⑤教研组长每次检查做好记录,及时向任课教师反馈检查结果。对存在严重问题的,及时指出问题所在,并限期改正,对好的学科和任课教师要给予表彰、奖励。"认真和及时的检查、分析、反馈、整改,才能够保障教学常规工作按照学校管理制度落实到位,特别是年轻教师在这一过程中,更好发展其教学能力和水平。

三、评价机制:催促教师专业发展

学校的评价和考核制度与机制,是引导教师努力方向的重要因素。学校通过对教师的工作和发展现状进行正确、合理、及时的评价,促进教师的工作和发展方向与学校发展的需求相统一,在保证学校建设与发展的同时,促进教师的专业发展。

在教育集团专家的指导帮助下,学校已经形成了一整套关于教师教学工作和专业发展的评价制度和运行机制。例如关于教科研工作的教研组考核制度(见附录四),形成了具体的可操作的评级与考核规程。

学校每学年开展一次弘通教师的评选工作,以结合学校的弘通教育,表彰教学认真、教学能力高、教学专业素养提升快的教师。这是一个综合的评价过程,不仅表彰先进教师的教学业绩和能力,也是督促其他教师重视个人的教师专业发展,给教师专业发展指明方向,补充动力。弘通教师评选中,除了教师专业素养的绝对水平外,特别重视对教师专业素养提升很快的教师的鼓励和奖励,对教师素养的某一方面的进步,也设立专门的单项奖励,让每一个教师都能够通过自己的努力而获得相应的奖励。另外,定期开展青年教师专业技能比赛、公开课、优秀教案、优秀作业设计评比等涉及教师专业发展各个方面的评价活动。

重视过程性评价,对教师教学工作中的日常表现,给予及时的评价。针对教学过程的某一个亮点,及时总结、展示和固化,特别是对年轻教师的进步给予及时肯定,对存在的问题也善意地指出并指导。对于每一个评价结果,都必须得到被评价教师本人的认可,有一定争议的时候,暂时搁置,让以后的教学实践和教学效果来给予补充和解释。安排这样的评价过程,尽管有时候需要有足够的耐心,会花费较多的时间和精力,但对于教师特别是年轻教师对教学的认知,对教师专业素养的提升,是很有帮助的。只有教师意识到需要提高的地方,明确今后教学工作中的努力方向和可能达成的目标,他们才能够自觉地开展旨在提升教师专业素养的研究与实践活动。

评价和考核是各个学校都在开展的活动,将评价和考核通过终结性评价和过程性评价的结合,通过评价者与被评价者的沟通与反馈,特别是教师对自己的认识,就能够从教师发展的内在动力出发,变被动应对考核为主动适应考核,将教师分成"三六九等"的年终考核成为第二年教师自我发展的规范化过程,成为自我发展规划的起点和标杆。考核是一个手段,促进教师专业发展才是学校的终极目标。利用好评价和考核机制,就是对教师专业发展的一种制度性保障。

四、联盟共享:辐射教师专业发展

得益于合作办学机制和地方教育主管部门的规划和政策,在促进教育公平,解决城乡学校教育发展平衡问题的宏观背景下,学校从成立开始,就致力于合作学校和城乡学校两个联盟共同体的建设。在浙江师范大学教育集团合作办学机制下,不同地区的小学和初中学校,成为慈溪实验学校的联盟学校。这是合作学校发挥自身智力优势,总结和提炼各自的成功经验,协商解决办学中遇到的各种实际问题,实现共同发展和提高的一条高效率途径。在教育集团专家团队的引领下,各个联盟学校有目的、有计划地开展学校的教育与教学改革,开展各自的办学问题研究,总结经验教训。教育集团定期召开讨论与交流会议,各个联盟学校轮流做东,举办各种各样的教育与教学经验交流现场会议。这种交流研讨机制,与原来的地方学校之间开展的交流和学习活动相比较，目标更加明确，讨论和交流更加直接且毫无保留，更加能够针对问题的深层次原因，从机制与根源上找到解决问题的办法和措施，对于学校建设和发展的帮助更大。

在联盟学校交流合作机制执行中，教师成为活动的主角，每一次活动都会有教师开设公开课，进行课堂教学的研究和讨论，特级教师等专家团队的现场点评和教师说课，成了一种提升教师课堂教学能力的新样态。在交流与展示学科教学研究的过程中，所有参与的教师得到的是现实的教科研工作的经验，是对开展教科研工作的规范化培训，为每一位教师开展结合自身教学实践的研究，提供了鲜活的典型案例。这些是任何一本教科书上都找不到的，对于一线教师来说，就像是自己亲身的经历，对这样的案例的分析和反思，会在教师的心中生根，不易忘记。在一次活动中，陈老师介绍了班主任工作中如何使个性很强的一年级新生改变自己的任性，改变每天都要哭闹的习惯，解决了家长多少年都没有办法解决的问题。陈老师的亲身经历，感动了参加活动的全体教师，特别是老师们看到陈老师被学生踢伤的小腿的照片时，其感动和感悟很深。这种讨论和介绍的方式，对一线教师专业素养的提升，对教师以后开展班级管理和班主任工作，有很大的帮助。联盟学校合作办学的成果经验、课堂教学变革的措施、教学研究的成果，对联盟学校的发展、对一线教师的专业素养提升，都产生了积极的影响。

在合作办学章程中还明确规定，附属学校必须带动地方学校的发展，形成对基础教育的全面辐射和促进的效应。地方教育主管部门也出台政策，要与农村学校结对，形成教育共同体，实现城乡教育均衡和教育的公平。慈溪实验学校与一些农村学校结成教育共同体，各学科、各年级段的骨干教师与农村学校教师"师徒结对"，指导农村学校教师的课堂教学和专业发展。这种机制，表面上是对农村学校教师的指导和帮助，是一种单向的输出。其实在这个过程中，作为"师傅"的慈溪实验学校的教师，也是一个很好的专业发展的机会。要指导徒弟的教学和研究，自己就要备好课，就要开展教学研究，保证有好的经验和成果带给所指导的教师，这个过程其实是一个自身专业发展的好机会，对于学校的骨干教师是一种很好的促进。

对于教师专业发展的保障体系，涉及的内容和方面还有很多，影响的因素也很复杂，特别是地方政府对教育的宏观政策的影响、办学经费的保障、教师编制的保障、社会对教师的期望、家长对教师的认同和谅解、教师之间的和谐关系等等，都是教师专业发展和保障体系中的重要因素。所以，我们还需要开展深入的研究和实践，使得教师专业发展的保障体系更加完善和高效。

参考文献

[1]阿哈尔,霍利,卡斯滕.教师行动研究:教师发现之旅[M].黄宇,陈晓霞,阎宝华,等译.北京:中国轻工业出版社,2003.

[2]包连宗,郑建平.教师职业道德修养[M].上海:华东师范大学出版社,1987.

[3]布洛克,亨得利.成长型思维训练[M].张婕,译.上海:上海社会科学院出版社,2018.

[4]蔡进雄.论教师领导的趋势与发展[J].教育资料与研究,2004(59):92-98.

[5]蔡敏,冯新凤.美国密歇根州中小学教师评价探析[J].世界教育信息,2016(7):54-58,62.

[6]蔡水清,徐辉.关注西部农村教师专业发展愿景[J].人民教育,2008(17):24-26.

[7]常珊珊,李家清.教师课程能力评价指标体系的建构研究[J].教育科学研究,2021(4):30-35.

[8]陈秉初.基于学习力提升的农村中课堂教学转型的研究与实践[M].杭州:浙江工商大学出版社,2017.

[9]陈春莲,唐忠.教师教学评价体系的构建与实施——基于"五维一体"发展性评价的改革思路[J].中国高校科技,2020(10):29-32.

[10]陈光全,杨争林."实时"式评价与"嵌入"式评价——动态评价新探之三[J].基础教育课程,2014(15):56-61.

[11]陈向明.什么是"行动研究"[J].教育研究与实验,1999(2):60-67.

［12］崔延强，权培培，吴叶林．基于大数据的教师队伍精准治理实现路径研究［J］．国家教育行政学院学报，2018（4）：9-15，95．

［13］崔永华．教师行动研究和对外汉语教学［J］．世界汉语教学，2004（3）：89-95．

［14］德韦克．终身成长［M］．楚祎楠，译．南昌：江西人民出版社，2017．

［15］杜威．民主主义与教育［M］．陶志琼，译．北京：中国轻工业出版社，2014．

［16］方征，张雯闻，梁迷．蕴含主观业绩评价的教师激励契约设计——基于委托—代理理论的多案例研究［J］．教师发展研究，2020（2）：36-45．

［17］傅道春．教师组织行为［M］．上海：上海教育出版社，1993．

［18］傅树京．构建与教师专业发展阶段相适应的培训模式［J］．教育理论与实践，2003（6）：39-43．

［19］富兰．变革的力量——透视教育改革［M］．中央教育科学研究院，加拿大多伦多国际学院，译．北京：教育科学出版社，2004．

［20］甘正东．反思性教学：外语教师自身发展的有效途径［J］．外语界，2000（4）：12-16．

［21］格尔森．如何在课堂中培养成长思维［M］．白洁，译．北京：中国青年出版社，2019．

［22］顾泠沅，周卫．走向21世纪的教师教育［J］．教育发展研究．1999（6）：6-10．

［23］郭立娜．构建家长评价教师机制的尝试［J］．吉林教育，2013（33）：13．

［24］郝明君，靳玉乐．教师文化的变革［J］．中国教育学刊，2006（3）：70-74．

［25］何华艳．高职教师职业生涯规划研究［D］．长沙：湖南农业大学，2008．

［26］胡卫平．教师教学能力评价初探［J］．中国考试，2021（10）：12-17．

［27］胡咏梅，施世珊．相对评价、增值评价与课堂观察评价的融合——美国教师评价的新趋势［J］．比较教育研究，2014（8）：44-50．

［28］黄建辉，周路遥．构建服务于师生共同发展的评价体系——美国威斯康星州"教育者效能系统"教师评价实践及其启示［J］．集美大学学报（教育科学版），2020（4）：5-12．

［29］教育部，等．关于进一步激发中小学办学活动的若干意见［J］．云南教育（视界时政版），2020（10）：27-29．

[30]教育部,等.义务教育质量评价指南[J].中小学信息技术教育,2021(5):93.

[31]教育部,等.教育部等七部门印发《关于加强和改进新时代师德师风建设的意见》的通知[EB/OL].(2019-12-06)[2021-5-14].http://www.moe.gov.cn/srcsite/A10/s7002/201912/t20191213_411946.html.

[32]今津孝次郎.变动社会的教师教育[M].名古屋:名古屋大学出版会,1996.

[33]勒温.行动研究与民族问题[J].陈思宇,等译.民族教育研究,2019(2):129-135.

[34]李方安.教师研究的重新审视[J].教育发展研究,2006(24):41-46.

[35]李建周.教师心理训练[M].北京:教育科学出版社,1996.

[36]李瑞,周海银.教师课程能力结构模型的建构研究[J].教师教育研究,2021(4):51-59.

[37]李子华.和谐发展取向的教学评价[J].课程·教材·教法,2007(5):21-26.

[38]里琪.可见的学习与思维教学[M].林文静,译.北京:中国青年出版社,2017.

[39]刘翠航.批判和改进:21世纪美国教师评价思想及实践的矫正[J].教师教育研究,2021(4):115-121.

[40]刘徽.思与行的纠结——舍恩《反映的实践者——专业工作者如何在行动中思考》评介[J].全球教育展望,2007(11):92-96.

[41]刘京海.成功教育[M].福州:福建教育出版社,2007.

[42]刘良华.行动研究的古典精神及其转化[J].集美大学学报(教育科学版),2002(3):11-16.

[43]刘迎春.教师授权的障碍与对策[J].课程·教材·教法,2006(11):76-79.

[44]罗琴,廖诗艳.教师专业发展的阶段性:教学反思角度[J].现代教育科学,2002(2):71-73.

[45]马海燕,熊英,杨飞.高校教师教学全程动态评价体系的思考[J].教育教学论坛,2016(50):210-211.

[46]马仁杰,王荣科,左雪梅.管理学原理[M].北京:人民邮电出版社,2013.

[47]马晓强.探索增值评价,我们在顾虑什么?[J].中小学管理,

2020(10):5-7.

[48]宁虹.教师教育:教师专业意识品质的养成——教师发展学校的理论建设[J].教育研究,2009(7):74-80.

[49]欧文.成长型思维:从平凡到优秀的七种思维模式[M].傅婧瑛,译.北京:人民邮电出版社,2018.

[50]潘琰.教师教育的反思性实践[J].科教导刊(上旬刊),2014(3):63,91.

[51]钱挣波.人力资源管理理论[M].北京:清华大学出版社,2006.

[52]舍恩.反映的实践者:专业工作者如何在行动中思考[M].夏林清,译.北京:教育科学出版社,2017.

[53]申继亮,孙炳海.教师评价内容体系之重建[J].华东师范大学学报(教育科学版),2008(2):38-43.

[54]舒杭,王帆.群体动力学视角下的 MOOC 本质及其教学转变[J].现代远距离教育,2016(1):13-19.

[55]司福亭.论发展性教师评价与教师专业发展[J].教育理论与实践,2009(24):37-39.

[56]谭健烽,蔡静怡,褚成静.基于发展性评价的高校教师教学评价体系构建[J].教育教学论坛,2021(42):9-12.

[57]汪珊珊,王洁.迈向新时代的教师评价——第二届全国教师教育发展论坛述评[J].比较教育学报,2021(5):132-140.

[58]王斌华.教师评价:增值评价法[J].教育理论与实践,2005(23):22-25.

[59]王大广.简论"师德师风是评价教师队伍的第一标准"[J].北京教育(高教),2019(5):23-25.

[60]王俊柳,邓二林.管理学教程[M].北京:清华大学出版社,2003.

[61]王维臣.绩效制背景下美国教师评价的改革及其启示[J].外国中小学教育,2011(10):27-31.

[62]温明丽.教师专业伦理及品格之内涵分析与唤醒[J].教师天地,2007(149):11-20.

[63]邬生盛.中小学班主任职业生涯规划手册[M].北京:知识产权出版社,2010.

[64]吴惠青,刘迎春.论教师课程能力[J].高等师范教育研究,2003(2):68-71.

[65]吴清山.建立教师专业权威之探索:谈专业知能、专业自主与专业伦理[J].初等教育学刊,1997(6):41-58.

[66]吴振利.论中小学教师之整体性教学评价[J].教育科学,2019(2):51-55.

[67]吴宗佑.组织中的情绪规则及其社会化[D].台北:台湾大学,1995.

[68]肖丽萍.国内外教师专业发展的研究评述[J].中国教育学刊,2002(5):59.

[69]熊川武.论反思性教育实践[J].教师教育研究,2007(3):46-50.

[70]许叶青.以教师档案建设为载体,促进教师专业发展的研究[D].上海:华东师范大学,2011.

[71]颜春杰.新编人力资源开发与管理[M].北京:社会科学出版社,2004.

[72]杨世玉,刘丽艳,李硕.高校教师教学能力评价指标体系建构——基于德尔菲法的调查分析[J].高教探索,2021(12):66-73.

[73]姚立新.教师压力管理[M].杭州:浙江大学出版社,2005.

[74]于忠海.教师的潜角色定位——学习者[J].教育评论.1997(4):34-36.

[75]张莉娜.考试评价改革背景下的增值评价[J].基础教育课程,2021(Z1):102-108.

[76]张娜,申继亮.教师评价发展趋势新探[J].河北师范大学学报(教育科学版),2012(8):15-19.

[77]张蓉.大学教师职业生涯规划研究[D]太原:山西大学,2007.

[78]张雅楠,杜屏.增值评价在美国教师评价中的运用和发展[J].全球教育展望,2017(1):67-78,89.

[79]张兆芹.在中国构建学习型学校的契机、困境和策略[J].教育理论与实践,2005(12):1-3.

[80]章云珠.教师文化的反思与重建[J].教育探索,2007(1):73-75.

[81]赵昌木.教师成长研究[D].兰州:西北师范大学,2003.

[82]赵红利.美国教师专业发展国家标准研究[D].北京:首都师范大学,2003.

[83]赵文平,于建霞.多维视野中的教师文化研究[J].教育发展研究,2007(6B):56-58.

[84]中共中央,国务院.关于全面深化新时代教师队伍建设改革的意见

（中发〔2018〕4 号）［Z］.2018-01-20.

［85］中共中央、国务院印发《深化新时代教育评价改革总体方案》［N］.人民日报，2020-10-14(1).

［86］钟启泉.新课程师资培训精要［M］.北京：北京大学出版社，2002.

［87］周钧，陈林.美国加州教师表现性评价研究：体系、特征及问题［J］.外国教育研究，2020(10)：66-79.

［88］朱超华.新课程视角下教师课程能力的缺失与重构［J］.课程·教材·教法，2004(6)：13-16.

［89］佐藤学.课程与教师［M］.钟启泉，译.北京：教育科学出版社，2003.

［90］Carr W，Kemmis S. Becoming Critical：Education，Knowledge and Action Research［M］.Victoria：Deakin University Press，1986.

［91］Elliott J. Action Research for Educational Change［M］.Milton Keynes and Philadelphia：Open University Press，1991.

［92］Fessler R，Christensen J C. The Teacher Career Cycle：Understanding and Guiding the Professional Development of Teachers［M］.Boston：Allyn & Bacon，1992.

［93］Friend M，Cook L. Interactions：Collaboration Skills for School Professionals［M］.New York：Longman，1992.

［94］Husen T，Postlethwaite T V，eds. The International Encyclopedia of Education［M］.Oxford：Pergamon Press Ltd. ，1985.

［95］Kemmis S，McTaggart R. The Action Research Planner［M］.Victoria：Deakin University Press，1982.

［96］Manen V M. On the Epistemology of Reflective Practice［J］.Teachers and Teaching，1995(1)：43-44.

［97］McNiff J. Action Research：Principles and Practice［M］.London：Mcmillan Education，1988.

附 录

附录一　浙江师范大学附属慈溪实验学校
教师专业发展调查问卷

尊敬的老师：

您好！促进教师专业发展，全面提高教学质量，是你我共同的愿望。为进一步了解我校教师的专业发展现状和专业成长需求，实现我校的"弘通教育"办学理念，进一步促进教师群体专业发展，提升教学质量，特开展此次问卷调查活动。本次问卷采用匿名填写方式，您的回答无对错之分，无优劣之别，不作为评价您本人各方面的依据。此次问卷是我们研究、分析与开展教师工作坊的重要资源，请客观、真实地反映您的想法。感谢您的支持和配合！祝您工作顺心！

一、基本情况

1.您的性别

A.男　　　　　　B.女

2.您的教龄

A.0～5年　　　B.6～10年　　　C.11～20年　　　D.20年以上

3.您的学历

A.本科以下　　B.本科　　　　C.硕士　　　　　　D.硕士以上

4.您的职称

A.未评　　　　B.三级　　　　C.二级　　　　　　D.一级　　　　E.高级

5.您在本校的职位

A.普通教师　　　　B.备课组长或教研组长　　　C.中层领导或校长

6. 您所教的学段是

A. 小学低段　　　　B. 小学中段　　　C. 小学高段　　　D. 初中

7. 您主要任教的学科是

A. 语文　　B. 数学　　C. 英语　　D. 政治　　E. 历史　　F. 地理

G. 物理　　H. 化学　　I. 音乐　　J. 体育　　K. 美术　　L. 信息技术

二、教师专业发展困难

1. 学校的教师专业发展氛围不足

A. 完全符合　　　　　　B. 比较符合　　　　　　C. 基本符合

D. 不太符合　　　　　　E. 完全不符合

2. 学校没有完备的教师专业发展平台与培养模式

A. 完全符合　　　　　　B. 比较符合　　　　　　C. 基本符合

D. 不太符合　　　　　　E. 完全不符合

3. 学校没有提供适合自身的教师专业发展平台

A. 完全符合　　　　　　B. 比较符合　　　　　　C. 基本符合

D. 不太符合　　　　　　E. 完全不符合

4. 现有的教师专业发展平台存在运行、管理问题

A. 完全符合　　　　　　B. 比较符合　　　　　　C. 基本符合

D. 不太符合　　　　　　E. 完全不符合

5. 现有的教师专业发展平台活动形式单一

A. 完全符合　　　　　　B. 比较符合　　　　　　C. 基本符合

D. 不太符合　　　　　　E. 完全不符合

6. 现有的教师专业发展平台活动内容与教学脱离

A. 完全符合　　　　　　B. 比较符合　　　　　　C. 基本符合

D. 不太符合　　　　　　E. 完全不符合

7. 现有的教师专业发展平台活动频次过于频繁,影响教师日常教学

A. 完全符合　　　　　　B. 比较符合　　　　　　C. 基本符合

D. 不太符合　　　　　　E. 完全不符合

8. 现有的教师专业发展平台开展效果不佳

A. 完全符合　　　　　　B. 比较符合　　　　　　C. 基本符合

D. 不太符合　　　　　　E. 完全不符合

9. 您缺乏加入教师专业发展平台的外部激励

A. 完全符合　　　　　　B. 比较符合　　　　　　C. 基本符合

D.不太符合　　　　　E.完全不符合

10.您缺乏加入教师专业发展平台的内部动机

A.完全符合　　　　　B.比较符合　　　　　C.基本符合

D.不太符合　　　　　E.完全不符合

11.您的教学事务繁多,没有时间参加教师专业发展相关活动

A.完全符合　　　　　B.比较符合　　　　　C.基本符合

D.不太符合　　　　　E.完全不符合

12.您的行政事务繁多,没有时间参加教师专业发展相关活动

A.完全符合　　　　　B.比较符合　　　　　C.基本符合

D.不太符合　　　　　E.完全不符合

13.您的私人事务繁多,没有时间参加教师专业发展相关活动

A.完全符合　　　　　B.比较符合　　　　　C.基本符合

D.不太符合　　　　　E.完全不符合

14.开放题:您认为教师专业发展还面临哪些困难?（20～200 字）

_____

_____

_____

_____

三、教师专业发展困惑

1.您对深入解读教材存在困惑

A.完全符合　　　　　B.比较符合　　　　　C.基本符合

D.不太符合　　　　　E.完全不符合

2.您对提高教学设计能力存在困惑

A.完全符合　　　　　B.比较符合　　　　　C.基本符合

D.不太符合　　　　　E.完全不符合

3.您对提升课堂管理能力存在困惑

A.完全符合　　　　　B.比较符合　　　　　C.基本符合

D.不太符合　　　　　E.完全不符合

4.您对提高课堂教学质量存在困惑

A.完全符合　　　　　B.比较符合　　　　　C.基本符合

D.不太符合　　　　　E.完全不符合

5.您对促进家校沟通存在困惑

A.完全符合　　　　　　B.比较符合　　　　　C.基本符合

D.不太符合　　　　　　E.完全不符合

6.您对加强同事间的互助协作存在困惑

A.完全符合　　　　　　B.比较符合　　　　　C.基本符合

D.不太符合　　　　　　E.完全不符合

7.您对改善与领导间的关系存在困惑

A.完全符合　　　　　　B.比较符合　　　　　C.基本符合

D.不太符合　　　　　　E.完全不符合

8.您对丰富教学机智存在困惑

A.完全符合　　　　　　B.比较符合　　　　　C.基本符合

D.不太符合　　　　　　E.完全不符合

9.您对使用常见的教学研究方法存在困惑

A.完全符合　　　　　　B.比较符合　　　　　C.基本符合

D.不太符合　　　　　　E.完全不符合

10.您对教育教学的论文写作存在困惑

A.完全符合　　　　　　B.比较符合　　　　　C.基本符合

D.不太符合　　　　　　E.完全不符合

11.您对自身的教师专业发展生涯规划存在困惑

A.完全符合　　　　　　B.比较符合　　　　　C.基本符合

D.不太符合　　　　　　E.完全不符合

12.您对平衡工作和生活存在困惑

A.完全符合　　　　　　B.比较符合　　　　　C.基本符合

D.不太符合　　　　　　E.完全不符合

13.开放题:您对教师专业发展还存在哪些困惑？（20～200字）

_____

_____

_____

_____

四、教师专业发展优势

1.您是否认为我校具有以下几点教师专业发展方面的优势

(1)完善的教师专业发展平台

A.完全符合　　　　　　B.比较符合　　　　　　C.基本符合

D.不太符合　　　　　　E.完全不符合

(2)较为成熟的教师培养模式

A.完全符合　　　　　　B.比较符合　　　　　　C.基本符合

D.不太符合　　　　　　E.完全不符合

(3)各教师专业发展平台具有完备的考核制度

A.完全符合　　　　　　B.比较符合　　　　　　C.基本符合

D.不太符合　　　　　　E.完全不符合

(4)浓厚的教师专业发展氛围

A.完全符合　　　　　　B.比较符合　　　　　　C.基本符合

D.不太符合　　　　　　E.完全不符合

(5)有合适的活动场所和必需的学习交流设备

A.完全符合　　　　　　B.比较符合　　　　　　C.基本符合

D.不太符合　　　　　　E.完全不符合

(6)围绕教师专业发展和教科研,开展有效的主题活动

A.完全符合　　　　　　B.比较符合　　　　　　C.基本符合

D.不太符合　　　　　　E.完全不符合

(7)有强大的高校专家、名师资源支持

A.完全符合　　　　　　B.比较符合　　　　　　C.基本符合

D.不太符合　　　　　　E.完全不符合

(8)有充足的活动经费保障

A.完全符合　　　　　　B.比较符合　　　　　　C.基本符合

D.不太符合　　　　　　E.完全不符合

2.您是否认为自身具有以下几点教师专业发展方面的优势

(1)有明确的教师专业发展规划

A.完全符合　　　　　　B.比较符合　　　　　　C.基本符合

D.不太符合　　　　　　E.完全不符合

(2)有较高的职业认同感

A.完全符合　　　　　　B.比较符合　　　　　　C.基本符合

D. 不太符合　　　　　　E. 完全不符合

(3) 有坚定的教育信念

A. 完全符合　　　　　　B. 比较符合　　　　　C. 基本符合

D. 不太符合　　　　　　E. 完全不符合

(4) 有基础的教学研究能力

A. 完全符合　　　　　　B. 比较符合　　　　　C. 基本符合

D. 不太符合　　　　　　E. 完全不符合

(5) 有专业学习的意识与热情

A. 完全符合　　　　　　B. 比较符合　　　　　C. 基本符合

D. 不太符合　　　　　　E. 完全不符合

(6) 有扎实的专业知识与技能

A. 完全符合　　　　　　B. 比较符合　　　　　C. 基本符合

D. 不太符合　　　　　　E. 完全不符合

(7) 有与其他教师进行良好互动协作的能力

A. 完全符合　　　　　　B. 比较符合　　　　　C. 基本符合

D. 不太符合　　　　　　E. 完全不符合

3. 开放题：您认为您或学校在教师专业发展上还有何优势？（20～200 字）

_____

_____

_____

_____

五、教师专业发展愿景

1. 您希望在教师专业发展中获得哪方面的成长（多选）

A. 深化教育理论　　　　B. 加强教学技能　　　C. 提高教学管理能力

D. 精进专业知识　　　　E. 提升科研能力　　　F. 其他

2. 您希望通过何种方式促进教师专业成长（多选）

A. 专家讲座　　　　　　B. 集中培训　　　　　C. 教科研立项

D. 主题研讨　　　　　　E. 学科组例会活动　　F. 名师工作站

G. 赛课评课　　　　　　H. 其他

3. 您最希望用何种方式来考核教师专业发展

A. 教师专业发展档案　　B. 教师专业成长汇报　C. 教学成果展示

D. 其他

4.您做过多长时间段的教师专业发展规划

A.从没做过　　　　　　B.1～5 年　　　　　　　　C.5～10 年

D.10 年以上

5.开放题:请简单描述您的教师专业发展规划(20～200 字)。

_____

_____

_____

_____

附录二　浙江师范大学附属慈溪实验学校教师发展三年规划年度实施计划

发展项目	学年度目标	策略措施	达成标志	责任分解
2022年度队伍建设与教师发展	努力提升教师职业道德与精气神；每位教师完成五年一周期规定的每学年培训课时；青年教师能尽快脱颖而出，迅速成长，成为学科教学工作的骨干、班级管理的行家；慈溪市及以上名优教师培育有一定突破；进一步完善教研组、备课组、年级组的文化建设与考核制度	关心教职工生活；加强师德师风培训，完善教师师德评价考核、奖惩机制，健全教师师德档案；制定教师教育教学业绩评价方案、教师专业提升管理制度和学校各层次教师专业发展培训方案与管理手册，完善教师业务档案（积分制）；教师制定每年个人发展规划，目标导航、评价激励，做好教师成长记录档案和相关考核评价工作，建立青年教师导师制；开展新教师以模仿、积淀、创新为主要方式的培训活动，同时强化专家的指导	有课题立项和课题研究成果；教师课堂教学、教学论文在教育行政部门和业务部门评比中获奖量和质均有提升；教坛新秀、教学能手、名师在原有基础上有所突破；心理辅导教师持证百分比有所提高，各种资料完备；开展"弘通"教师评选；教学质量在同类学校前列	办公室、教导处、科教处、心理辅导室

发展项目	学年度目标	策略措施	达成标志	责任分解
2023年度队伍建设与教师发展	树立终身学习理念,自觉完成专业发展培训规定学时数;不断加大对优秀教师的培养力度,有更多青年教师脱颖而出;教育科研工作在慈溪市及以上立项或获奖;心理健康辅导团队不断增强;不断完善教师教育教学业绩评价体系	教师制定好个人发展规划,做好成长记录档案工作;按照教师教育教学业绩评价方案和教师专业提升管理制度,做好相关考核评价、奖励工作;继续做实校本教研与名优教师培育工作;继续开展青年教师教学技能比赛与指导;建立学校课题管理制度,提升教师的科研能力;继续开展弘通教师、班主任评选	各学科都有学科骨干教师、市级骨干教师在原有基础上有突破;90%的教师在校内进行公开课展示,60%的教师有论文获奖或发表或交流,教师参与课题研究达50%;教师持心理健康证率有提升,各种资料进一步规范齐全;教师在教育行政和业务部门的各类业务评比成绩有提高;教学质量在同类学校前列	办公室、教导处、科教处、心理辅导室
2024年度队伍建设与教师发展	将为大部分教师量身定制,确定适合自己风格的、具有实效的教学方向;根据教师的实际需求,选择培训内容,自觉完成专业发展培训规定的学时数;加强学科团队建设,增强教研优势;有更多的青年教师成为学科教学的骨干、班级管理的行家	发挥名师的辐射示范作用;各学科组定时定量定主题,组织各级名师开设专题讲座,示范课、研究课、观摩课、指导课等各种课型,发挥名师教学业务上的示范与辐射作用,以提升学校师资整体水平;依托师大资源,聘请各地各学科名师做有针对性和实效性的教育教学指导或现场诊断,拓宽教育视野,提速教学实力	各学科的学科骨干教师、市级骨干教师在原基础上有突破;教师的课堂教学、教学论文等在教育行政部门和业务部门各类评比中获奖的量与质有较大的提高;课题研究有立项、有成果获奖;85%以上的教师既能胜任基础性课程,又能胜任拓展性课程	办公室、教导处、科教处、心理辅导室

续 表

发展项目	学年度目标	策略措施	达成标志	责任分解
2024年度队伍建设与教师发展	将为大部分教师量身定制,确定适合自己风格的、具有实效的教学方向;根据教师的实际需求,选择培训内容,自觉完成专业发展培训规定的学时数;加强学科团队建设,增强教研优势;有更多的青年教师成为学科教学的骨干、班级管理的行家	教师制定个人专业发展规划,并做好相关考核评价工作;开展"弘通"十佳教师和班主任评选	初步造就一支博识、精研、尊道、敦慈、合作的"弘通"教师队伍;教学质量在同类前列	办公室、教导处、科教处、心理辅导室

附录三　旭升书院教师需求调查

一、调查问卷

为了更好地提升旭升书院的教师学习效果和针对性,特做以下调查。由于大家的学科专业不同,本次需求调查不含学科专业知识与技能。请老师们配合,谢谢。

所教授的年级:　　　　教授的学科:

1. 根据你的情况,你认为以下学习主题重要性的次序是(按照你的需求填写序号)

A. 教育理论学习　　B. 教学设计与案例分析

C. 教育技术在学科教学中应用

D. 教学研究方法　E. 校本课程与拓展性课程　F. 教学测量与评价

G. 班级管理　　　H. 学生学习方法指导　　I. 说课、模拟上课

J. 相互听课、评课　K. 学生各类创新活动设计与指导

你还有什么其他需求:

2. 旭升书院的活动采用怎样的形式比较好(请填写序号)

A. 导师制　　　B. 专题讲座　　　C. 沙龙、讨论　　　D. 读书报告

E. 听课评课　　F. 网上学习、交流　G. 外出学习　　　H. 技能比赛

I. 课题研究

你还有其他建议:

3. 在你的学习过程中,你最缺少的是(请填写序号)

A. 导师指导　　B. 教学资料　　C. 办公设备　　D. 同伴讨论交流

E. 整段时间　　F. 学习场地　　G. 外出学习　　H. 展示自己的机会

请补充其他需求:

4. 对于旭升书院的学习,你有什么建议与要求(如学习时间安排)?

_____

_____

_____

二、调查情况与分析

旭升书院 2020 年 10 月 19 日正式成立,已经开展多次学习活动,形式基

本上是讲座或随堂听"学生学习方法指导"。针对青年教师的专业发展需求、学习形式、书院发展和活动开展的建议的调查,对提升书院活动质量,有现实意义。同时,我们发现教师的听课情况远不如初中学生,也总是有教师请假。因此,我们组织了这次调查。

调查内容为专业发展需求、学习条件、学习形式和书院发展建议四部分,参加学员 24 人,收回问卷 23 张,回收率 95.8%。

(一)调查一:教师对专业发展的需求情况

调查一针对学员的专业素养需求,力求反映不同学科、不同学段的教师的需求情况。其中,数学学科中,二年级到四年级的教师对加强说课模拟上课的需求最为紧迫,其次为班级管理;数学七年级的教师对加强听课评课的需求最为紧迫,其次为说课模拟上课。音乐学科方面,五年级到七年级的教师最希望提升教学设计与案例,对增强学生创新活动设计的需求最低。美术学科方面,三年级到五年级的美术教师对提升课程开发的需求最强烈,其次为教学设计与案例;六年级到七年级的美术教师则对加强技术与学科教学整合的需求最紧迫。语文学科,一年级的语文教师最希望加强班级管理,二年级的语文教师则最希望提高教学设计与案例,而七年级的语文教师对提升说课模拟上课的需求最迫切。可见,教师对于专业发展的个人需求主题很不统一,分化很大。最为需要的分别是说课与模拟上课、教学设计与案例分析、教学技术与学科教学整合,分别为 65%、56%、54%;最差的是教育理论的学习,相关度只有 11%,基本上为完全否定的状态。

教师对于学习需求的显著差异,可能与其毕业的学校、专业情况密切相关;也可能与现在任教的学科相关;更可能的是与个人的性格、要求、认识程度、能力水平密切相关。

(二)调查二:教师对学习过程中所需支持的情况

根据调查二的结果显示,数学学科,二年级到四年级的数学教师对增加整段时间的需求最紧迫,七年级的数学教师则最希望得到导师指导;音乐学科中,五年级到七年级的教师对增加导师指导的需求最高,其次为同伴讨论交流;三年级到五年级的美术教师最希望得到外出学习的机会,六年级到七年级的美术教师则最希望得到整段时间;语文学科,一年级和七年级的教师对增加整段时间的需求最迫切,二年级的教师则最希望得到导师指导;等等。可见,对于现在的学习过程中需要得到怎样的支持的问题,也存在很显著的个性化。最为集中的导师制、整段时间学习、学习资源,其相关度分别为 63％、58％、46％,而展示个人的机会的需求为 0。出现个性化需求的原因与可能性,除了调查一结果分析中原因外,可能还与教师学习与工作过程中所遇到的实际困难密切相关。

调查二出现几个很有意思的情况。不少教师认为需要整段时间来保证他们的专业发展相关学习,这对于刚刚毕业的新教师来说,是否在表述"全日制的读书还没有读够""毕业学校的课程与现在的教学实际需求不符""后悔当初没有很好地读书"。另一个有趣的选项是"提供展示自己的机会",所有老师高度一致,都表示不需要。在这种情况下,如果书院组织各种教学技能比赛,参与度和效果可能都不会理想。还有的可能就是新教师对自己的教学工作缺乏自信,还没有懂得交流与展示是提升教学能力的一种途径。

（三）调查三:教师对书院组织的学习形式的需求

调查三的结果同样反映出需求的个性化差异,但比上述两项的个性化小一些。其中,数学学科,二年级到三年级的教师更倾向于课题研究,七年级的教师则更倾向于沙龙讨论;音乐学科,五年级到六年级的音乐教师对导师制的需求更强烈,其次为沙龙讨论;美术学科中,三年级到五年级的教师更偏向于沙龙讨论,六年级到七年级的教师则更喜欢网上学习交流;语文学科,一年级的语文教师对专题讲座的需求最高,二年级的语文教师则最喜欢导师制,而七年级的语文教师更倾向于网上学习交流;等等。组织学习的形式前三名分别是网上学习交流、导师指导、沙龙讨论,相关性为 65％、55％、47％,表明学员们倾向于相对自由的、个人而非集体的、针对性与现实性比较强（而非长远与系统）的学习方式。其中读书报告与个人比赛两个选项是高度负相关,全部不要这两种形式,这与调查二中展示自己的机会的选项是一致的,表明教师对于自我的教学效果缺乏信心,不敢展示自己的工作过程和学习心得,也可能是认为这样做没有什么效果。

（四）教师的其他建议

教师提得最多的是关于书院学习时间安排。有六位教师提出要求改变时间安排,占有效问卷的三分之二,分别为:中午或网上;中午或大课间;不要每周固定,尽量不要在晚上,可以让其他老师参加;不要在晚上,可以在下午第四、第五节课;不要在晚上,可以在下午第四节课;不要在晚上。这种要求,客观上是由于并不是全部教师都住校,且晚上回家不够方便,或家中有事等;主观上,则存在"放学后的时间是我的时间""书院的学习是多余的,占用了我的自由时间"等观念上的原因。

其他建议:理论知识讲座有时候听不懂,请结合具体案例;新教师时间很紧张,希望能够考虑到新教师的实际时间;书院的本意是好的,我也愿意参加团队,但是,我现在教学都很吃力,要潜心研究教学,无暇顾及其他学习;对于副课教师,书院的内容安排不符合,希望能够在网上设置个性化学习,从而可以选择性地学习内容。归纳起来的是:没有时间或时间不够;听不懂或没有什么用;现在主要任务不是学习和提高,而是对付教学工作和其他工作。

（五）分析与建议对策

总体看来,旭升书院教师的专业成长认知存在缺陷,对教师成长的紧迫性和必要的认识需要提高,既需要解决现下教学问题,又应该有长远的规划。这与教师的职业认知、教育情怀密切相关;也与我们学校缺少老教师带领、同学科教师少有关。如何提升年轻教师的职业认知,培养教师情怀,可能是一个重要的工作,需要大家想办法来解决。

我们建议从正面给予指导,而不是单纯地组织纪律或批评处罚。是否可以考虑让不愿意学习的教师退出书院(只怕退出的人很多,如果只是个别教师,是可以尝试的),而让留在书院的教师得到各种发展的机会和荣誉,从反面去促进退出的教师,使其重新加入。

重新规划旭升书院的学习内容和学习形式。尽管被调查教师们反映的意见不应该左右书院的总体目标,而且有的意见是缺少学习和能力低下的表现,但是,不管如何,调查意见反映的是现在教师们的观点和理解,需要我们正确认真地对待。

目前我们需要做的事情有以下几件。一是建设网络学习平台。设置专门的旭升书院网站,内设几个主题,广泛开展网上学习,线上线下相结合。二是尽快实行导师制。考虑到当前学校的实际和今后发展,每一个学科配一位导师,给教师进行学科教学指导,采用集中学习(普遍和共性的内容)和个别指导(学科特色和个性化需求)相结合的形式。三是解决时间安排问题。是否存在"不安排晚上学习的可能性"或者"怎样解决时间安排问题",因为这是一个意见比较一致的问题。四是强化学员中班干部的作用。年轻教师之间交流起来也是比较容易的,能够了解教师们的思想和诉求。

附录四　浙江师范大学附属慈溪实验学校教研组考核制度

一、了解课改前沿信息,正确解读新课程标准

(一)围绕新课程标准"综合性"和"实践性"双特点,统筹设计学校特色课程,开发精品课程

一是加强学科知识、社会生活与儿童经验的联系,强化学科内知识统整,统筹设计综合课程和跨学科主题活动课程。

二是加强综合课程建设,完善综合课程科目设置,注重培养学生在真实情境中综合运用知识解决问题的能力。

三是开展跨学科主题教学,强化课程协同育人功能。

四是突出学科思想方法和探究方式的学习,加强知行合一、学思结合,倡导做中学、用中学、创中学。

五是积极探索新技术背景下学习环境与方式的变革。

(二)以教研组为单位,开展"1+1+1"专项阅读

1.第一个"1"——学科课程标准解读

每一学期,教研组长做好学科课程标准的解读工作,在教研组期初会议上,就其中一块或一点,进行课程标准解读专项讲座。建议教研组长前期进行深入学习,专项讲座不要泛泛而谈,结合教学实践,以课例+课程标准理论依据开展。

2.第二个"1"——科研杂志(核心期刊等)

教师根据自身学科,选择核心期刊阅读,了解课改一线信息,并根据学习,每学期完成一篇心得体会,做到理论指导实践,实践验证理论。

3.第三个"1"——文学作品等非学术性书籍

做"有文化的老师",首先要有文化底蕴,而底蕴很大程度源自广读。每一位老师每一学期阅读不少于一本的非学术性书籍。

二、抓实重点研究项目,打造"弘通"科研品牌

一是探索学校特色课程建设的科学路径,形成完善的课程体系。

二是构建生态化教师培养机制,见表附-1。

表 附-1　教师专业发展平台与培养模式

培养对象	培养平台	培养主要模式
新入职或五年内教师	旭升书院	导师制
班主任	弘通班主任工作室	学习共同体
中青年教师	"青共体"	导师制(慈溪市教研室)
骨干教师	特级教师工作站	浙师大特级教师工作站
名教师、高级教师	"名带徒"	"反哺式"修养提升

三是结合校本研修活动和学校教研组活动,完成"跨学科·项目式:九年一贯制学校德育一体化设计与实施研究"课题成果提炼工作。各教研组在教研组长带领下,深入学习此课题精神,完成子课题申报。

三、构建层级管理制度,建设生态化教研机制

(一)学校科研领导管理制度

1.成立教科研工作领导小组

组长:毛天杰校长

教科研工作顾问:陈秉初教授

副组长:王珊珊副校长(小学部)、王俞纳副校长(初中部)

主要负责人:罗乐波

2.教科研工作领导小组的职能

一是从宏观上指导、审议学校教科研工作,以发展的眼光制定学校教科研的决策和规划。

二是督导教导处(教科研)工作,审议每学期学校教科研工作计划。

三是协调统筹,统一领导学校教科研工作。

四是做好全校教科研工作的组织和管理。

(二)学科教研组长管理制度

第一,确定学科教研组长。

第二,采用双管理制:行政领导+学科教研组长。学科教研组长在行政领导指导下,负责本组的学科教学和教研工作。一是开学一周内,由教研组长主持制定学科教研计划。包括指导思想、教研重点、教改课题和各项活动的内容及形式等,要定人员、定地点、定时间,坚持按计划开展教研活动,并做出详细记录。期末,教研组长写出教研活动;计划、总结在规定的时间内分别报送教务处。二是各教研组隔周安排不少于二课时的教研活动。每次

活动都要有充分的准备,主题明确,计划周密,有主持人,记录详细,总结及时,每位教师都要有专用的教研活动笔记。

第三,教研活动要有严明的纪律和要求,组长应做好考勤,教师不得随便请假,确保全员参加,严禁无故迟到早退。教务处要经常到教研组参加教研活动。

第四,全体教师在教研活动中都要积极参与、踊跃发言、认真记录,及时写出小结,使教研活动落到实处。

第五,教研组长经常深入课堂听课,特别对新入职教师和年轻教师,每学期听本校老师课不少于八节。

四、考核制度

一是教师的教科研工作履行情况列入教师考核内容,作为年终考核的依据。

二是校先进科研教师评选,每学年开展一次评选先进个人和先进教研组活动,并结合县、市教科室的指标评选申报先进个人。

三是根据实绩,不定期组织申报市或区科研先进单位。

四是每学期由教科研负责教师对每位教师的荣誉获得情况进行汇总存档,实行(绩效)奖励,期末列入考核范畴。